高等学校经济管理类专业系列教材

电子商务物流管理

主　编　阮星星　郭　斌　范广辉

副主编　江　敏　朱　霞

西安电子科技大学出版社

内 容 简 介

　　本书密切结合我国电子商务理论与物流体系构建的现实需要，借鉴和吸收国内外相关研究与实践经验，着眼于物流发展的特点与前沿，结合电子商务物流行业最新动态及岗位要求，以应用为目的，将学生的职业培养和价值观塑造贯穿始终，从而增强学生对物流领域的全面认识。本书内容共分为 5 个模块，从认知电子商务物流开始，系统介绍了电子商务物流技术、电子商务物流模式、电子商务物流成本管理以及供应链管理。本书还介绍了一些实用的管理工具和方法，并配有相应的案例和思考题，可帮助读者掌握理论知识和方法。

　　本书体系完整，内容新颖，具有完整性、实践性、创新性和前沿性等特点，可作为高等职业院校电子商务、市场营销、物流等相关专业的教材，还可作为企业电子商务从业者的岗位培训教材，对从事电子商务实际工作的人员也有较高的参考价值。

图书在版编目(CIP)数据

电子商务物流管理 / 阮星星，郭斌，范广辉主编. --西安：西安电子科技大学出版社，2023.8
ISBN 978-7-5606-6883-3

Ⅰ. ①电…　Ⅱ. ①阮…②郭…③范…　Ⅲ. ①电子商务—物流管理—高等职业教育—教材
Ⅳ. ①F713.365.1

中国国家版本馆 CIP 数据核字(2023)第 066322 号

策　　划　李鹏飞
责任编辑　李鹏飞
出版发行　西安电子科技大学出版社(西安市太白南路 2 号)
电　　话　(029)88202421　88201467　　　邮　　编　710071
网　　址　www.xduph.com　　　　　　电子邮箱　xdupfxb001@163.com
经　　销　新华书店
印刷单位　咸阳华盛印务有限责任公司
版　　次　2023 年 8 月第 1 版　　2023 年 8 月第 1 次印刷
开　　本　787 毫米×1092 毫米　1/16　　印　张　13
字　　数　307 千字
印　　数　1~3000 册
定　　价　37.00 元

ISBN 978-7-5606-6883-3 / F

XDUP　7185001-1

如有印装问题可调换

前 言
PREFACE

近年来，我国电子商务物流快速增长，其企业主体多元发展，经营模式不断创新，服务能力显著提升，已成为现代物流业的重要组成部分和推动国民经济发展的新动力。电子商务物流管理是一门新兴的综合性、交叉性学科，涵盖电子商务和物流两个专业领域，融合了电子商务与物流的专业知识和技能，具有非常强的实践性。

在物流国际化、信息化、供应链一体化的背景下，本书依据高等职业教育人才培养目标和教学特点，在吸收编者长期在电子商务企业工作的实践经验的基础上编写而成。本书结合了电子商务专业的知识体系和职业能力要求，突出了电子商务职业能力的培养，增强了教学的针对性、实用性和可操作性。

全书共 5 个模块，分别为认知电子商务物流、电子商务物流技术、电子商务物流模式、电子商务物流成本管理、供应链管理。各模块的学时分配建议见下表。

内　容	理论学时	实践学时
模块一　认知电子商务物流	6	6
模块二　电子商务物流技术	6	8
模块三　电子商务物流模式	6	8
模块四　电子商务物流成本管理	6	10
模块五　供应链管理	6	6
总课时（68）	30	38

全书内容重点突出，结构清晰，资料丰富，实践性强，具有鲜明的职业教育特色。

(1) 校企双元合作开发，突出理论与实践的时效性。编写团队深入合作企业，提炼真实项目、典型工作任务和优秀案例，并将其合理地融入教材，提升了课程实践的可操作性和趣味性。

(2) 注重应用和分析能力的培养。每个模块都提出了知识目标和技能目标，以帮助学生明确学习目标、了解学习背景并提高学习效率。同时，每个模块还附有习题，学生可以通过练习进一步加深对知识的理解，巩固所学内容，灵活运用所学知识，以提高分析能力和应用能力。

本书的编写人员由拥有丰富教学经验和企业实践经验的老师和专家组成，如江西冶金职业技术学院的阮星星、郭斌、江敏、朱霞老师以及京东物流教育研究院院长范广辉等。阮星星、郭斌、范广辉任主编，江敏、朱霞任副主编。在本书的编写与出版过程中，京东物流教育研究院以及西安电子科技大学出版社给予了大力支持，在此表示衷心感谢。

本书在编写过程中参考了许多专家学者的论文、专著，在此谨向他们表示诚挚的谢意。由于本书涉及面广，电子商务物流发展迅速，新的理论知识、技术方法和资料不断涌现，加之编者水平有限，编写时间紧，书中难免有不妥之处，恳请广大读者和专家学者批评指正。

编　者
2023 年 4 月

目 录
CONTENTS

模块一 认知电子商务物流

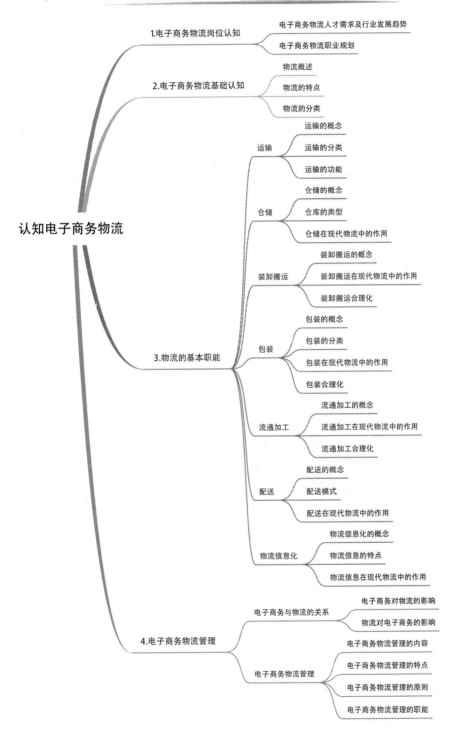

认知电子商务物流

- 1.电子商务物流岗位认知
  - 电子商务物流人才需求及行业发展趋势
  - 电子商务物流职业规划
- 2.电子商务物流基础认知
  - 物流概述
  - 物流的特点
  - 物流的分类
- 3.物流的基本职能
  - 运输
    - 运输的概念
    - 运输的分类
    - 运输的功能
  - 仓储
    - 仓储的概念
    - 仓库的类型
    - 仓储在现代物流中的作用
  - 装卸搬运
    - 装卸搬运的概念
    - 装卸搬运在现代物流中的作用
    - 装卸搬运合理化
  - 包装
    - 包装的概念
    - 包装的分类
    - 包装在现代物流中的作用
    - 包装合理化
  - 流通加工
    - 流通加工的概念
    - 流通加工在现代物流中的作用
    - 流通加工合理化
  - 配送
    - 配送的概念
    - 配送模式
    - 配送在现代物流中的作用
  - 物流信息化
    - 物流信息化的概念
    - 物流信息的特点
    - 物流信息在现代物流中的作用
- 4.电子商务物流管理
  - 电子商务与物流的关系
    - 电子商务对物流的影响
    - 物流对电子商务的影响
  - 电子商务物流管理
    - 电子商务物流管理的内容
    - 电子商务物流管理的特点
    - 电子商务物流管理的原则
    - 电子商务物流管理的职能

【知识目标】

(1) 了解物流行业的特点、技能要求、岗位特点及物流人才需求情况。
(2) 掌握物流的概念、特点、分类和发展。
(3) 理解物流的基本职能以及各要素的功能和作用。
(4) 正确理解物流和电子商务的关系。
(5) 掌握物流管理的特点、职能和内容。

【技能目标】

(1) 能对生活中一般物流问题提出相应的观点和见解。
(2) 能对自己在物流领域的发展开展自我分析。
(3) 能够分析物流的各功能要素，对生活中遇到的物流问题进行合理分析。
(4) 认识物流各功能要素涉及的设备，具备一定的物流设备操作能力。
(5) 为进一步掌握现代物流知识奠定理论基础。

【学习重点】

(1) 物流的概念、特点、分类。
(2) 物流管理的特点和职能。
(3) 物流的基本职能。

【学习难点】

(1) 物流职业发展规划。
(2) 电子商务与物流的关系。
(3) 物流的基本职能。

【案例导入】

"双十一"借跨境电商东风，国货出海成"香饽饽"

2021 年"双十一"前夕，阿里旗下菜鸟物流位于比利时列日、西班牙马德里、法国巴黎等地区的 7 个全球包裹网络分拨中心陆续启用。这标志着国货出海按下了"加速键"，"五美元十日达"产品覆盖欧洲主要国家。

京东则为商家提供了一站通全球、京东自营、直接签约和本地开店四大"出海"服务。11 月 1 日预售当天，国产手机、服装、家电等成为海外市场爆款。

在国内，"国潮"新锐、电商平台、供应链企业严阵以待，针对海内外市场打出差异化"招式"；在国外，采购商、消费者希望买到品类丰富、性价比高的"中国制造"，"双十一"在海外逐渐成为囤圣诞礼物的购物季。

双循环新发展格局下，中国全球化的步伐不停。跨境电商已成为我国外贸的重要支撑力量，并正从外贸"新业态"成为外贸"新常态"，深刻影响着全球贸易格局与人们的消费习惯，推动国际贸易向更加自由和便利的发向发展。

(1) 国货受到海外消费者青睐。

11 月以来，在占地近 2 万平方米的菜鸟法国分拨中心，全自动分拣设备昼夜运转，智能分拨系统高效处理着中国发往欧洲的包裹，日均处理跨境小包超过20万件、跨境大包约3万件。

在阿里旗下全球速卖通平台上，充电宝、美容仪、蓝牙耳机成为海外爆款，刮痧板、汉服、旗袍等极具中国特色的商品也大受欢迎。"国货卖得火爆，也带动了中国传统文化、服饰在海外传播。"菜鸟出口物流事业部总经理熊伟说。

"京东开门红"当天，国产手机、国潮服饰下单额分别同比增长256%和241%。"国潮产品增速强劲，这些品牌设计独特、性价比高，能很好地满足海外年轻消费者的需求。"京东全球零售业务负责人唐晓寅说。近年来，中国电商在全球的影响力逐步增强，越来越多海外消费者加入中国消费大促活动，网购产品也从最初的3C数码、小家电等扩展至国潮服饰、家居家装等。

(2) 营销新招在全球刮起"中国风"。

国货要"出海"，平台、企业和物流齐心"抱团"，探索出不少营销新玩法，在全球消费市场刮起了"中国风"。

深圳手机制造商"传音TECNO"业务遍布全球70多个国家和地区。今年，传音与京东印尼达成战略合作，由京东提供线上、线下支持，助力传音在印尼发展。"双十一"期间，传音还将与京东印尼合作推出独家定制礼盒，这也将是传音旗下手机品牌首次在印尼市场推出IP定制专供款。

阿里速卖通则在巴西、西班牙等国家市场再出营销新招。例如："双十一"期间速卖通巴西站将举办巴西版的"天猫双十一"晚会；在西班牙市场，平台对商家的营销与备货指导更加精细化，还引导卖家建立西班牙语专属团队，以方便沟通。

(3) 健全的产业链、供应链支撑国货"出海"。

"双十一"国货"出海"火爆的背后，是中国完备的产业链、供应链体系的支撑。"中国的产业链优势，使不同种类的产品均可快速具备规模化优势。同时，供应链距离短，周转快，叠加人力资源共享等因素，又带来规模化效益。"博达科技集团副总裁吕谋笃认为，在跨境电商新业态下，这一规模化效应就体现为国货的多样化、高性价比和快速物流。

作为国际供应链的重要一环，海外仓迎来了爆发式增长。艾瑞咨询分析指出，物流成本低、库存动销率高、配套服务好等优势，使"中国跨境电商平台+海外仓"成为部分中小卖家的选择。仅在欧洲，菜鸟就拥有超过10万平方米的出口海外仓，可覆盖欧盟24国和英国全境。

⧉ 任务一　电子商务物流岗位认知

一、电子商务物流人才需求及行业发展趋势

物流管理涵盖了生产、流通及生活等领域，主要包括物流企业、商品流通企业、生产制造企业等相关的物流管理岗位及岗位群。近年来，随着电子商务的火热及国家政策层面的大力推进，如自由贸易区、"一带一路"、跨境电商、智慧物流等创新举措相继出台，物流业得以快速发展，并由此对物流人才形成了巨大需求。

随着中国经济的发展，国内消费水平不断提升，较大规模的国际制造业产能陆续向中国转移，我国已经成为全球重要的制造中心和最大的消费市场之一。在商品流通活动日趋频繁和产业政策大力扶持双重因素的推动下，我国物流业整体规模不断扩大，全国社会物流总额从 2012 年度的 177.32 万亿元增加到 2021 年度的 335.20 万亿元，整体物流行业处于上升阶段。

(一) 物流行业岗位人才需求

物流人才大致可归纳为 4 类：高级物流人才、中级物流人才、初级物流人才和一般物流操作人员。

通过智联招聘调查发现，目前招聘单位对于高级物流人才的要求相对比较高，学历要求一般为本科及以上，虽然明确要求研究生的不多，但要求有较长时间的高、中层管理经验和较强的英语实际运用能力。中级物流人才主要负责企业具体事宜的计划与指挥，如物流部经理、营运主管等，要求学历在专科及以上，能够熟练掌握物流相关的专业知识，有一定的实践工作经验。初级物流人才和一般物流操作人员属于执行层，他们负责具体事宜的操作，偏重于体力劳动。由于招聘单位对初级物流人才的能力和经验要求不高，很多人都可以胜任这类职位，所以这类人才并不缺乏，一般只要求他们具有良好的沟通能力和团队合作精神等。目前较紧缺的是中级物流人才，也就是说需求比例最高的是高等职业院校培养的具有一定相关知识的实践型、应用型人才。

1. 高级物流人才

高级物流人才的岗位设置主要有物流总监、高级物流采购经理、供应链总监和高级物流主管。高级物流人才主要指企业中的宏观调控者与决策者，他们需要重点掌握以下 4 个方面的专业知识和技能。

(1) 物流管理知识。物流管理知识是从事物流管理工作的人才需要掌握的基本知识，包括物流企业运营管理的基本流程。

(2) 计算机信息系统知识。高级物流人才除了能够熟练掌握计算机使用技能和办公自动化工具外，还要会使用物流方面的专业软件。

(3) 财务知识。控制成本是每个企业的关注点，物流企业也不例外，因此高级物流人才要了解财务动态，以便更好地控制成本。

(4) 较好的外语应用能力。具备这一能力有利于与国际先进的物流动态接轨。

2. 中级物流人才

中级物流人才的岗位设置主要有物流经理、物流工程师、物流主管、销售物流经理和仓储物流经理。相对于高级物流人才，中级物流人才更加倾向于扮演企业物流规划的实施者和监控者角色。因此，中级物流人才岗位的主要职能包括对企业内部具体的物流流程的规划与建设，对各物流环节及人力资源进行管理与监管，提供物流优化方案(最优路径、最优成本控制等)，最后完成与客户服务部门或供应商的对接工作。由此可以看出，中级物流人才不仅要具备专业知识和计算机操作能力，还需要具备团队协调能力，能带领各部门实施物流基本运作流程。

3. 初级物流人才和一般物流操作人员

初级物流人才和一般物流操作人员是物流环节的具体执行者,有着不可或缺的作用。一般性的物流岗位对人才在学历及专业上的要求不是很严格,可以说每个阶层的人群都有机会胜任。因此,一般性的物流岗位强调职业培训,并在培训过程中考核相关人员的学习能力、执行力以及诚信度。总而言之,一般性物流岗位对于人员的实操性要求很高,对理论知识方面没有过多要求,这也符合日常订单处理与追踪、客服服务、账单结算等实际性的操作对一般性物流岗位的职责要求。

(二) 电子商务物流行业发展趋势

(1) 政府政策支持电子商务物流行业发展。

国家和政府层面出台了一系列法律法规和政策来支持和推动电子商务物流、跨境物流,特别是快递业的健康发展。2015 年,商务部发布了我国电子商务物流领域的首个行业标准《电子商务物流服务规范》,其中规定了电子商务物流服务的服务能力、服务要求和作业要求;2016 年 3 月,商务部、发展改革委、交通运输部、海关总署、国家邮政局、国家标准委 6 部门共同发布的《全国电子商务物流发展专项规划 (2016—2020 年) 》中提出,到 2020 年基本形成布局完善、结构优化、功能强大、运作高效和服务优质的电子商务物流体系。这些法律法规不仅对于规范我国电子商务物流市场、推动我国电子商务物流行业的健康发展具有十分重要的意义,也引导着我国电子商务物流向信息化、智能化、网络化、自动化、跨领域、跨国界(跨境)方向发展。

(2) 跨境电子商务物流处于高速发展阶段。

随着物联网技术在全国范围内的应用推广,电子商务物流行业会不断出现新的增长点,预计未来 3~5 年内,电子商务物流市场仍将以每年 10% 的增长速度维持稳定的增长态势。此外,对外开放和"一带一路"的实施,为跨境电子商务的发展提供了重大的历史机遇,这必然要求电子商务物流跨区域、跨经济体延伸,提高整合境内外资源和市场的能力,加快跨境物流的发展。

(3) 电子商务物流朝信息化、自动化、网络化方向发展。

物流信息化、自动化是电子商务时代的必然要求。物流信息化、自动化表现为物流信息采集的数据库化和代码化,物流信息处理的电子化和计算机化,物流信息传递的标准化和实时化,物流信息存储的数字化,物流设施设备的自动化等。《全国电子商务物流发展专项规划 (2016—2020 年) 》中要求物流企业加快信息化、集成化和智能化发展步伐,广泛应用条形码、无线射频识别、自动分拣技术、可视化及货物跟踪系统、传感技术、全球定位系统、地理信息系统、电子数据交换、移动支付等信息技术,以提高行业服务效率和准确率。在"互联网+"行动计划下,物流的网络化发展成为必然趋势。物流网络化促使物流行业发生革命性的变革和升级,进而推动物流业向着现代化方向发展,这也对物流人才的需求提出了更高的要求。

(4) 物流服务能力不断提升。

随着电子商务的普及,客户对物流服务种类和质量提出了更高的要求:在空间上,要求同城、异地、全国、跨境等;在服务时限上,要求限时达、当日递、次晨达、次日递等;在个性化服务上,要求预约送货、网订店取、网订店送、智能柜自提、代收货款、上门退换货等。因此，电子商务物流将会加快服务创新，增强服务的灵活性、时效性、规范性，提高供应链的资源整合能力，满足不断细化的市场需求。

二、电子商务物流职业规划

职业规划也叫职业生涯规划，又叫职业生涯设计，是指个人与组织相结合，在对一个人职业生涯的主客观条件进行测定、分析、总结的基础上，对自己的兴趣、爱好、能力、特点进行综合分析与权衡，结合时代特点，根据自己的职业倾向，确定其最佳的职业奋斗目标，并为实现这一目标做出行之有效的安排。

当代大学生要做到：① 结合自己所学的专业及课程内容，提早做好职业规划，有目的地学好知识，不要荒废大学时光；② 能够结合用人单位的要求调整好学习目标，愿意从基层做起，稳步发展；③ 在遇到挫折时，不要灰心，要坚信电子商务物流这个行业发展空间巨大，前景美好。

(一) 职业生涯规划的作用

年轻人对未来充满了憧憬，而未来所有生活目标的实现往往从择业开始。我们只有对人生进行理性思索，理性地认识自己，理性地认识社会，理性地对待个人的人生设计和当前择业的关系，才能获得健康、快乐的人生。职业生涯规划的主要作用有：

(1) 帮助学生充分认知自我。

很多学生充分了解自己的个性、兴趣和能力，但对自己喜欢的职业或不喜欢的职业没有清晰的认知。通过职业生涯规划，学生能够用科学的方法来对自己进行评估，正确合理地认识自身，从而实现自我定位和职业定位，选择喜欢并适合于自己的职业。

(2) 增强应对社会竞争的能力。

在市场经济的条件下，职业竞争日益激烈，要想在竞争中占据有利的位置，就需要找到一个适合于自己发展的平台。

(3) 激励学生合理安排学业。

学生的学业规划应该以职业为导向。也就是说，选择什么样的职业，就应该有某种模式的学业规划。每个人的学业规划都不是完全相同的，会存在一些差异。

(二) 职业生涯规划的过程

成功的人生需要正确的规划，人生如果没有了规划，就像船没有了帆一样，会失去方向，职业生涯发展规划就像黑暗中的明灯，可以为我们照亮前进的方向。一个完整的职业规划过程包括以下几个部分。

(1) 了解自我，找准职业定位。

一个有效的职业生涯设计，必须在充分且正确地认识自身的条件与相关环境的基础上进行。对自我及环境的了解越透彻，越能做好职业生涯设计。因为职业生涯设计的目的不只是协助个人达到和实现目标，还包括帮助个人真正了解自己。详细估量内外环境的优势与限制，设计出合理且可行的职业生涯发展方向，通过对个人以往的经历及经验的分析，找出个人的专业特长与兴趣点，这是职业设计的第一步。

(2) 清楚目标，明确梦想。

确立目标是制订职业生涯规划的关键，有效的职业生涯设计需要切实可行的目标，以便排除不必要的犹豫和干扰，全心致力于目标的实现。如果不知道要到哪儿去，那么通常你哪儿也去不了。没有切实可行的目标作驱动力，人们是很容易对现状妥协的。目标的设定要以自己的最佳才能、最优性格、最大兴趣、最有利的环境等信息为依据。目标通常分为短期目标、中期目标、长期目标。

(3) 制订行动方案，规划发展通道。

要有效地设计自己的职业生涯，需要制订切实可行的生涯策略方案，这些具体且可行性较强的行动方案可以帮助个人一步一步走向成功，实现自己的目标。

(4) 停止幻想，开始行动。

行动是所有生涯设计中最艰难的一个步骤，因为行动就意味着你要停止幻想而切实地开始行动。职业规划成功的案例都是在有明确的职业目标后，不断向目标看齐，并有计划地不断朝这个方向努力的，这一点对职业发展起着至关重要的作用。

(5) 根据变化适时修正规划。

成功的职业生涯设计需要时时审视内外环境的变化，并且调整自己的前进步伐。影响职业生涯规划的因素很多，有的变化因素是可以预测的，而有的变化因素难以预测。要使职业生涯规划行之有效，就必须不断地对职业生涯规划进行评估，修正生涯目标、调整生涯策略，以适应环境的改变，同时可以作为下一轮生涯设计的参考依据。

📶 任务二　电子商务物流基础认知

一、物流概述

(一) 物流的概念

随着社会经济的发展和科技的进步，物流的理论、概念和范围也在不断地变化与发展。物流的定义在各个经济发展阶段适应着不同的经济活动目的，不断地进化、调整和完善。即使在同一历史时期、同一经济发展阶段，也会因不同的学派、不同的学术团体、不同的机构、不同的国家以及出自不同的角度和观点而有所差别。物流定义的演变过程从另一个角度反映了不同时期物流理论、物流管理及物流技术的进步轨迹。

关于物流活动的最早文献记载是在英国。1918 年，英国犹尼利弗的哈姆勋爵成立了即时送货股份有限公司，目的是在全国范围内把商品及时送到批发商、零售商和用户手中。

第二次世界大战期间，美国首先采用了"物流管理"这一名词，并对军火的运输、补给、屯驻等进行了全面管理。"物流"一词被美国人借用到企业管理中，被称作"企业物流"。从此以后，物流概念在全世界范围得到了广泛应用。

物流的概念最早是在美国形成的，起源于 20 世纪 30 年代，原意为"实物分配"或"货物配送"。1963 年被引入日本，日文意思是"物的流通"。20 世纪 70 年代后，日本的"物流"一词逐渐取代了"物的流通"。

1. 美国的定义

1986 年，美国物流管理协会所作的物流定义是："物流是对货物、服务及相关信息从起源地到消费地的有效率、有效益的流动和储存进行计划执行和控制，以满足顾客要求的过程。该过程包括进向、去向、内部和外部的移动以及以环境保护为目的的物料回收。"

1998 年，美国物流管理协会为了适应物流的发展重新修订了物流的定义："物流是供应链过程的一部分，是为了满足客户的需求而对商品、服务和相关信息从原产地到消费地的高效率、高收益的流动及储存进行的计划、执行与控制的过程。"

2003 年，美国物流管理协会对物流定义进行了修订，将物流定义为："物流是供应链管理过程的一部分，是对货物、服务及相关信息从起源地到消费地的有效率、有效益的正反向流动和储存进行的计划、执行和控制，以满足顾客要求。"

2. 欧洲的定义

欧洲物流协会于 1994 年发表的《物流术语》中将物流定义为："物流是在一个系统内对人员或商品的运输、安排及与此相关的支持活动的计划、执行与控制，以达到特定的目的。"

3. 日本的定义

20 世纪 50 年代，实物分配的概念在日本被译为"物的流通"，日本著名学者平原直就将"物流"定义为："物质资料从供给者向需要者的物理性移动，是创造时间性、场所性价值的经济活动。从物流的范畴来看，包括包装、装卸、保管、库存管理、流通加工、运输、配送等诸种活动。"

2002 年，日本标准学会以日本工业标准的形式对物流相关词汇做出了明确的定义："将物流活动的目标定位于充分满足最终需要同时要解决保护环境等方面的社会问题，在此前提下追求高水平地、综合地完成包装、输送、保管、装卸搬运、流通加工以及相关情报等工作，以谋求将供应、生产、销售、回收等各个领域实现一体化、一元化的经营活动。"

4. 中国的定义

《物流术语》GB/T 18354—2021 将物流定义为："根据实际需要，将运输、储存、装卸、搬运、包装、流通加工、配送、信息处理等基本功能实施有机结合，使物品从供应地向接收地进行实体流动的过程。"

不论对物流概念的具体理解有何差异，有一点认识是共同的，即物流不仅包括原材料、产成品等从生产者到消费者的实物流动过程，还包括伴随这一过程的信息流动。

理解物流的定义，需要把握几个关键点：

(1) 物流中"物"的概念是指一切可以进行物理性位置移动的物质资料，包括物资、物料、货物、商品、物品。

(2) 物流是物品物质实体的流动。

(3) 物流是物品由供应地流向接受地的流动，它是一种满足社会需求的活动，是一种经济活动。

(4) 物流包括空间位置的移动、时间的推移以及形状性质的变动，因而通过物流活动，可以创造物品的空间效用、时间效用和形式效用。

(5) 物流包括运输、搬运、存储、保管、包装、装卸、流通加工和物流信息处理等基本活动。

(6) 物流的基本特性之一就是它的普遍性。

(二) 现代物流认识的发展

对物流的认识，也会因不同背景和不同的分类发生变化。简单地说，从不同的角度观察和研究物流，就会形成关于物流的不同理解和认识。

(1) 从服务角度看物流，物流就是为产品的生产制造和市场营销提供服务的。一般地说，物流是以产品的生产制造和市场营销为主线，以相关信息流协调供应商和客户行为的协作性竞争体系，在整个系统活动中，为生产制造、市场营销和消费者提供相应的服务。

(2) 从管理角度看物流，物流就是功能整合，是将包装、运输、装卸、搬运、保管等各种功能性活动用物流进行统筹安排和协调。

(3) 从资产角度看物流，物流的核心是在供应链中流动的存货，控制存货的数量、形态和分布，提高存货的流动性就成了企业可追求的"第三利润源泉"。物流就是对供应链中各种形态的存货进行有效协调、管理和控制的过程。

(4) 从环境角度看物流，物流是一个有助于企业降低资源消耗、谋求可持续发展的重要途径和方式，是绿色思想在商品交换活动中的重要体现，逐步形成绿色物流的基本认识。

(5) 从产业角度看物流，物流是一个蓬勃兴起的行业，是以物流为基本生产方式并通过市场为生产和流通提供专业化物流服务的经营者，在其发展中逐渐从生产和流通中分离出来的新兴产业，具有产业发展的基本特征，需要从物流产业发展高度认识和理解物流。

(6) 从企业角度看物流，形成关于企业物流的基本认识，主要包括生产物流、供应物流、销售物流、回收物流和废弃物物流等。

二、物流的特点

电子商务时代的来临，给全球物流带来了新的发展，使物流具备了一系列新特点。

(一) 信息化

电子商务时代，物流信息化是电子商务的必然要求。物流信息化表现为物流信息的商品化、物流信息搜集的数据库化和代码化、物流信息处理的电子化和计算机化、物流信息传递的标准化和实时化、物流信息存储的数字化等。因此，条码、数据库、电子订货系统、电子数据交换、企业资源计划等技术与观念在我国的物流中得到普遍应用。信息化是一切的基础，没有物流的信息化，任何先进的技术设备都不可能应用于物流领域，信息技术及计算机技术在物流中的应用将会改变世界物流的面貌。

(二) 自动化

物流自动化的基础是信息化，物流自动化的核心是机电一体化，物流自动化的外在表现是无人化，物流自动化的效果是省力化。另外，物流自动化还可以扩大物流作业能力、提高劳动生产率、减少物流作业的差错等。物流自动化的设施非常多，如条码自动识别系统、语音自动识别系统、射频自动识别系统、自动分拣系统、自动存取系统、自动导向车、货物自动跟踪系统等。

(三) 网络化

物流领域网络化的基础也是信息化，这里的网络化有两层含义。一是物流配送系统的计算机通信网络，包括物流配送中心与供应商、制造商的联系要通过计算机网络；另外与下游顾客之间的联系也要通过计算机网络通信，物流配送中心向供应商提出订单的这个过程，就可以使用计算机通信方式，借助于增值网上的电子订货系统和电子数据交换技术来自动实现，物流配送中心通过计算机网络收集下游客户的订货的过程也可以自动完成。二是组织的网络化，即所谓的企业内部网。

物流的网络化是物流信息化的必然，是电子商务时代物流活动的主要特征之一。当今世界，互联网的网络资源可用性及网络技术的普及为物流的网络化提供了良好的外部环境，物流网络化趋势不可阻挡。

(四) 智能化

智能化是物流自动化、信息化的一种高层次应用，物流作业过程大量的运筹和决策，如库存水平的确定、运输(搬运)路径的选择、自动导向车的运行轨迹和作业控制、自动分拣机的运行、物流配送中心经营管理的决策支持等问题都需要借助于大量的知识才能解决。在物流自动化的进程中，物流智能化是不可回避的技术难题。为了提高物流现代化的水平，物流的智能化已成为电子商务时代物流发展的一个新趋势。

(五) 柔性化

柔性化是为实现"以顾客为中心"的理念而在生产领域提出的，但要真正做到柔性化，即真正地能根据消费者需求的变化来灵活调整生产工艺，没有配套的柔性化的物流系统就不可能实现这一目标。20 世纪 90 年代，国际生产领域纷纷推出弹性制造系统(FMS)、计算机集成制造系统(CIMS)、制造资源系统(MRP)、企业资源计划(ERP)以及供应链管理的概念和技术，这些概念和技术的实质，是要将生产、流通进行集成，根据需求端的需求组织生产，安排物流活动。因此，柔性化的物流正是适应生产、流通与消费的需求而发展起来的一种新型物流模式。这就要求物流配送中心要根据消费需求多品种、小批量、多批次、短周期的特色，灵活组织和实施物流作业。

另外，物流设施、商品包装的标准化，物流的社会化、共同化也都是电子商务时代物流模式的新特点。

三、物流的分类

按照不同的标准，物流有不同的分类，通常物流可以按以下几种方式分类：

(一) 按照物流在供应链中的作用分类

按照物流在供应链中的作用分类，物流可以分为供应物流、销售物流、生产物流、回收物流、废弃物物流等。

(1) 供应物流：生产企业、流通企业或用户购入原材料、零部件或商品的物流过程称为供应物流，也就是物资生产者、持有者到使用者之间的物流。对制造企业而言，是指对于生产活动所需要的原材料、燃料、半成品等物资的采购、供应等活动所产生的物流；对流通企业而言，是指交易活动中，从买方角度出发的交易行为中所发生的物流。

(2) 销售物流：生产企业、流通企业售出产品或商品的物流过程被称为销售物流，它是指物资的生产者或持有者到用户或消费者之间的物流。对制造企业而言，是指售出商品；而对于流通企业而言，是指交易活动中，从卖方角度出发的交易行为中所发生的物流。

(3) 生产物流：从工厂的原材料购进入库起，直到工厂成品库的成品发送为止，这一全过程的物流活动被称为生产物流。生产物流是制造企业所特有的，它和生产流程同步。原材料、半成品等按照工艺流程在各个加工点不停顿地移动、流转形成了生产物流。如果生产物流发生中断，生产过程也将随之停顿。

(4) 回收物流：是指不合格物品的返修、退货以及伴随货物运输或搬运中的包装容量、装卸工具及其他可再用的旧杂物等，经过回收、分类、再加工、使用的流动过程。

(5) 废弃物物流：是将失去使用价值的物品，根据实际需要进行收集、分类、加工、包装、搬运、储存等，并分送到专门处理场所的物流活动。

(二) 按照物流活动的空间范围分类

按照物流活动的空间范围分类，物流可以分为地区物流、国内物流和国际物流等。

(1) 地区物流：是指在一定区域内，根据行政区或地理位置划分的一定区域内的物流。相对于国际物流、国内物流而言，地区物流的范围比较小。

(2) 国内物流：为了国家的整体利益，在国家区域内开展的物流活动称为国内物流。

(3) 国际物流：是指世界各国(或地区)之间，由于进行国际贸易而发生的商品实体从一个国家(或地区)流转到另一个国家(或地区)的物流活动。

(三) 按照物流系统性质分类

按照物流系统性质分类，物流可以分为社会物流、行业物流、企业物流等。

(1) 社会物流：又称宏观物流，是指社会再生产总体的物流活动，是从社会再生产总体的角度来认识和研究物流活动。主要研究社会生产过程物流活动的运行规律及物流活动的总体行为。

(2) 行业物流：是指行业内部经济活动所发生的物流活动。同一行业的不同企业，虽然在产品市场上是竞争对手，但是在物流领域内却常常可以相互协作，共同促进行业物流的发展，实现所有参与企业的共赢。

(3) 企业物流：是指在企业生产经营过程中，物品从原材料供应，经过生产加工到产成品和销售，以及伴随生产消费过程中所产生的废弃物的回收及再利用的完整循环活动。企业物流可理解为围绕企业经营的物流活动，是具体的、微观物流活动的典型领域。企业物流又可分为不同典型的具体物流活动：企业供应物流、企业生产物流、企业销售物流、企业回收物流、企业废弃物物流等。

(四) 按照物流活动的主体分类

按照物流活动的主体分类，物流可以分为企业自营物流、第二方物流、第三方物流和第四方物流等。

(1) 企业自营物流：是指由物资提供者自己承担向物资需求者送货，以实现物资的空间位移的过程。在传统情况下，多数制造企业都自己配备有规模较大的运输工具(如车辆、船舶等)和仓库等物流设施，来实现产品的空间位移。特别是在产品输送量较大的情况下，企业比较愿意由自己来承担物流的任务。

(2) 第二方物流：是指由买方、销售者组成的物流，这些组织的核心业务是采购并销售商品，为了销售业务投资建设物流网络、物流设施和设备，并进行具体的物流业务运作和管理。

(3) 第三方物流：既不属于第一方，也不属于第二方，而是通过与第一方或第二方的合作来提供其专业化的物流服务，它不拥有商品，不参与商品的买卖，而是为客户提供以合同为约束、以结盟为基础的系列化、个性化、信息化的物流代理服务。

(4) 第四方物流：第四方物流是一个供应链的集成商，它对公司内部和具有互补性的服务供应商所拥有的资源、能力和技术进行整合和管理，提供一整套供应链解决方案。第四方并不实际承担具体的物流运作活动。

Ⓩ 任务三　物流的基本职能

一、运输

(一) 运输的概念

《物流术语》中"运输"的定义为："利用载运工具、设施设备及人力等运力资源，使货物在较大空间上产生位置移动的活动。"其中包括集货、分配、搬运、中转、装入、卸下、分散等一系列操作。日常生活中，一般意义的运输是指人和物的载运及输送，包括客运与货运。但在物流学界中，运输的研究对象不包括"人"，而是专指"物"，因此，物流学中的运输指生产或流通领域当中物品的载运及输送。它是在不同地域范围内(如两个城市、两个工厂之间，或一个大企业内相距较远的两车间之间)，以改变"物"的空间位置为目的的活动，即对"物"进行空间位移。

(二) 运输的分类

1. 按运输设备及运输工具划分

按运输设备及运输工具划分，运输可以分为铁路运输、公路运输、水路运输、航空运输和管道运输。

(1) 铁路运输：是指使用铁路列车运送货物的一种运输方式。其特点是运送量大、速度快、成本较低，一般不受气候条件限制，适合大宗、笨重货物的长途运输。铁路运输如图 1-1 所示。

图 1-1 铁路运输

(2) 公路运输：是指在公路上运送货物的运输方式。其特点是有很强的灵活性，主要承担短途货物运输，在地势崎岖、人烟稀少、铁路和水运不发达的边远和经济落后地区，公路为主要运输方式，起着运输干线作用。公路运输如图 1-2 所示。

图 1-2 公路运输

(3) 水路运输：是指以船舶为主要运输工具，以港口或港站为运输基地，以包括海洋、河流或湖泊等水域为运输活动范围的一种运输方式。其主要特点是运输运载能力大、成本低、受自然条件的限制与影响大。水路运输如图 1-3 所示。

图 1-3 水路运输

(4) 航空运输：是指使用飞机、直升机及其他航空器运送人员、货物、邮件的一种运输方式。其具有快速、机动的特点，是现代旅客运输，尤其是远程旅客运输的重要方式，也是国际贸易中贵重物品、鲜活货物和精密仪器的运输不可缺少的运输方式。航空运输如图 1-4 所示。

图 1-4　航空运输

（5）管道运输：是指用管道作为运输工具的一种长距离输送液体和气体物资的运输方式，是一种专门由生产地向市场输送石油、煤和化学产品的运输方式，是统一运输网中干线运输的特殊组成部分。管道运输不仅运输量大、连续、迅速、经济、安全、可靠、平稳、投资少、占地少、费用低，还可实现自动控制。管道运输如图 1-5 所示。

图 1-5　管道运输

2. 按运输范围划分

按运输范围划分，运输可分为干线运输、支线运输、二次运输、厂内运输。

（1）干线运输：是指在不同地区之间运输货物的长途运输过程。通常是由专业的物流公司或者承运商进行。干线运输的方式包括公路运输、铁路运输、航空运输和水路运输等。

（2）支线运输：是指在地区内部或者城市之间进行的货物运输。通常是由物流公司或者承运商完成。支线运输的方式包括公路运输、铁路运输、航空运输和水路运输等。与干线运输相比，支线运输的货物量通常较小，但是运输距离较短，需要更加灵活的物流方案和更加高效的配送服务。

（3）二次运输：是指在货物运输中，需要中转或者转运到不同的运输方式或者运输工具上进行进一步的运输。例如，在货物从工厂发出到仓库的过程中，需要通过卡车将货物从工厂运输到火车站或者码头，然后再通过火车或者船只进行二次运输到达目的地仓库。二次运输的目的是更好地实现货物的运输和分配，提高物流效率和降低成本。

（4）厂内运输：是指在企业生产过程中，将原材料、半成品、成品等物资从一个生产环节运输到另一个生产环节的过程。例如，在汽车生产线上，从车身焊接车间运输到涂装车间的过程就是厂内运输。厂内运输是企业生产中的重要环节，对生产效率和成本控制有着重要的影响。

3. 按运输的作用划分

按运输的作用划分,运输可以分为集货运输和配送运输。

(1) 集货运输:是指分散的货物集聚起来集中运输的一种方式。因为货物集中后才能利用干线进行大批量、远距离的运输,所以集货运输是干线运输的一种补充性运输,多是短距离、小批量的运输。

(2) 配送运输:是指将被订购的货物使用汽车或其他运输工具从供应点送至顾客手中的活动。它通常是一种短距离、小批量、高频率的运输形式,以服务为目标,以尽可能满足客户要求为优先。

(三) 运输的功能

(1) 运输可以创造出商品的空间效用和时间效用。

在物流管理中,运输主要提供两大功能:物品移动和短时储存。运输通过改变商品的地点或者位置所创造出的价值,称为商品的空间效用;运输使得商品以运输工具(车辆、船舶、飞机等)为临时储存设施,并在适当的时间送达消费者的手中,就产生了商品的时间效用。这两种效用的产生,才能够真正地满足消费者的需要。

(2) 运输可以扩大商品的市场范围。

随着各种运输工具的出现,企业可以通过运输跨区域、跨国界销售商品,企业的市场范围得以大大扩展,企业的发展机会也大大增加。随着各种先进的交易形式的发展,企业的市场范围随着网络的出现而产生了无限扩大的可能,任何有可能加入网络的地方,都有可能成为企业的市场。为了真正地将这种可能变成现实,使企业的商品能够顺利地送达这个市场中,就必须借助于运输过程。因此,运输可以帮助企业扩大市场范围,并给企业带来无限发展的机会。

(3) 运输可以保证商品价格的稳定性。

各个地区因为地理条件的不同,拥有的资源也各不相同。正是因为这种资源的地域不平衡性,造成了商品供给的不平衡性,因此,商品的价格可能会出现很大的波动。如果拥有一个顺畅的运输体系,当本地市场商品的供给不足时,外地的商品就能够通过这个运输体系进入本地市场,本地的过剩产品也能够通过这个体系运送到其他市场,从而保持供求的动态平衡和价格的稳定。

(4) 运输能够促进社会分工的发展。

随着社会的发展,为了实现真正意义的社会高效率,必须推动社会分工的发展,而对于商品的生产和销售来说,也有必要进行分工,以达到最高的效率。当商品的生产和销售两大功能分开之后,如果没有一个高效的运输体系,那么这两大功能都不能够实现。运输是商品生产和商品销售之间不可缺少的纽带,有了运输才能真正地实现生产和销售的分离,促进社会分工。

二、仓储

(一) 仓储的概念

仓储是指利用仓库及相关设施设备进行物品的入库、储存、出库的活动。"仓"即仓库

(如图 1-6 所示)，是存放、保管、储存物品的建筑物和场地的总称，其可以是房屋建筑、洞穴、大型容器或特定的场地等，具有存放和保护物品的功能。"储"即储存、储备，表示收存以备使用，具有收存、保管、交付使用的意思。

图 1-6 仓库

仓储是集中反映工厂物资活动状况的综合场所，是连接生产、供应、销售的中转站，对促进生产、提高效率起着重要的辅助作用。仓储是产品生产、流通过程中因订单前置或市场预测前置而使产品、物品暂时存放。仓储既包括静态的物品储存，也包括动态的物品存取、保管、控制的过程。仓储的对象可以是生产资料，也可以是生活资料，但必须是实物。

物流中的仓储是指包括储备、库存在内的广义的仓储概念，是与运输并列的两大主要功能要素之一，在物流管理流程中有相当重要的地位。商品在从生产地向消费地的转移过程中，往往会表现出在一定空间、一定时间上的"停滞"，商品在流通领域中的这种暂时的"停滞"过程，就是仓储。仓储，是以改变"物"的时间状态为目的的活动，在物流系统中起着缓冲、调节和平衡的作用，能有效克服物品生产和消费在时间上的差异，创造时间价值。

(二) 仓库的类型

仓库一般指以库房、货场及其他设施、装置为劳动手段的，对商品、货物、物资进行收集、整理、保管和分发等工作的场所，在工业中则是指储存各种生产需要的原材料、零部件、设备、机具和半成品、产成品的场所。仓库由储存物品的库房、运输传送设施(如吊车、电梯、滑梯等)、出入库房的输送管道、设备以及消防设施、管理用房等组成，是保管、储存物品的建筑物和场所的总称。

1. 按功能分类

按照仓库的功能分类，可以分为周转仓库、储备仓库。

(1) 周转仓库。周转仓库的主要功能是物资周转，主要用于暂时存放待加工、待销售、待运输的物资，包括生产仓库、中转仓库、集配仓库、加工仓库等。这种仓库储存货物的时间短，主要追求周转效益，为生产、流通或运输服务。

(2) 储备仓库。储备仓库主要指专门长期存放各种储备物资，以保证完成各项储备任务的仓库。储备仓库是用于储存应对自然灾害、国防急需或市场供应特殊需要的某些重要商品或物资的仓库。

2. 按营运形态分类

按照仓库的营运形态分类，可以分为自用仓库、营业仓库、公共仓库。

(1) 自用仓库。自用仓库是指某个企业建立的供自己使用的仓库,用于保管本企业的物品(原材料、半成品、产成品等),仓库的建设、物品的管理以及进出库均属本公司的管理范畴。

(2) 营业仓库。营业仓库是按照相关管理条例的许可和企业经营的需要,向其他一般企业提供保管服务的仓库。它是为专门经营物流业务而建造的仓库,其服务对象为社会性客户。

(3) 公共仓库。公共仓库是指国家和公共团体为了公共利益而建设的仓库。这是一种专业从事仓储经营管理的、面向社会的、独立于其他企业的仓库。

3. 按储存条件分类

按照仓库的储存条件分类,可以分为普通仓库、恒温仓库、冷藏仓库、危险品仓库。

(1) 普通仓库。普通仓库一般是指具有常温保管、自然通风、无特殊功能的仓库,可用于存放无特殊保管要求的物品。

(2) 恒温仓库。恒温仓库是指具有保持一定温度和保湿功能的仓库,主要用于储存对于储藏温度有一定要求的物品。恒温仓库专门储存怕冻或怕高温的物品,恒温仓库的温度大都恒定控制在 0～3℃,大都用于蔬菜、果品之类的保鲜储存。

(3) 冷藏仓库。冷藏仓库是指通过机械制冷方式,使库内保持一定的温度和湿度,以储存食品、工业原料、生物制品和药品等对温湿度有特殊要求的货物的仓库。冷藏仓库一般用来长期保存常温下易变质的物品,如肉类、海产品、食品成品等。这些物品一般不怕低温,恢复常温后质地变化也不大,一般不会影响使用,冷藏仓库的温度一般在 -15～-10℃摄氏度。

(4) 危险品仓库。危险品仓库主要是指存放具有易燃性、易爆性、腐蚀性、有毒性和放射性等对人体或建筑物有一定危险的物资的仓库。

4. 按建筑完整性分类

按照仓库的建筑完整性分类,可以分为封闭式仓库、半封闭式仓库、露天式仓库。

(1) 封闭式仓库。封闭式仓库俗称"库房",该结构的仓库封闭性强,便于对库存物品进行维护保养,适宜存放那些对保管条件要求较高的物品。

(2) 半封闭式仓库。半封闭式仓库俗称"货棚",保管条件不如库房,但出入库作业比较方便,适宜存放那些对温湿度要求不高且出入库频繁的物品。

(3) 露天式仓库。露天式仓库俗称"货场",其最大的优点是装卸作业极其方便,适宜存放大宗原材料或者不怕受潮的货物。

(三) 仓储在现代物流中的作用

随着现代物流学的发展,商品储存作为物流系统的重要组成部分,它在物流的整个过程中发挥着越来越重要的作用。

(1) 仓储为货物进入下一个环节前提供质量保证。

在货物仓储环节对产品质量进行检验,能够有效地防止伪劣产品流入市场,保护了消费者权益,也在一定程度上保护了生产厂家的信誉。通过仓储来保证产品质量主要要进行两个环节:一是在货物入库时进行质量检验,检验货物是否符合仓储要求,严禁不合格产品混入库场;二是在货物的储存期间内,要尽量使产品不发生物理以及化学变化,尽量减少库存货物的损失。

(2) 仓储是现代物流不可缺少的重要环节。

从供应链的角度，物流过程可以被看作是由一系列的"供给"和"需求"组成的，当供给和需求节奏不一致，也就是两个过程不能够很好地衔接时，出现生产的产品不能及时消费或者存在需求却没有产品满足的情况时，此时就需要建立产品的储备，将不能及时消费的产品储存起来以备满足未来的需求。供给和需求之间既存在实物的"流动"，也存在实物的"静止"，静止状态即是将实物进行储存，实物处于静止是为了更好地衔接供给和需求这两个动态的过程。

(3) 仓储是加快商品流通、节约流通费用的重要手段。

虽然货物在仓库中进行储存时是处于静止的状态，会带来时间成本和财务成本的增加，但从整体上而言，它不仅不会带来时间的损耗和财务成本的增加，相反地，它有助于加速流通并节约运营成本。仓储能够有效地降低运输和生产成本，带来总成本的降低。

(4) 仓储是保证社会再生产过程顺利进行的必要条件。

货物的仓储过程不仅是商品流通过程顺利进行的必要保证，也是社会再生产过程得以进行的必要条件。

三、装卸搬运

(一) 装卸搬运的概念

装卸是指在运输工具间或运输工具与存放场地(仓库)间，以人力或机械方式对物品进行载上载入或卸下卸出的作业过程。装卸主要包括物品的装载、卸货、移动、货物堆码上架、取货、备货、分拣等作业以及附属于这些活动的作业，通常指物品上下方向的移动。

搬运是指在同一场所内以人力或机械方式对物品进行空间移动的作业过程。

装卸搬运(如图 1-7 所示)这一环节虽然不能增加物流的价值，但是它却具有非常重要的地位。生产过程、流通过程中的任一活动都会伴随着装卸搬运的发生。装卸搬运的作业效率在很大程度上制约着其他作业环节的效率高低。需要注意的是，装卸搬运过程中最容易出现货损、货差的现象，从而导致成本的增加。

图 1-7 装卸搬运

(二) 装卸搬运在现代物流中的作用

装卸搬运的基本功能是改变物品的存放状态和空间位置。无论是在生产领域还是在流通领域，装卸搬运都是影响物流速度和物流费用的重要因素，影响着物流过程的正常进行，决定着物流系统的整体功能和效益。装卸搬运在现代物流过程中的作用表现在以下几方面：

(1) 装卸搬运是影响物流效率的重要环节。

装卸搬运是随运输和保管而产生的必要物流活动，是对运输、保管、包装、流通加工等物流活动进行衔接的中间环节，以及在保管等活动中为进行检验、维护、保养所进行的装卸活动，如货物的装上卸下、移送、拣选、分类等。在物流活动的全过程中，装卸搬运活动是频繁发生的，因而装卸搬运活动所占用的时间是影响物流效率的重要因素。

(2) 装卸搬运是影响物流成本的主要因素。

在物流过程中，装卸与搬运活动是不断出现和反复进行的，它出现的频率高于其他各项物流活动，每次装卸搬运活动都要花费很长时间，所以往往成为决定物流速度的关键。装卸搬运活动消耗大量人力，所以装卸搬运费用在物流成本中所占的比重也较高。

(3) 装卸搬运是连接其他主要物流环节的桥梁。

装卸搬运作为物流系统的构成要素之一，是为运输和保管的需要而进行的作业。例如，运输、保管、包装和流通加工等物流活动，都是靠装卸搬运活动连接起来的，以及在保管等活动中为检验、维护、保养所进行的诸如货物的装上卸下、移送和分类等也要通过装卸搬运来完成。

(三) 装卸搬运合理化

1. 装卸搬运合理化的目标

(1) 装卸搬运距离要短。搬运距离的长短与搬运作业量的大小、搬运作业的效率是密切相关的。缩短装卸搬运距离可以节省劳动消耗，缩短搬运时间，减少搬运中的消耗。

(2) 装卸搬运时间要少。在装卸搬运作业中，通过机械化、自动化作业来尽量缩短装卸搬运时间，不但能节约费用，提高效率，而且能提高物流速度，激活整体物流过程，及时满足客户的需求。

(3) 装卸搬运质量要高。这是装卸搬运的核心目标，主要是指能够按客户要求的数量、品种，安全及时地将货物装卸搬运到指定的位置。

(4) 装卸搬运费用要低。实现装卸搬运作业机械化、自动化和物流现代化，既能大幅度削减作业人员，降低人工费用，又能提高装卸搬运效率，降低装卸搬运成本，随之也能较大幅度节省装卸搬运费用。

2. 装卸搬运合理化的途径

装卸搬运作业内容复杂，人力耗费和成本耗费较大，因此，装卸搬运活动的合理化对于物流整体的合理化至关重要。

(1) 防止和消除无效装卸搬运。无效作业是指在装卸作业活动中超出必要的装卸、搬运量的作业。防止和消除无效作业对装卸作业的经济效益有重要作用，具体措施包括尽量减少装卸次数、提高被装卸物料的准确度、选择适宜包装、缩短搬运作业的距离等。

(2) 提高装卸搬运活性。装卸搬运活性是指在装卸作业中的物流进行装卸的难易程度。在堆放货物时，事先要考虑到物料装卸的方便性。

(3) 集装单元化。集装单元化是指将货物集中扩大成一个作业单元进行装卸搬运。集装单元化是实现装卸搬运合理化、降低物流费用的重要手段。

(4) 推广组合化装卸搬运。在装卸搬运作业过程中，根据不同物料的种类、性质、形状、重量来确定不同的装卸作业方式。

(5) 合理地规划装卸搬运方式和作业过程。装卸搬运作业过程是指对整个装卸作业的连续性进行合理的安排，以减少运距和装卸次数。装卸搬运作业现场的平面布置是直接关系到装卸、搬运距离的关键因素，装卸搬运机械要与货场长度、货位面积等相互协调。要有足够的场地集结货场，并满足装卸搬运机械工作的要求，场内的道路布置要为装卸搬运创造良好的条件，有利于加速货位的周转。装卸搬运距离达到最小平面布置是减少装卸搬运距离最理想的方法。

四、包装

(一) 包装的概念

包装(如图 1-8 所示)是指为在流通过程中保护产品、方便储运、促进销售，按一定的技术方法而采用的容器、材料和辅助物等的总体名称；也指为达到上述目的在采用容器、材料和辅助物的过程中施加一定技术方法等的操作活动。承装没有进入流通领域物品的用品不能称为包装，只能称为包裹、箱子、盒子、容器等，因为包装除了有包裹和承装的功能外，对物品进行修饰、获得受众的青睐才是包装的重要作用。

图 1-8　包装

具体来讲，包装包含两层含义：一是从静态方面看，指能合理容纳商品、抵抗外力、保护宣传商品、促进商品销售的物体，如包装容器等；二是从动态方面看，指包裹、捆扎商品的工艺操作过程。从物流角度来看，包装是生产的终点，却是物流的起点。物流系统的所有构成因素均与包装有关，同时物流也受包装的制约。因此，应根据生产后的物流系统情况来考虑包装，对包装进行合理化的管理。

(二) 包装的分类

任何产品都需要包装，而包装的种类和形式繁多。为了使人们对包装有一个清晰的了解，需要对包装进行分类。包装分类是一种按一定的目的选择适当的标志，将包装总体逐一划分为若干个特征更趋一致的部分，直至分成具有明显特点的最小单元的科学方法。包装分类的首要问题是选择适当的分类标志。

1. 按包装材料分类

(1) 纸包装，如纸袋、纸杯、纸盘、纸瓶、纸盒、纸箱等。

(2) 塑料包装，如塑料袋、塑料瓶、塑料盒等。

(3) 金属包装，如马口铁罐、铝罐等。

(4) 玻璃、陶瓷包装，如玻璃瓶、瓷瓶、陶瓷钵等。

(5) 木包装，如木桶、木盒、木箱等。

(6) 纤维制品包装，如麻袋、白布袋等。

(7) 复合材料包装，如用纸、铝箔、塑料、金属等复合材料制成的袋、盒、箱等。

(8) 天然材料包装，如草袋、竹筐等。

2. 按包装容器的特性分类

(1) 按形态分，有盒类包装、箱类包装、袋类包装、瓶类包装、罐类包装、坛缸类包装、管类包装、盘类包装、桶类包装、筐篓包装等。

(2) 按刚性分，有软包装、硬包装和半硬包装。

(3) 按特征分，有固定包装、可拆卸包装、折叠式包装。

(4) 按质量水平分，有高档包装、中档包装和普通包装。

(5) 按密封性能分，有密封包装和非密封包装。

(6) 按造型特点分，有便携式、易开启式、开窗式、透明式、悬挂式、堆叠式、喷雾式、组合式包装等。

3. 按包装技术分类

按包装所采用的技术方法来分类，包装可分为防潮包装、防水包装、防霉包装、防虫包装、防震包装、防锈包装、防火包装、防爆包装、防盗包装、防伪包装、防燃包装、防腐蚀包装、防辐射包装、保鲜包装、速冻包装、儿童安全包装、透气包装、阻气包装、真空包装、充气包装、灭菌包装、压缩包装、危险品包装等。

4. 按包装的功能分类

按包装在物流过程中的功能来分类，包装可分为运输包装、销售包装和运销两用包装。

5. 按包装适应的群体分类

按包装适应的群体分类，包装可分为民用包装、军用包装和公用包装。

6. 按包装产品分类

按包装产品分类，包装可分为食品包装、药品包装、化妆品包装、纺织品包装、玩具包装、文化用品包装、仪器仪表包装、家用电器包装等。

7. 按产品形态分类

按产品的物理形态分类，包装可分为固体(粉、粒、块状)包装、流体(液体、气体、半流体、黏稠体等)包装和混合物体包装。

8. 按包装层次分类

包装层次是专门对商品体而言的，即对商品体的层次包装，通常分为一级包装、二级包装、三级包装，或分为内包装、中包装和外包装。外包装的作用是保护商品和美化商品，如用玻璃瓶盛装的酒，外面再用纸板盒包装就是典型的外包装。

(三) 包装在现代物流中的作用

包装的好坏影响了商品能否完整无损地到达消费者手中；包装的装潢和造型水平影响到商品的竞争力。包装的主要作用有几个方面。

1. 保护功能

保护功能是包装的首要功能，是确定包装方式和包装形态时必须考虑的问题，只有有效的保护，才能使商品在流通过程中不受损失。包装的保护功能体现在以下几个方面：

(1) 防止商品破损变形。要求包装能承受在装卸搬运、运输、保管等作业环节中的各种冲击、震动、颠簸、压缩、摩擦等外力的作用，形成对外力破坏抵抗的防护作用；可以减少在搬运装卸过程中由于操作不慎使包装跌落造成的冲击；可以减少仓库储存堆码时最底层货物承受的强大压力以及减少由于运输和其他物流环节的冲击、震动。

(2) 防止商品发生化学反应。即防止商品吸潮、发霉、变质、生锈。要求包装能够起到阻隔水分、溶液、潮气、光线、空气中的酸性气体的作用，发挥其保护商品质量的作用。

(3) 防止鼠咬虫食。要求包装有阻隔真菌、虫、鼠侵入的功能，保护内装物的安全。

(4) 防止异物混入。包装还应具有很强的隔离作用，能有效防止异物混入内装物中，特别是一些吸附性很强的物资，若没有包装，有可能会吸附异味，导致货物质量受损。

2. 单元化

将若干小单位的货品通过一定的技术措施组合成尺寸规格相同、重量相近的大型标准化的组合体，称为单元货物，以此来提高搬运效率，降低成本。单元化包装的好处主要体现在以下几方面：

(1) 促使装卸合理化，缩短装卸时间，降低装卸作业劳动强度，降低出错率，减少货损；

(2) 方便运输及存储，提高整个分拨系统的运作效率；

(3) 大型单元化包装的强度和防护能力大大提高，有利于保护货物；

(4) 减少货物的单体包装及小包装。

3. 促进销售

在商品交易过程中，促进销售的手段很多，包装就是其中之一，恰当的包装能够唤起消费者的购买欲望，促进销售。包装的外部形态、装潢和广告说明也是很好的宣传品，对顾客的购买行为有着说服作用。

4. 方便消费

现代企业在设计包装时越来越重视顾客使用的方便性。运输包装要方便装卸、搬运、运输、储存；商业包装则要方便消费者使用、消费。

(四) 包装合理化

1. 影响商品包装的因素

使用包装的主要目的在于最大化地发挥其作用，因此在设计商品包装时，必须要针对包装将要发挥的作用，结合被包装物本身的性质及其在流通过程中的注意事项，有针对性地进行设计。一般来说，影响商品包装的主要因素有如下几方面：

(1) 被包装商品本身的性质。包装所涉及的商品形态万千、性质各异，所以，在设计商品包装时，必须充分考虑商品本身的特点，包括体积、重量、物理性质、化学性质等，还要结合流通过程中必须遵循的各项标准、规定，设计出适合商品自身特点的包装。

(2) 商品包装的保护性。包装的最基本功能是保护产品，因此，设计包装时首先要考虑其对被包装物的保护功能。如被包装物是否害怕力的冲击、震动，是否害怕虫害，是否对气象环境、物理环境以及生物环境有特殊的要求等。

(3) 消费者的易用性。商品最终要被消费者消费，因此其包装在设计时还要考虑如何让消费者更好地使用商品，既要保证使用的便利性，也要考虑使用的安全性。比如饼干包装，越来越多的袋装饼干采用了两片装小包装，其目的就是兼顾消费者食用的便利性和安全性。在当前越来越重视环保、安全的市场环境中，只有设计既实用又安全的商品包装，才能吸引消费者，占领更广阔的市场。

(4) 商品包装的经济性。商品包装虽然从安全性方面来说是做得越完美越好，但是从商品整体的角度来说，也不得不考虑其经济性，争取能够做到够用就好，以降低产品的成本。一般来说，商品的工业包装在设计时，应该更加注重商品保护的性质，不必太在意其外在的美观。而商品的商业包装的设计，必须注重其外观的魅力，以吸引顾客。因此，应该找到一个良好的平衡点，使商品包装既能够达到消费要求，又能够节省成本。

2. 包装的合理化措施

包装合理化，既包括包装总体的合理化，也包括包装材料、包装技术、包装方式的合理组合及运用。要做好包装合理化工作，可以从以下几方面入手：

(1) 包装尺寸标准化。包装尺寸标准化对于实现物流系统合理化具有特别重要的意义。如纸箱尺寸的设计与托盘、集装箱、车辆、货架等各种物流子系统发生联动，包装、运输、装卸、保管等不同物流环节的机械器具的尺寸设计需要建立在共同的标准之上。

(2) 包装作业机械化与自动化。实现包装作业的机械化和自动化是提高包装作业效率、减轻人工包装作业强度、实现省力的基础。

(3) 包装单位轻薄化。由于包装只是起保护作用，对产品的使用价值没有任何意义。因此，在强度、寿命、成本相同的条件下，更轻、更薄、更短、更小的包装可以节约材料、提高装卸搬运和运输的效率，减少废弃包装材料的数量，使包装的综合成本下降。

(4) 包装成本低廉化。选择合适的包装材料，并在包装设计上防止过度包装，以节约包装成本。

(5) 注意与其他环节的配合。在包装材料的选择、包装尺寸的设计上注意与物流其他作业环节的配合，以实现物流系统的合理化。

(6) 有利于环保。随着人们环境保护意识的增强，消费者对产品包装不仅要求其外观新颖美观，还要求包装材料无污染、易回收、易降解。

五、流通加工

(一) 流通加工的概念

流通加工(如图1-9所示)是指根据顾客的需求，在流通过程中对产品实施的简单加工作业活动(包括包装、分割、计量、分拣、刷标志、拴标签、组装、组配等)的总称。流通加工是流通中的一种特殊形式，它是在物品从生产领域向消费领域流动的过程中，为了促进销售、维护产品质量和提高物流效率，对物品进行的加工，使物品发生物理、化学或形状的变化。

图 1-9　流通加工

流通加工是在流通领域从事的简单生产活动，具有生产制造活动的性质；它和一般的生产型加工在加工方法、加工组织、生产管理方面并无显著区别，但在加工对象、加工程度等方面区别较大，如表 1-1 所示。

表 1-1　流通加工与生产加工的区别

指　　标	生　产　加　工	流　通　加　工
加工对象	原材料、零配件、半成品	进入流通过程的商品
所处环节	生产过程	流通过程
加工程度	复杂的、完成大部分加工	简单的、辅助性、补充加工
价值贡献	创造价值和使用价值	完善其使用价值并提高价值
加工单位	生产企业	流通企业
加工目的	交换、消费	服务消费、流通

（二）流通加工在现代物流中的作用

流通加工是生产加工在流通领域的延续，是物流活动的重要环节。流通加工是一种低投入、高产出的加工方式，往往以简单加工解决大问题。具体来说，流通加工在现代物流中的作用有以下几方面。

1. 提高原材料利用率

通过流通加工进行集中下料，将生产厂商直接运输来的简单规格产品按用户的要求进行下料。例如，将钢板进行剪板、裁切；将木材加工成各种长度及大小的板等。集中下料可以优材优用、小材大用、合理套裁，明显地提高原材料的利用率，有很好的技术经济效果。

2. 方便用户

用量小或满足临时需要的用户，不具备进行高效率初级加工的能力，通过流通加工可以使用户省去进行初级加工的投资、设备、人力，方便了用户。目前发展较快的初级加工有：将水泥加工成生混凝土，将原木或板、方材加工成门窗，钢板预处理、整形等。

3. 提高加工效率及设备利用率

在分散加工的情况下，加工设备由于生产周期和生产节奏的限制，设备利用时松时紧，使得加工过程不均衡，设备加工能力不能得到充分发挥。而流通加工面向全社会，加工数量大，加工范围广，加工任务多。这样可以通过建立集中加工点，采用一些效率高、技术先进、加工量大的专门机具和设备，一方面提高了加工效率和加工质量，另一方面还提高了设备利用率。

4. 弥补生产加工的不足

由于受到各种因素的限制，许多产品在生产领域的加工只能达到一定程度，而不能完全实现终极的加工。例如，木材如果在产地完成成材加工或制成木制品的话，就会给运输带来极大的困难，所以，在生产领域只能加工到圆木、板、方材这个程度，进一步的下料、裁切、处理等加工则需要由流通加工完成；钢铁厂大规模的生产只能按规格生产，以使产品有较强的通用性，从而使生产能有较高的效率，取得较好的效益。

5. 促进销售

流通加工也可以起到促进销售的作用。比如，将过大包装或散装物料分装成适合依次销售的小包装的分装加工；将以保护商品为主的运输包装改换成以促进销售为主的销售包装，以起到吸引消费者、促进销售的作用；将蔬菜、肉类洗净切块以满足消费者要求等。

(三) 流通加工合理化

1. 不合理的流通加工

(1) 流通加工地点设置不合理。流通加工地点设置(即布局状况)是决定整个流通加工能否有效的重要因素。一般而言，为衔接单品种大批量生产与多样化需求的流通加工，加工地点应设置在需求地区；另外，为方便物流的流通加工环节，加工地点应设在产出地，设置在进入社会物流之前。当然，还涉及流通加工在小地域范围内正确选址的问题，如果处理不当，仍然会出现不合理的现象。

(2) 流通加工方式选择不当。流通加工方式包括流通加工对象、流通加工工艺、流通加工技术、流通加工程度等。流通加工方式的正确选择实际上是指与生产加工的合理分工。

(3) 流通加工作用不大，形成多余环节。有的流通加工过于简单，或对生产及消费者作用都不大，甚至存在盲目性，即未能解决品种、规格、质量、包装等问题，反而增加了多余环节，这也是不合理的。

(4) 流通加工成本过高，效益不好。有的流通加工成本过高，效益不好，不能实现以较低投入获得较高回报的目的。所以，除了一些必需的、政策要求即使亏损也应进行的流通加工外，凡是成本过高、效益不好的流通加工都应看成是不合理的。

2. 流通加工合理化的方法

(1) 流通加工与配送相结合。将流通加工设置在配送中心，不再单独设置一个加工的中间环节，将流通加工与中转流通巧妙地结合在一起，使配送服务水平大大提高。

(2) 流通加工与配套相结合。配套是指将使用上有联系的用品集合成套地供应给用户使用。在对配套要求较高的流通中，配套的主体来自各个生产单位。但是，完成配套有时无法全部依靠现有的生产单位。所以，进行适当的流通加工，可以有效地促成配套，大大提高流通作为连接生产与消费的桥梁与纽带的能力。

(3) 流通加工与合理运输相结合。流通加工能有效衔接干线运输与支线运输，促进两种运输形式的合理化。

(4) 流通加工与合理商流相结合。通过流通加工，有效地促进销售，使商流合理化，也是流通加工合理化的考虑方向之一。

(5) 流通加工与节约相结合。节约能源、节约设备、节约人力、节约消耗是流通加工合理化的重要考虑因素，也是目前设置流通加工时考虑其合理化的较普遍形式。

六、配送

(一) 配送的概念

配送(如图 1-10 所示)是指根据客户要求，对物品进行分类、拣选、集货、包装、组配等作业，并按时送达指定地点的物流活动。

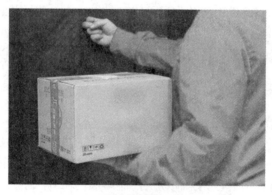

图 1-10　配送

配送的具体含义包括：

(1) 配送的对象是零售商或客户，配送处于供应链的末端，是一种末端物流活动。

(2) 配送提供的是物流服务，因此满足顾客对物流服务的需求是配送的前提。

(3) 配送是"配"和"送"的有机结合。配送的主要功能是送货，但科学、经济的送货以合理配货为前提，少量、偶尔的送货不能说是配送。

(4) 配送是在经济合理区域范围内的送货。配送不宜在大范围内实施，通常仅局限在一个城市或地区范围内进行。

(5) 配送以用户要求为出发点。配送是从用户利益出发，按用户要求进行的一种活动，体现了配送服务型的特征。

(6) 配送是物流活动和商流活动的结合。

(7) 配送过程包含了采购、运输、储存、流通加工、物流信息处理等多项活动，是一种综合性很强的物流活动。

(二) 配送模式

配送模式是企业对配送所采取的基本战略和方法，它是指构成配送运动的诸要素的组合形态及其运动的标准形式，是适应经济发展需要并根据配送对象的性质、特点及工艺流程而相对固定的配送规律。按照配送的物品来划分，配送模式包括生产资料与生活资料的配送；按照配送的承担者来划分，配送模式可以分为自营配送模式、共同配送模式和第三方配送模式。

1. 自营配送模式

自营配送模式是指企业物流配送的各个环节由自身筹建并组织管理，实现对企业内部及外部货物配送的模式，是目前生产流通或综合性企业(集团)广泛采用的一种配送模式。

自营配送是物流一体化的模式，投资规模大，当配送规模较小时，配送成本相对较高。其一般由规模较大的集团公司采用，特别是连锁企业。许多连锁企业都是通过组建自己的配送中心，来完成对内部各场、店的统一采购、统一配送和统一结算的。

2. 共同配送模式

共同配送模式是指由多个企业或其他组织整合多个客户的货物需求后联合组织实施的配送方式。共同配送的实质是相同或不同的企业联合，目的是相互调剂使用各自的仓储运输设备，最大限度地提高配送设施的利用率。

3. 第三方配送模式

第三方配送模式是指由物流劳务的供方、需方之外的第三方去完成物流服务的物流运作方式。随着管理方式的普及，无论是制造企业还是商业企业都逐渐把配送业务交由相对独立的第三方进行管理。第三方就是指提供物流交易双方的部分或全部物流功能的外部服务提供者，是物流专业化的一种形式。第三方配送企业根据采购方的小批量和多批次的要求，按照地域分布密集情况决定供应方的取货顺序，并应用一系列的信息技术和物流技术保证取货和配货。

(三) 配送在现代物流中的作用

1. 完善和优化物流系统

配送可以在一定范围内，将干线、支线运输及仓储等环节统一起来，使干线运输过程及功能体系得以优化和完善，形成一个大范围的物流与局部范围配送相结合的、完善的物流配送系统。

2. 提高末端物流的效益

从整个物流活动来看，配送处于物流系统的最末端，在仓储与客户之间起承上启下的作用，是真正面对客户的环节，对物流经济效益的实现有着重要意义。

3. 使企业实现低库存或零库存

采用配送方式后，企业可以将原来由自己做的仓储、运输等业务外包给专业的物流公司来完成，从而降低了企业内部的库存量，甚至可以实现零库存。

4. 方便客户

采用配送方式，用户只需向一处订购，就能达到向多处采购的目的，这样不但减少了费用，还大大减轻了用户的工作量和负担，方便了用户。

5. 提高供应保证程度

在物流系统中，由于配送的及时性，使得用户因缺货而影响生产的风险减少了，提高了供应保证程度。

七、物流信息化

(一) 物流信息化的概念

物流信息是反映物流各种活动内容的知识、资料、图像、数据、文件的总称。物流信息化是物流企业运用现代信息技术对物流过程中产生的全部或部分信息进行采集、分类、传递、汇总、识别、跟踪、查询等一系列处理活动，以实现对货物流动过程的控制，从而降低成本、提高效益的管理活动。物流信息化是现代物流的灵魂，是现代物流发展的必然要求和基石。

(二) 物流信息的特点

1. 信息量大

物流信息随着物流活动以及商品交易活动的展开而大量发生。多品种少量生产和多频度小数量配送使库存、运输等物流活动的信息大量增加。零售商广泛应用销售时点系统读取销售时点的商品品种、价格、数量等销售信息，并对这些销售信息进行加工整理，通过EDI 向相关企业进行传送。以一个有数万种商品的大型超市为例，每个商品从下订单开始的价格、数量、条码、批次、物流模式、尺码、包装规格等物流信息，到配送中心的验收、整理、上架、补货、拣货、配车、盘点、退换货等业务流程，每一步业务都会产生新的物流信息，因而记录物流活动的物流信息数量也会快速增长。

2. 信息更新快

有价值的信息第一个要求就是快，能迅速反映业务的最新动态。没有时效性，信息就会变得一文不值，在物流活动中更是如此。市场在随时变化，运输中的商品位置在不断变化，配送中心的库存状况也在不断变化，门店的销售情况不断变化，还有大量存在的突发情况。物流信息处于一个不断更新、不断变化的状态之中，这就要求物流信息系统有非常强大的实时性和高效率。

3. 信息来源多样化

物流产业是服务产业，物流活动的发生必须依赖其他活动。物流信息不仅包括企业内部的物流信息，而且包括企业间的物流信息，企业竞争优势的获得需要各参与企业之间相互协调合作，协调合作的手段之一是信息及时交换和共享。另外，物流活动往往利用道路、港湾、机场等基础设施。因此，为了高效率地完成物流活动，必须掌握与基础设施有关的信息。

(三) 物流信息在现代物流中的作用

信息技术在物流领域的使用，对提高物流的现代化作业水平、降低物流成本、提高企业竞争力等方面都发挥了巨大的促进作用。

1. 沟通联系

物流系统是由许多个行业、部门以及众多企业群体构成的经济大系统，系统内部正是通过各种指令、计划、文件、数据、报表、凭证、广告、商情等物流信息，建立起各种纵向和横向的联系，沟通生产厂家、批发商、零售商、物流服务商和消费者，满足各方的需要。因此，物流信息是沟通物流活动各环节之间联系的桥梁。

2. 引导和协调

物流信息随着物资、货币及物流当事人的行为等信息载体进入物流供应链中，同时信息的反馈也随着信息载体反馈给供应链上的各个环节，依靠物流信息及其反馈可以引导供应链结构的变动和物流布局的优化；协调物资结构，使供需之间平衡；协调人、财、物等物流资源的配置，促进物流资源的整合和合理使用等。

3. 管理控制

通过移动通信、计算机信息、电子数据交换、全球定位系统等技术实现物流活动的电子化，如货物实时跟踪、车辆实时跟踪、库存自动补货等，用信息化代替传统的手工作业，实现物流运行、服务质量和成本等的管理控制。

4. 缩短物流管道

为了应对需求波动，在物流供应链的不同节点上通常设置有库存，包括中间库存和最终库存，如零部件、在制品、制成品的库存等，这些库存增加了供应链的长度，提高了供应链成本。但是，如果能够实时地掌握供应链上不同节点的信息，如知道在供应管道中什么时候、什么地方、多少数量的货物可以到达目的地，那么就可以发现供应链上的过多库存并进行缩减，从而缩短物流链，提高物流服务水平。

5. 辅助决策分析

物流信息是制定决策方案的重要基础和关键依据，物流管理决策过程本身就是对物流信息进行深加工的过程，是对物流活动的发展变化规律性认识的过程。物流信息可以协助物流管理者鉴别、评估并比较物流战略和策略后的可选方案，如车辆调度、库存管理、设施选址、资源选择、流程设计以及有关作业比较、安排的成本、收益分析等均是在物流信息的帮助下才能作出的科学决策。

6. 支持战略计划

作为决策分析的延伸，物流战略计划涉及物流活动的长期发展方向和经营方针的制定，如企业战略联盟的形成、以利润为基础的顾客服务分析以及能力、机会的开发和提炼，作为一种更加抽象、松散的决策，它是对物流信息进一步提炼和开发的结果。

7. 价值增值

一方面，物流信息本身是有价值的，而在物流领域中，流通信息在实现其使用价值的同时，其自身的价值又呈现增长的趋势，即物流信息本身具有增值特征；另一方面，物流信息是影响物流的重要因素，它把物流的各个要素以及有关因素有机地组合并连接起来，以形成现实的生产力并创造出更高的社会生产力。同时，在社会化大生产条件下，生产过程日益复杂，物流诸要素都渗透着知识形态的信息，信息真正起着影响生产力的现实作用。企业只有有效地利用物流信息投入生产和经营活动后，才能使生产力中的劳动者、劳动手段和劳动对象结合，产生放大效应，使经济效益出现增值。物流系统的优化，各个物流环节的优化所采取的办法、措施，如选用合适的设备、设计最合理的路线、决定库存储备等，都要切合系统实际，即都要依靠准确反映实际的物流信息，否则，任何行动都不免带有盲目性。所以，物流信息对提高经济效益也起着非常重要的作用。

任务四 电子商务物流管理

一、电子商务与物流的关系

(一) 电子商务对物流的影响

近几年来，随着信息技术的飞速发展，互联网的迅速普及，电子商务这一新型的商务模式已取得了惊人的成就。电子商务集商流、信息流、资金流、物流于一身，前三者完全可以依托现代信息技术及设备得以实现，唯独物流作为电子商务的实物载体，上至生产者，下至消费者，内容涉及包装、储存、运输、装卸、加工、配送及信息处理等方方面面，电子商务交易的最终实现还是要依赖于后台的物流产业。可以说现代物流与电子商务就如同基础设施与上层建筑，没有一个稳定、有效、完善的物流系统，电子商务难以得到持续健康的发展。同时随着电子商务环境的变化，电子商务对传统物流也会产生极大的影响，这个影响是全方位的，从物流业的地位到物流观念，再到物流运作模式、服务水平等环节，促使物流系统进一步完善。电子商务活动对物流的影响主要表现在以下几个方面。

1. 改变传统物流观念

传统的物流和配送企业需要置备大面积的仓库，而电子商务系统网络化的虚拟企业将散置在各地的、分属不同所有者的仓库通过网络连接起来，使之成为"虚拟仓库"，从而进行统一管理和调配，这样一来其服务半径和货物集散空间都被放大了。这样的企业在组织资源的速度、规模、效率和资源的合理配置方面都是传统的物流和配送所无法比拟的。当然，相应的物流观念也必须是全新的。

电子商务作为一种新兴的商务活动，为物流创造了虚拟的运动空间，即可以通过各种组合方式寻求物流的合理化，使商品实体在实际的运动过程中达到效率最高、费用最省、距离最短、时间最少的目标。

2. 改变物流的运作方式

传统的物流和配送过程是由多个业务流程组成的，受人为因素和时间影响很大。网络的应用可以实现整个过程的实时监控和实时决策，而且这种物流的实时控制是以整体物流来进行的。新型的物流和配送的业务流程都是由网络系统连接的，当系统的任何一个环节收到一个需求信息时，该系统都可以在极短的时间内做出反应，并拟定详细的配送计划，通知各相关环节开始工作。这一切工作都是由计算机根据人们事先设计好的程序自动完成的。物流和配送的持续时间在电子商务环境下会大大缩短，对物流和配送速度提出了更高的要求。传统物流和配送的环节极为烦琐，网络化下的新型物流配送中心可以大大简化这一过程。

3. 改变物流企业的经营

(1) 电子商务将改变物流企业对物流的组织和管理。在传统经济条件下，物流往往是从某一企业的角度来进行组织和管理，为企业自身服务的。而电子商务则要求物流从社会的角度来实行系统地组织和管理，以打破传统物流分散的状态。这就要求企业在组织物流的过程中，不仅要考虑本企业的物流组织和管理，更重要的是要考虑全社会的整体系统。

(2) 电子商务将改变物流企业的竞争状态。在传统的经济活动中，物流企业之间存在激烈的竞争，这种竞争往往要求企业通过提供优质服务、降低物流费用等方式来获得胜利。在电子商务时代，这些竞争内容虽然依然存在，但有效性却大大降低了，原因在于电子商务需要一个全球性的物流系统来保证商品实体的合理流动。对于一家企业来说，即使它的规模再大，也是难以达到这一要求的。这就要求物流企业联合起来，在竞争中形成一种协同竞争的状态，以实现物流高效化、合理化和系统化。

4. 促进物流设施改善和物流水平提高

(1) 电子商务将促进物流基础设施的改善。电子商务高效率和全球性的特点要求物流也必须达到这一目标，而物流要达到这一目标，良好的交通运输网络、通信网络等基础设施是最基本的保证。

(2) 电子商务将促进物流技术的进步。物流技术主要包括物流硬技术和物流软技术。物流硬技术是指在组织物流过程中所需的各种材料、机械、设施等；物流软技术是指组织高效率的物流所需的计划、管理、评价等方面的技术和管理方法。物流技术水平的高低是影响物流效率高低的一个重要因素。

(3) 电子商务将促进物流管理水平的提高。物流管理水平的高低直接决定和影响着物流效率的高低，也影响着电子商务高效率的优势能否被发挥。只有建立科学、合理的管理制度，将科学的管理手段和方法应用于物流管理当中，才能确保物流的畅通，实现物流的合理化和高效化，促进电子商务的发展。

(二) 物流对电子商务的影响

电子商务是 20 世纪信息化、网络化的产物，虽然其特点已引起人们的广泛注意，但是人们对电子商务所涵盖的范围却没有统一、规范的认识。与传统商务过程一样，电子商务中的任何一笔交易，都包含着基本的"流"，即信息流、商流、资金流和物流。

(1) 物流是实现电子商务的保证。

目前的电子商务是依靠网上订货，用传统物流体系送货。许多网上商店由于解决不了物流问题，往往限制送货范围，从而失去了电子商务的跨地域优势；或者要求消费者除支付商品费用外，还要额外支付邮寄费，迫使消费者放弃电子商务，选择更为安全可靠的传统购物方式。由此可见，物流是实施电子商务的关键所在。

① 物流保障生产。

无论是在传统的贸易方式下，还是在电子商务下，生产都是商品流通之本，而生产的顺利进行需要各类物流活动支持。生产的全过程从原材料的采购开始，便要求有相应的物流活动使所采购的材料到位；在生产的各工艺流程之间，需要原材料、半成品的物流过程，即生产物流，以实现生产的流动性；部分余料、可重复利用的物资的回收，就需要回收物流；废弃物的处理则需要废弃物物流。可见，整个生产过程实际上就是系列化的物流活动。

现代化的物流通过降低成本、优化库存结构、减少资金占用、缩短生产周期等一系列活动，保障了现代化生产的高效进行。相反，缺少了现代化的物流，生产将难以顺利进行，电子商务无论是多么便捷的贸易形式，仍将难以实施。

② 物流服务于商流。

在商流活动中，商品所有权在购销合同签订的那一刻起便由供方转移到需方，而商品实体并没有因此而转移。在传统的交易过程中，除了非实物交割的期货交易，一般的商流都伴随着相应的物流活动，即商品实体由供方向需方转移。而在电子商务下，消费者通过网上购物完成了商品所有权的交割过程，即商流过程。但电子商务的活动并未结束，只有商品和服务真正转移到消费者手中，商务活动才得以终结。总之，先有商流，才有物流，但若没有物流，商流也就无从实现。

③ 物流是实现"以顾客为中心"理念的根本保证。

电子商务的出现在最大程度上方便了最终消费者。买卖双方通过网络进行商务活动，降低了交易成本，提高了交易效率。但若缺少了现代化的物流技术，商品迟迟不能到达消费者手中，电子商务给消费者带来的购物便捷就等于零，消费者必然会转向他们认为更为安全的传统购物方式。因此，物流是电子商务中实现"以顾客为中心"理念的最终保证。

物流是电子商务重要的组成部分。人们必须摒弃原有的"重信息流、商流和资金流的电子化，而忽视物流电子化"的观念，大力发展现代化物流，以进一步推广电子商务。

(2) 物流是电子商务的重要组成部分。

一般情况下，电子商务主要是由电子商务主体、电子市场、物流等其他相关的因素组成的。在电子商务的商品交易过程中，都有上述的这些因素的参与。譬如其中的信息流，主要涵盖了商品信息的提供、技术扶持以及售后服务等相关内容。而物流作为其中的一种要素，其主要表示的是商品流动的全过程。在电子商务条件下，尽管物流需要实现一定物理方式的传输，然而因为较多自动化机器设备的使用，这些因素都会让商品物流的流动速度变得更加快速，进而有效地缩减商品的生产周期。

(3) 物流配送体系是电子商务的支持系统。

现代物流配送可以在为电子商务的客户提供服务的同时，根据电子商务的特点，对整个物流配送体系实行统一的信息管理和调度，按照用户要求在物流基地完成理货，并将配好的货物送交收货人。这种现代物流方式对物流企业提高服务质量、降低物流成本、提高企业经济效益及社会效益都有着重要意义。

(4) 物流配送系统提高了社会经济运行效率。

物流配送企业采用网络化的计算机技术、现代化的硬件设备和软件系统、先进的管理手段，严格按照用户的订货要求进行分类、编配、整理、分工、配货等一系列理货工作，定时、定点、定量地交给各类用户，满足其对商品的需求。物流配送以一种全新的面貌，成为流通领域革新的先锋，代表了现代市场营销的主方向。新型物流配送比传统物流方式更容易实现信息化、自动化、现代化、社会化、智能化、简单化，使货畅其流，物尽其用，这样既能减少生产企业库存、加速资金周转、提高物流效率、降低物流成本，又能刺激社会需求、促进经济健康发展。

二、电子商务物流管理

电子商务物流管理是指在电子商务交易中，为了实现商品的流通，采用信息技术和物流技术对商品进行管理和配送的过程。电子商务物流管理的目的是提高物流效率和质量，降低物流成本，提高客户满意度和竞争力。电子商务物流管理为电子商务的发展提供了可靠的基础设施和支持。

(一) 电子商务物流管理的内容

1. 电子商务物流服务管理

电子商务物流服务管理主要包括物流的网络服务管理、实体服务管理以及增值服务管理。网络服务管理主要包括基于网络物流服务的各种管理，如信息管理等；实体服务管理主要包括运输、仓储保管、装卸搬运、包装、协同配送、流通加工等管理；增值服务管理主要包括对组织服务的管理，如物流中的金融服务管理、咨询策划服务管理等。

2. 电子商务物流市场运行与管理

电子商务物流市场运行与管理主要包括电子商务物流市场的构成、运行特点、运行质量、运行模式和物流渠道等内容。

3. 电子商务物流技术与设备管理

电子商务物流技术与设备管理主要包括对电子商务技术、物流技术以及电子商务物流不同环节的技术的管理。

4. 电子商务物流成本管理

电子商务物流成本是在进行电子商务物流活动过程中所发生的人、财、物耗费的货币表现形式，它是衡量电子商务物流经济效益高低的一个重要指标。电子商务物流成本控制就是以现代通信技术为基础，特别是以互联网技术为基础，应用现代信息技术对电子商务物流各环节发生的费用所进行的计划和管理。

5. 电子商务物流客户服务管理

电子商务物流的客户服务就是"以客户为中心"设计和管理电子商务物流的流程、组织和技术系统，并对其进行计划、控制、指挥和协调。进行电子商务物流客户服务管理的目的是提高对客户服务质量、增强客户的忠诚度，进而实现物流效率的提高和企业收入的增加。

6. 供应链管理

供应链管理是对供应链涉及的全部活动进行计划、组织、协调与控制。协调企业内外资源来共同满足消费者需求，把供应链上各环节的企业看作是一个虚拟企业同盟，而把任一个企业看作是这个虚拟企业同盟中的一个部门，同盟的内部管理就是供应链管理。只不过同盟的组成是动态的，是根据市场需要随时在发生变化的。

（二）电子商务物流管理的特点

与传统物流管理相比较，电子商务物流管理具有以下几个方面的特点。

1. 层次扁平化，幅度宽泛化

在管理上，电子商务物流管理的层次少于传统物流管理，但其幅度相对大于传统的物流管理，究其原因，主要来自三个方面：一是分权管理得到了较大的发展，与传统的金字塔状的组织结构及集权管理体制相比较，各层级之间的联系相对减少，各基层组织之间相对独立，扁平化的组织形式能够有效运作；二是企业快速适应市场变化的需要，相对来说扁平化的组织更能及时对市场变化做出响应；三是现代信息技术的发展，特别是电子商务的发展，计算机管理信息系统的出现，为扁平化组织的发展提供了有力的支持。

电子商务物流管理通过计算机管理信息系统以及网络的应用，解决了传统物流管理中无法处理指数化增长的信息量的难题，在同一时间可以实现信息的共享与交流，并及时地将物流信息传递给需求者，满足客户的需求。在整个物流信息的传递过程中，不需要通过多个层次的组织进行传递，使管理层次扁平化和幅度宽泛化。

2. 过程实时化

过程的实时化就是运用电子商务实现信息的实时共享与交流，并对物流过程进行实时的管理。随着网络和电子商务技术的发展，实时化管理可在物流活动中得以广泛地应用。过程的实时化不仅包括信息的实时共享与交流，而且包括实时化的管理；不仅包括物流服务链的管理，而且包括服务价值链的管理；不仅包括对自身物流的实时化管理，而且包括对客户物流的实时化管理；不仅包括接点内的物流实时化管理，而且包括接点外的物流实时化管理。过程的实时化管理，既能及时地对客户的需求做出响应，又能及时地以低成本满足客户的需求。

3. 在线虚拟化

在线虚拟化是指通过虚拟技术以及网络的应用，对物流活动所做出的反应和模拟。虚拟化是对真实情况的一种虚拟反应。通过对物流活动的虚拟化，可以有效地实现对物流资源的合理配置与应用，提高物流活动的效率、降低物流的成本，更好地满足客户的需要。

4. 决策智能化

电子商务物流管理决策支持系统主要是面对物流运作以及与此相关的经济行为。物流决策就是为了实现物流活动管理的方向、目标、规划、政策策略和重大措施所作的考虑和选择。一般情况下，物流管理决策支持系统应能通过人机交互式接口为物流决策者提供数据收集、存储、加工、模型化、分析、计算以及评价等功能。

在人机交互过程中，强调的是决策支持系统对决策者提供信息支持的作用，而不是代替决策者，应使决策者能最充分地发挥主观的经验和判断力，选择最佳决策方案，从而提高决策质量。对于电子商务物流中的程序化决策，通过优选科学理论和方法，建立有效的反馈和调整机制，就可依靠计算机系统来自动地加以实现。决策智能化可广泛地应用于物流活动的各个层次与环节，既可用于高层的战略性决策，又可用于基层的操作性决策；既可用于储存管理，也可用于运输、加工以及配送等管理。

5. 手段先进化，方法科学化

手段的先进化是指对电子商务物流活动的运作与管理要广泛地使用计算机技术、信息技术等先进的手段。就技术而言，主要包括通信技术、网络技术、视频技术、条码技术、地理信息系统、导航技术等。

方法的科学化是指对电子商务活动的运作与管理要采取先进的方法。除一些基本的管理方法外，物流中的现代运作与管理方法主要包括有：准时制、快速反应、物料需求计划、分销需求计划以及物流资源计划等。

6. 功能核心化

电子商务物流活动所包括的内容是极其丰富的。对于一个企业来说，仅仅凭借自身的实力和能力是难以完成电子商务物流活动的所有内容的。在此情况下，对于从事电子商务物流活动的各个企业来说，应根据自身的情况与优势实行功能核心化的原则，从事自身最为擅长的电子商务物流活动的某项功能，以增强竞争优势。与此同时，与其他从事电子商务活动的企业建立一种战略联盟的合作关系，以延伸物流服务的范围，弥补自身物流功能所存在的不足，为用户提供全方位的服务。

(三) 电子商务物流管理的原则

物流向一体化供应链管理方向发展是电子商务物流管理的基本指导思想。依据一体化的思想，电子商务物流管理应遵循系统效益原则、标准化原则、服务原则、灵活性原则。

1. 系统效益原则

电子商务物流管理是对电子商务物流系统所进行的管理。电子商务物流系统是指在一定环境下，由若干相互联系、相互作用的电子商务物流活动及其相关活动、系统组成的，具有特定功能的有机整体。在电子商务物流活动中，组成电子商务物流活动的各子系统的目标存在着差异甚至有着背反关系，在此情况下，要实现电子商务物流系统的总体目标，就要坚持系统效益原则，从整体性、综合性、长远性以及动态性的角度对电子商务物流进行系统管理。

效益管理是管理的基本思想与原则，电子商务物流管理也不例外。它不仅要求物流活动本身的效益最大化，同时也重视与物流相关的系统整体效益，包括当前与长远效益、财务与经济效益、经济与社会效益、经济与生态效益等。因此，电子商务物流管理人员和部门要确立可持续发展的观念，处理好物流与社会需求、物流耗费与有限资源、当前与长远发展的关系。

2. 标准化原则

电子商务物流按其活动是否重复性可分为两大类：一类为重复发生的常规性活动，如物料的领用、发出，配送的路线，搬运装卸等；另一类为一次性或非常规性的活动，如用户需求的随时变化、运输时间的不确定性等。物流管理的标准化要求常规活动按标准化原则实施管理，实现自动化、智能化，以提高效率、降低成本。

3. 服务原则

服务原则，即在物流管理的全过程中，努力促使各级各类员工牢固树立服务观念，切实格守职业道德，严格执行服务标准。通过文明、高效、优质的服务，内强分工体系的协同效应，外塑物流企业的整体形象，确保企业经济效益和社会效益同步提高。

4. 灵活性原则

电子商务物流活动受多种因素的影响，因而也可能经常出现意想不到的情况，在此情况下，要使管理仍然有效，就应该在设计、控制电子商务物流控制系统时坚持灵活性的原则。

(四) 电子商务物流管理的职能

电子商务物流管理和任何管理活动一样，其职能包括组织、计划、协调、控制、激励和决策。

1. 组织职能

组织职能的主要工作内容有：确定物流系统的机构设置、劳动分工、定额定员；配合有关部门进行物流的空间组织和时间组织的设计；对电子商务中的各项职能进行合理分工，对各个环节的职能进行专业化协调。

2. 计划职能

计划职能主要是编制和执行年度物流的供给和需求计划、月度供应作业计划、物流各环节的具体作业计划，如运输、仓储以及与物流营运相关的经济财务计划等。

3. 协调职能

协调职能对电子商务物流尤其重要，除物流业务运作本身的协调功能外，更需要物流与商流、资金流、信息流相互之间的协调，这样才能满足电子商务用户的要求。

4. 控制职能

由于电子商务涉及面广，其物流活动参与人员众多、波动大，所以，物流管理的标准化、标准的执行与督查、偏差的发现与矫正等控制职能相应地具有广泛性、随机性。

5. 激励职能

激励职能主要是物流系统内职员的挑选与培训、绩效的考核与评估、工作报酬与福利、激励与约束机制的设计。

6. 决策职能

物流管理的决策多与物流技术挂钩，如库存合理定额的决策、采购量和采购时间的决策等。

小 结

本模块首先介绍了物流岗位认知和物流职业发展规划，其次着重介绍物流的概念、特点、分类、基本职能及其各个要素的功能、电子商务物流管理等相关知识，这对今后系统学习现代物流打下良好的理论基础。

习 题 一

【复习思考题】

一、单选题

1. 物流业是一种(   )行业。

A. 生产性　　　　　B. 生活性　　　　　C. 服务性　　　　　D. 消费性

2. (   )是物流活动的起点。

A. 搬运　　　　　　B. 包装　　　　　　C. 储存　　　　　　D. 运输

3. 运输改变了物品的时间状态，更重要的是改变了物品的(   )状态。

A. 品种　　　　　　B. 批量　　　　　　C. 风险　　　　　　D. 空间

4. 物流从(   )角度可以划分为第一方、第二方、第三方、第四方物流。

A. 物流在经济中的运行　　　　　　　B. 物流服务

C. 物流活动空间　　　　　　　　　　D. 物流活动主体

5. 车辆配装时，应遵循(   )原则。

A. 重不压轻，后送后装　　　　　　　B. 重不压轻，后送先装

C. 轻不压重，后送后装　　　　　　　D. 轻不压重，后送先装

6. 配送是面向(   )的服务。

A. 终点用户　　　　　B. 中间用户　　　　C. 始点厂家　　　　D. 中间厂家

7. 对用户来说，采用联合运输(   )。

A. 节约成本　　　　　　　　　　　　B. 运输速度慢

C. 环节多　　　　　　　　　　　　　D. 托运手续复杂

8. 物流的基本作用是为顾客提供(　　)。

A. 运输服务 　　　　　　　　　　　B. 时间效用

C. 空间效用 　　　　　　　　　　　D. 时间效用和空间效用

9. 装卸是指物品在指定地点以人力或机械方式(　　)。

A. 装入运输设备 　　　　　　　　　B. 从运输设备上卸下

C. 装入运输设备或卸下 　　　　　　D. 卸下运输设备

10. 在物流包装设计中,(　　)是需要考虑的首要因素。

A. 标志性 　　　　B. 装卸性 　　　　C. 作业性 　　　　D. 保护性

二、简答题

1. 什么是物流?它的特点是什么?

2. 简述物流分类。

3. 物流对电子商务有哪些影响?

4. 简述仓储在现代物流中的作用。

5. 电子商务物流管理的内容有哪些?

6. 电子商务物流管理的特点是什么?

【实训题】

一、实训组织

某天,几个电子商务专业的大一新生在一起讨论什么是物流。A 说:"我经常网上购物,我认为物流就是送快递。" B 说:"我爸爸在货物运输公司上班,去年这家公司更名为物流公司,我想物流就是跑运输吧。" C 说:"我家旁边的搬家公司也叫物流公司,我觉得物流就是帮客户搬运物品。"

物流到底是什么呢?同学们可以组成一个团队,通过合理探究来回答这个问题。

二、实训要求

每个团队必须在检索文献并实地调查几家不同性质的物流公司的基础上撰写一份题为《我所认识的物流》的报告,要求阐述企业组织架构、业务范围、运营模式等内容,在此基础上,还应结合调查事实阐述物流的内涵,总结物流概念的演变,并分析发展现代物流的现实意义。

三、实训目的

1. 了解物流行业的特点、技能要求、岗位特点。

2. 把握物流行业的人才需求。

【案例分析题】

2020 年,胡小艾开了一家饺子馆,如今生意还算火爆。

周围的不少小区住户常常来光顾小店,有些老顾客一气儿能吃半斤饺子。胡经理说:"别看现在生意还不错,开业这段时间,最让我头疼的就是每天怎么进货,很多利润都被物流吃掉了。"

刚开始,10 个饺子定价为 5 元钱,直接成本为饺子馅、饺子皮、佐料和燃料,每个饺子的成本大约 2 角钱。虽然存在价差空间，可是胡经理的小店总是赚不了钱，原因在于每天都有大量剩余原料，这些采购的原料不能隔天使用，算上人工、水电、房租等经营成本，每个饺子的成本都接近 4 角钱了。

胡经理感慨，如果一天卖出 1 000 个饺子，同时多余 500 个饺子的原料，相当于亏损了 100 元左右，每个饺子的物流成本最高时达 1 角钱，加上年初粮食涨价，因此利润越来越薄。

经分析得知，问题的关键在于控制数量、准确供货。其实对饺子的数量挺难掌握的。做少了吧，有的时候人家来买没有，也等不及现做，眼看着要到手的钱就飞走了；做多了吧，就要剩下。

从理论上说，一般有两种供应方式：第一种方式是定时供应，每天早上 10 点开始，晚上 9 点结束，其他时间段不供应饺子，这样可能会损失客流量；第二种方式是定量供应，每天供应固定数量的饺子，这就需要采购固定数量的面粉等原材料，这种方式也可能会造成客户的流失。

后来胡经理又开了两家连锁店，原料供货就更需统筹安排了。饺子馅的原料要根据头天用量进行每日预测，然后根据原料清单进行采购。一日采购两次，下午会根据上午的消耗进行补货，晚上采购第二天的需求量。

麻雀虽小，五脏俱全。一家饺子馆的物流管理同样容不得差错。胡经理咨询了一些物流专家，这是需求波动和有限的生产能力之间的冲突。在大企业里，他们通常会提高生产柔性去适应瞬息万变的市场需求。可对于经营规模有限的小店来说，要做到这点太难了。所以有些人建议想办法调整顾客的需求以配合有限的生产能力，用物流专业名词说，叫作"平衡物流"。比如用餐高峰期大概在每天 12:00～13:00 和 19:00～20:00 这两个时段，胡经理就选择在 11:00～11:45 和 18:00～18:45 推出 9 折优惠活动，吸引了部分对价格比较敏感的顾客，有效分散了需求。

如果碰到需求波动比较大的情况，即某一种饺子的需求量非常大的时候，比如客户要的白菜馅儿没有了，胡经理就要求店员推销牛肉馅儿或者羊肉馅儿，同时改进店面环境，安装上空调、提供报纸杂志，使顾客在店里等待的平均时间从 5 分钟延长到 10 分钟。

胡经理做了 3 年的水饺生意，从最初每个饺子分摊大约 1 角钱的物流成本到去年的 5 分钱，而今年成本就更低了。由于做饺子生意的时间长了，需求的种类和数量相对固定下来，如今每个饺子的物流成本控制在 2 分钱左右，主要就是采购人工、运输车辆的支出。

案例讨论：

1. 何为需求波动？它是如何产生的？对物流管理有何影响？
2. 请简要谈谈这家饺子馆是如何进行物流管理的。

模块二　电子商务物流技术

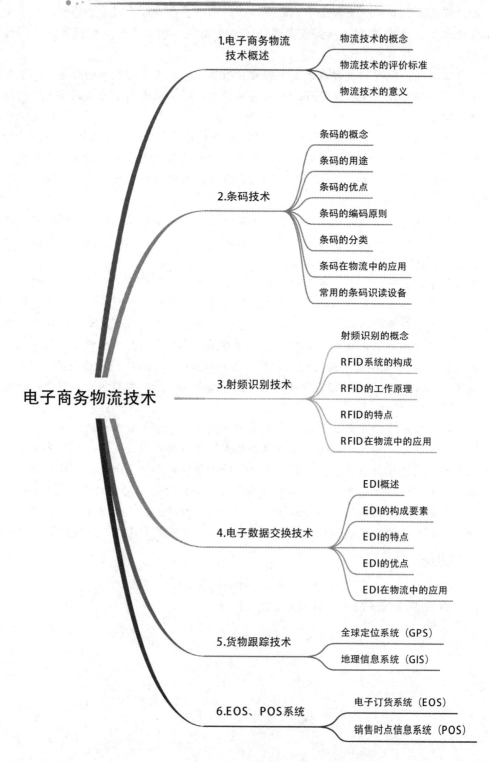

- 电子商务物流技术
  - 1.电子商务物流技术概述
    - 物流技术的概念
    - 物流技术的评价标准
    - 物流技术的意义
  - 2.条码技术
    - 条码的概念
    - 条码的用途
    - 条码的优点
    - 条码的编码原则
    - 条码的分类
    - 条码在物流中的应用
    - 常用的条码识读设备
  - 3.射频识别技术
    - 射频识别的概念
    - RFID系统的构成
    - RFID的工作原理
    - RFID的特点
    - RFID在物流中的应用
  - 4.电子数据交换技术
    - EDI概述
    - EDI的构成要素
    - EDI的特点
    - EDI的优点
    - EDI在物流中的应用
  - 5.货物跟踪技术
    - 全球定位系统（GPS）
    - 地理信息系统（GIS）
  - 6.EOS、POS系统
    - 电子订货系统（EOS）
    - 销售时点信息系统（POS）

【知识目标】

(1) 了解电子商务物流的技术评价标准。

(2) 掌握条码编码方法及分类。

(3) 掌握 RFID 的特点及工作原理。

(4) 了解 EDI 的特点。

(5) 掌握 GPS 的物流功能。

(6) 熟悉 EOS、POS 系统的功能。

【技能目标】

(1) 具备应用电子商务物流条码的能力。

(2) 具备应用 RFID 的能力。

(3) 能够灵活运用 EDI 技术。

(4) 具备应用自动跟踪的能力。

(5) 具备使用 EOS、POS 系统的能力。

【学习重点】

(1) 掌握电子商务物流技术的工作原理。

(2) 掌握电子商务物流技术在实际物流中的具体应用。

【学习难点】

电子商务物流技术的原理及应用。

【案例导入】

顺丰物流信息化

顺丰是国内的快递物流综合服务商，总部位于深圳，经过多年发展，已初步建立为客户提供一体化综合物流解决方案的能力，不仅提供配送端的物流服务，还延伸至价值链前端的产、供、销、配等环节，从消费者需求出发，以数据为牵引，利用大数据分析和云计算技术，为客户提供仓储管理、销售预测、大数据分析、金融管理等一揽子解决方案。

顺丰还是一家具有网络规模优势的智能物流运营商。经过多年的潜心经营和前瞻性的战略布局，顺丰已形成拥有"天网+地网+信息网"三网合一、可覆盖国内外的综合物流服务网络，其直营网络控制力强，稳定性高，是一个综合性物流网络体系。

1. 顺丰快递信息系统种类

(1) 营运类业务信息系统。面向对象为营运本部用户，通过此类系统可对全网的营运业务做出有效的调度配置和管理。

(2) 客服类业务信息系统。面向对象为客户服务部门及全国呼叫中心，通过与顾客的信息交流互动实现快速及时的服务。

(3) 管理报表类信息系统。面向对象为综合本部、公共事务本部、财务本部、人力资源本部等相关部门，将其业务规划、管理计划、月度数据、日常工作信息汇总表等资料形成电子单据，统一制定标准，及时实现管理政令的上传下达，并以清晰规范的形式完善报表考核制度。

(4) 综合类信息系统。此类管理系统涉及营运、客服、管理报表三项业务类系统整合，是对前三类管理系统的业务统一合并，同时也是对前三类管理系统的有效补充，以提高协同工作处理的效率。

2. 顺丰物流信息平台建设的核心

(1) GPS 与 GIS 技术的结合。电子地图(E-MAP)使车辆等交通工具具有实时定位能力，使货物跟踪和智能化的车辆调度成为可能，目前顺丰集团已将 GPS 与 GIS 融合成电子系统(E-MAP)，它可以实现车辆跟踪管理、货物流向分析、实时货物位置查询、路径选择等功能。

(2) 基于 Internet 的网上物流管理平台。通过建立网上物流管理平台，客户可以通过互联网获得物流服务，并在网上实时查询物流服务的完成情况。而顺丰集团的物流管理者可以通过网络对物流资源进行调度管理，充分发挥 GPS、GIS 的作用。

(3) 自动识别技术的应用。条形码、智能标签等自动识别技术在物流中的应用可以实现对物流信息高速准确的采集，及时捕捉作为信息源的物品在出库、入库、运输、分拣、包装等过程中的各种信息，提高物流作业程序的效率，减少不必要的人工成本并降低出错率，提高客户服务水平。

(4) 数据库体系结构和数据仓库的设计应用于物流。信息系统的主要支撑技术决定了整个信息系统的功能和效率。由于物流信息具有空间特性，物流事务处理在空间和时间上具有非同一性，顺丰集团的物流信息系统需要一个结构合理的网络数据结构和数据仓库设计，用于支持物流管理者的决策分析等事务处理和各类面向对象的、集成的、随时间变化的数据处理。

顺丰的几十个信息化管理系统中大部分是自己开发的，只有一小部分是外包或者合作研发的。顺丰与 IBM 公司合作建立了标准的数据仓库和数据分析平台，通过这个平台顺丰的信息系统可以同时连接多个不同业务信息的运作。这些信息化的系统支撑了顺丰物流的高效率运转，形成了顺丰的 IT 信息循环网络。阿修罗营运系统、电子地图系统、风险管理系统(RMS)都是顺丰使用的电子系统。

接收快递：在接收快递的过程中，顺丰应用的是地理信息系统，以帮助线路设计人员设计出最为合理的线路，管理人员可以给快递员安排一条最有效率，即最省时间和体力的路线，从而方便快递的接收。

送出快递：顺丰快递服务于客户的系统主要有 2 个，一是自动运输软件。利用这些系统可以让顾客对自己的货物的运行路线进行跟踪，对自己货物的运输线路有大概的了解，从而可以让顾客安排自己的时间，利用空闲的时间去领取自己的货物。如果是急需的物品，客户可以通过从网上了解信息，提前预订货位，如果是空运可以提前在航空公司预定货舱机位。二是在各个城市各个社区建立自己的取快递的固定点，方便客户领取快递。

ⓩ 任务一　电子商务物流技术概述

一、物流技术的概念

一个完整的商务活动，必然要涉及信息流、商流、资金流和物流四个流动过程。在电子商务模式下，前三者均可通过计算机和网络通信设备实现；而物流，只有诸如电子出版物、信息咨询等极少数的商品和服务可以直接通过网络传输方式进行，其他商品的物流目前尚不可能在网上实现，都要借助机械化、自动化工具传输，即通过一系列的物流技术手段等才能得以实现。

电子商务时代的来临，使物流早已告别了以往那种简单的储存运输，成为全新的基于信息化、标准化和科学化的电子商务物流，并且具备了信息化、自动化、网络化、智能化和柔性化等特点，也正是因为这些特点，物流技术才能不断地向前推进并快速发展。

物流技术(Logistics Technology)是指物流活动中所采用的自然科学与社会科学方面的理论、方法，以及设施、设备装置与工艺的总和。它包括在采购、运输、装卸、流通加工和信息处理等物流活动中所使用的各种工具、设备、设施和其他物质手段，以及由科学理论知识和实践经验发展而成的各种方法、技能以及作业等。物流技术可以概括为硬技术和软技术两个方面。

物流硬技术是指物流设施、设备和手段。传统的物流硬技术主要指材料(集装、包装材料等)、机械(运输机械、装卸机械、包装机械等)、设施(仓库、车站、码头、机场等)。现代化物流技术手段和装备即电子商务物流技术，主要包括计算机、互联网、信息数据库技术、条码技术、语音技术，同时还有电子数据交换(Electronic Data Interchange，EDI)、全球卫星定位系统(Global Positioning System，GPS)、地理信息系统(Geographical Information System，GIS)、射频识别技术(Radio Frequency Identification，RFID)、自动数据采集(Automated Data Collection，ADC)、增值网络(Value Added Network，VAN)、电子货币转账(Electronic Funds Transfer，EFT)、手持终端(Handheld Terminal，HT)、集成电路卡(Integrated Circuit Card，IC 卡)等。

物流软技术是指为组织实现高效率的物流所需要的计划、分析、评价等方面的技术和管理方法等，主要包括物流系统化、物流标准化、各种物流设备的合理调配使用、库存、成本、操作流程、人员、物流线路的合理选择，以及为物流活动高效率而进行的计划、组织、指挥、控制和协调等。物流软技术又称为物流技术应用方案，主要包括运输或配送中的路线规划技术、库存控制技术、物流过程中的可视化技术，以及供应商管理库存(Vendor Managed Inventory，VMI)、供应链管理(Supply Chain Management，SCM)、连续补货计划(Continuous Replenishment Program，CRP)、客户关系管理(Customer Relationship Management，CRM)、快速反应(Quick Response，QR)、仓库管理系统(Warehouse Management System，WMS)、准时制生产(Just In Time，JIT)、ABC 库存分析法、作业成本分析法、直接产品盈利性分析法、配送资源计划、物流流程重组、交叉配送等。

物流信息技术(Logistics Information Technology)是指物流各环节中应用的信息技术，包括计算机技术、网络技术、信息分类编码技术、条码技术、无线射频自动识别技术、电子数据交换技术、全球定位系统、地理信息系统等。

二、物流技术的评价标准

(一) 经济性标准

关于经济性标准需要考虑三个方面的问题：
(1) 考虑采用某项电子商务物流技术时的投资规模不能脱离企业的财务状况。
(2) 考虑电子商务物流技术在应用过程中所需的费用问题。
(3) 考虑企业的物流规模和发展方向。

(二) 先进性标准

在采用电子商务物流技术时，应尽可能采用先进的电子商务物流技术。不仅要考虑技术的功能性和稳定性，还要从技术是否具有拓展性、是否安全等方面进行评价；不仅要考虑信息技术和物流作业技术的先进性，还要考虑两者的配套和协调性。

(三) 适用性标准

适用性标准是指电子商务物流技术的应用要适合物流的现实经济状况，就是在具体条件下使用能够带来实际效益的技术。在物流活动的实际过程中，对物流过程中的每一个项目、技术方案或新的措施都应进行技术分析和评价(或可行性研究)，务必使技术和经济相统一，使两者处于最佳的状态中。

三、物流技术的意义

(1) 能够提高电子商务物流效率。

电子商务物流的优势之一就是能够简化物流的业务流程，提高物流的作业效率。在电子商务物流情况下，首先，人们可以通过电子商务方面的有关技术，对电子商务物流活动进行模拟、决策和控制，从而选择最佳的方式、方法和作业程序，以提高物流的作业效率；其次，物流技术的应用可以提高电子商务物流作业的水平、质量和效率。

(2) 能够降低电子商务物流费用。

电子商务物流技术的先进性和合理性不仅可以有效地提高电子商务物流的效率，还可以降低电子商务物流的费用，这主要是由于先进、合理的电子商务物流技术的应用可以有效地将物流资源进行合理的运用，同时能有效地减少物流作业过程中的货物损失。

(3) 能够提高电子商务物流的运作质量和客户的满意度。

电子商务物流技术的应用在提高电子商务物流效率、降低物流费用的同时，大幅度提高了客户的满意度，增强了电子商务企业与客户之间的密切联系。随着电子商务物流技术的应用和快速反应的建立，电子商务企业能够及时地根据客户的需要，将货物保质保量、准确地送到客户所指定的地点。

ⓩ任务二　条码技术

一、条码的概念

条码(Bar Code)指由一组规则排列的条、空组成的符号，用以表示一定的信息。条码系统是指由条码符号设计、制作及扫描阅读组成的自动识别系统。常见的条码是由反射率相差很大的黑条(简称条)和白条(简称空)排成的平行线图案，见图 2-1。通过扫描条码可以获知物品的生产国、制造厂家、商品名称、生产日期、图书分类号、邮件起止地点、类别、日期等许多信息，因而条码在商品流通、图书管理、邮政管理、银行系统等许多领域都得到了广泛的应用。

图 2-1　条码

条码技术(Bar Code Technology，BCT)是在计算机的应用实践中产生和发展起来的一种自动识别技术。它是为实现对信息的自动扫描而设计的，是实现快速、准确、可靠地采集数据的有效手段。条码技术的应用解决了数据录入和数据采集的瓶颈问题，为物流管理提供了有力的技术支持。条码技术的核心内容是通过利用光电扫描设备识读这些条码符号来实现机器的自动识别，并快速、准确地录入数据，经过计算机的数据处理，从而达到自动管理的目的。

二、条码的用途

商品条码是指由一组排列规则的条、空及其对应字符组成的标识，用以表示一定的商品信息的符号。其中条为黑色、空为白色，用于条码识读设备的扫描识读。其对应字符由一组阿拉伯数字组成，供人们直接识读或通过键盘向计算机输入数据使用。这一组条空和相应的字符所表示的信息是相同的。

通用商品条码一般由前缀部分、制造厂商代码、商品代码和校验码组成。商品条码中的前缀码是用来标识国家或地区的代码，赋码权在国际物品编码协会，如 69 代表中国，471 代表中国台湾地区，489 代表中国香港特别行政区，958 代表中国澳门特别行政区，条码地区代码(部分)如表 2-1 所示。制造厂商代码的赋码权在各个国家或地区的物品编码组织，中国由国家物品编码中心赋予制造厂商代码。商品代码是用来标识商品的代码，赋码权由产品生产企业自己行使。商品条码最后用 1 位校验码来校验商品条码中左起第 1～12 位数字代码的正确性。

表 2-1　条码地区代码(部分)

前缀码	国家(或地区)/应用领域	前缀码	国家(或地区)/应用领域	前缀码	国家(或地区)/应用领域
000~019 030~039 060~139	美国	535	马耳他	760~769	瑞士
020~029 040~049 200~299	店内码	539	爱尔兰	770~771	哥伦比亚
300~379	法国	540~549	比利时和卢森堡	773	乌拉圭
380	保加利亚	560	葡萄牙	775	秘鲁
383	斯洛文尼亚	569	冰岛	777	玻利维亚
385	克罗地亚	570~579	丹麦	778~779	阿根廷
387	波黑	590	波兰	780	智利
389	黑山共和国	594	罗马尼亚	784	巴拉圭
400~440	德国	599	匈牙利	786	厄瓜多尔
450~459 490~499	日本	600~601	南非	789~790	巴西
460~469	俄罗斯	603	加纳	800~839	意大利
470	吉尔吉斯斯坦	604	塞内加尔	840~849	西班牙
471	中国台湾	608	巴林	850	古巴
474	爱沙尼亚	609	毛里求斯	858	斯洛伐克
475	拉脱维亚	616	肯尼亚	859	捷克
476	阿塞拜疆	618	科特迪瓦	860	塞尔维亚
477	立陶宛	626	伊朗	865	蒙古国
478	乌兹别克斯坦	627	科威特	867	朝鲜
479	斯里兰卡	628	沙特阿拉伯	868~869	土耳其
480	菲律宾	640~649	芬兰	870~879	荷兰
481	白俄罗斯	690~699	中国	880	韩国
482	乌克兰	700~709	挪威	884	柬埔寨
484	摩尔多瓦	729	以色列	885	泰国
485	亚美尼亚	730~739	瑞典	888	新加坡
486	格鲁吉亚	740	危地马拉	890	印度
487	哈萨克斯坦	741	萨尔瓦多	893	越南
488	塔吉克斯坦	742	洪都拉斯	896	巴基斯坦
489	中国香港特别行政区	743	尼加拉瓜	899	印度尼西亚
500~509	英国	744	哥斯达黎加	900~919	奥地利
520~521	希腊	745	巴拿马	930~939	澳大利亚
528	黎巴嫩	746	多米尼加	940~949	新西兰
529	塞浦路斯	750	墨西哥	955	马来西亚
530	阿尔巴尼亚	754~755	加拿大	958	中国澳门特别行政区
531	马其顿	759	委内瑞拉		

条码技术是随着计算机与信息技术的发展和应用而诞生的，它是集编码、印刷、识别、数据采集和处理于一身的新型技术。

使用条码扫描是市场流通的大趋势。为了使商品能够在全世界自由、广泛地流通，企业无论是设计制作、申请注册，还是使用商品条码，都必须遵循商品条码管理的有关规定。

三、条码的优点

条码是迄今为止最经济、最实用的一种自动识别技术。条码技术的优点主要体现在以下几个方面：

(1) 快速输入。与普通键盘输入的每分钟 200 字符或字符串相比，条码输入只需要 3 秒，速度是键盘输入的 20 倍，并且能实现"即时数据输入"。

(2) 可靠性高。键盘输入数据的出错率为三百分之一，利用光学字符识别技术的出错率为万分之一，而采用条码技术误码率低于百万分之一。

(3) 采集信息量大。利用传统的一维条码一次可采集几十位字符的信息，二维条码可以携带数千个字符的信息，并有一定的自动纠错能力。

(4) 灵活实用。条码标识既可以作为一种识别手段单独使用，也可以和有关识别设备组成一个系统实现自动化识别，还可以和其他控制设备连接起来实现自动化管理，同时兼备手动输入功能。

(5) 经济实惠。与其他自动化识别技术相比，应用条码技术所需要的费用更低，更经济实惠。

(6) 设备简单，易于制作。条码标签的识别设备结构简单，操作容易，无须专门训练和培训，易于上手。条码标签易于制作，可直接印刷，对印刷设备和材料无特殊要求。

四、条码的编码原则

由于前缀码是国际上统一规定的，厂商代码是通过厂家申请获得的，因此企业的商品编码主要是设定条码中的商品代码部分。商品代码的设定原则如下所述。

(一) 唯一性

唯一性原则是商品编码的基本原则，是指同一商品项目的商品应分配相同的商品代码，不同商品项目的商品必须分配不同的商品代码，基本特征相同的商品应视为同一商品项目，基本特征不同的商品应视为不同的商品项目。通常商品的基本特征包括商品名称、商标、种类、规格、数量、包装类型等。商品的基本特征一旦确定，只要商品的一项基本特征发生变化，就必须分配一个不同的商品标识代码。不同行业的商品，其基本特征往往不尽相同；同一行业不同的单个企业，可根据自身的管理需求设置不同的基本特征项。当对食品杂货类产品进行代码设计时，对于商品名称不同、体积或重量不同、包装形式不同、零售单位不同、原料或质量不同、大小不同、组合方式或价格不同的成套商品等，都需要设定不同的商品代码。如听装健力宝饮料的条码为6901010101098，其中 690 代表我国 EAN 组织，1010 代表广东健力宝公司，10109 是听装饮料的商品代码，8 是校验码。这样的编码方式就保证了无论在何时何地，6901010101098 唯一对应该种商品。

此外，新产品应使用新代码，对已编码的旧商品，若改变包装或体积等，也应重新设定代码。在促销时，若对单一商品打折，可沿用原来的代码；若组合策划能够成套出售，则须另外编码。

(二) 稳定性

稳定性原则是指商品代码一旦分配，只要商品的基本特征没有发生变化，就应保持不变。同一商品项目，无论是长期连续生产还是间断式生产，都必须采用相同的商品代码。即使商品项目停止生产，其商品代码应至少在 4 年之内不能用于其他商品项目。另外，即便商品已不再生产或流通，仍需要在数据库中长期地保留该商品的标识代码。

(三) 无含义性

无含义性原则是指商品代码中的每一位数字不表示任何与商品有关的特定信息。有含义的编码通常会导致编码容量的损失。厂商在编制商品项目代码时，最好使用无含义的流水号。无含义使商品编码具有简单、灵活、可靠、能充分利用代码容量、生命力强等优点。

五、条码的分类

条码按照不同的分类方法、不同的编码规则可以分成多种，现已知全球正在使用的条码有几百种。条码的分类主要依据条码的编码结构和条码的性质来决定。最常用的分类方法是按维数将条码分为一维条码和二维条码。

(一) 一维条码

一维条码只是在一个方向(一般是水平方向)表达信息，在垂直方向则不表达任何信息，其一定的高度通常是为了便于阅读器对准。一维条码信息靠"条"和"空"的不同宽度和位置来传递，信息量的大小由条码的宽度和印刷的精度来确定，条码越宽，包容的"条"和"空"越多，信息量越大。目前常用的一维条码有 EAN 码、UPC(Universal Product Code，通用产品代码)码和 39 码。

1. EAN 码

EAN 码是国际物品编码协会制定的一种商品条码，通用于全世界。EAN 码符号有 EAN-13 (标准版)和 EAN-8 (缩短版)两种。我国的通用商品条码与 EAN 码等效。

1) EAN-13(标准版)

EAN-13(标准版)通常用于一般商品，由 13 位数字及相应的条码符号组成，其构成及含义如图 2-2 所示。

图 2-2　EAN-13 码

(1) 前缀码：由 3 位数字组成，是国家代码，我国为 690～699。前缀码是国际物品编码协会统一规定的。

(2) 制造厂商代码：由 4 位数字组成，由我国物品编码中心统一分配并统一注册，一厂一码。

(3) 商品代码：由 5 位数字组成，表示每个制造厂商的商品，由厂商确定，可标识 10 万种商品。

(4) 校验码：由 1 位数字组成，用以校验前面各码的正误。

 案例 2-1

校验码计算：以 6916710000008 为例

第一步：编号。将包含校验码的所有数字 691671000000X(X 为需要确定的校验码)从右往左进行编号。

第二步：确定权数。从第 2 位开始，所有偶数位权数为 3；从第 3 位开始，所有奇数位权数为 1。

第三步：求和。将对应位置的代码数字与权数相乘并求和。

本例为 $1×3+7×1+6×3+1×1+9×3+6×1=62$。

第四步：模运算。对第三步所求之和与 10 进行模运算，取余数(本例余数为 2)。

第五步：确定校验码。如果余数为 0，则校验码为 0；否则，校验数等于 10 减去第四步所求余数(本例校验数为 8)。

2) EAN-8(缩短版)

EAN-8 适用于包装或印刷面积较小的商品。它由 8 个数字码及相应的条码符号构成，如图 2-3 所示。其中前 2 位数字表示商品制造国或地区，接下来的 5 位数字表示商品制造商，最后 1 位数字是校验码，用于验证前面 7 位数字的准确性。

图 2-3　EAN-8 码

相比于 EAN-13，EAN-8 更加紧凑，适用于空间较小的商品包装。EAN-8 条形码可以通过扫描枪或相机进行读取，将商品信息快速地录入计算机系统中，实现自动化的库存管理和销售跟踪。EAN-8 在全球范围内广泛应用，是现代商业和物流领域的重要标识工具之一。

2. UPC 码

UPC 码是美国统一代码委员会制定的一种商品用条码，主要用于美国和加拿大地区，我们在美国进口的商品上可以看到。UPC 码是最早大规模应用的条码，它是一种长度固定、连续性的条码。由于其应用范围广泛，故又称万用条码。UPC 码仅可用来表示数字，故其字码集为数字 0～9。UPC 码共有 A、B、C、D、E 五种版本，其中最常用的是 UPC-A(用于通用商品)和 UPC-E(压缩版)两种版本,如图 2-4 所示。

图 2-4　UPC-A 码和 UPC-E 码

3. 39 码

39 码(Code 39)是 1975 年由美国 Intermec(易腾迈)公司戴维·阿利研制的一种条码,它最大的优点是对码数没有强制的限定,可以是大写的英文字母,且检验码可忽略不计。39 码能够对数字、英文字母及其他字符进行编码,字符集为 0~9 的 10 个数字、大写 A~Z 和其他字符(+、−、*、/、%、$、. 和空格符),共计 44 组编码,其中"*"是起始符和终止符。39 码的每个条码字符由 9 个单元组成,其中 3 个是宽单元,其余是窄单元,故称为 39 码,如图 2-5 所示。

图 2-5　39 码

我国于 1991 年研制了 39 码标准,推荐在运输、仓储、工业生产线、图书情报、医疗卫生等领域应用。

(二) 二维条码

二维条码(二维码)是用某种特定的几何图形按照一定的规律在平面(二维方向上)分布的、黑白相间的、记录数据符号信息的图形。其在代码编制上巧妙地利用构成计算机内部逻辑基础的"0""1"比特流的概念,使用若干个与二进制相对应的几何形体来表示文字数值信息,通过图像输入设备或光电扫描设备自动识读以实现信息自动处理。它具有条码技术的一些共性:每种码制有其特定的字符集、每个字符占有一定的宽度、具有一定的校验功能等,同时还具有对不同行的信息进行自动识别及处理图形旋转变化点的功能。

二维条码在水平方向和垂直方向的二维空间都储存信息,可以直接显示英文、中文、数字、符号、图形。二维条码储存数据容量大,可用扫描仪直接读取内容,无须另接数据库;数据可加密,保密性高;安全级别最高时,损污达 50%仍可读取完整的信息。

目前,根据二维条码实现的原理和几何形状的差异,二维条码可分为堆积式二维条码(Stacked Bar Code,也称层排式二维条码)和矩阵式二维条码(Dot Matrix Code,也称棋盘式二维条码)两大类。

　　堆积式二维条码的编码原理建立在一维条码的基础上，是按需要堆积成两行或多行的码制。它在编码设计、校验原理、识读方式等方面继承了一维条码的特点，识读设备、条码印制与一维条码的技术兼容，但由于行数的增加，行的鉴别、译码算法、软件和一维条码不完全相同。有代表性的堆积式二维条码有 PDF417、Code 49、Code 16K 等，如图 2-6 所示。

(a) PDF417　　　　　　(b) Code 49　　　　　　(c) Code 16K

图 2-6　堆积式二维条码

　　矩阵式二维条码以矩阵的形式组成，在矩阵相应元素的位置上，用点的出现表示二进制"1"，点的不出现表示二进制"0"，点的排列组合确定了矩阵式条码所代表的意义。矩阵式条码是建立在计算机图像处理技术、组合编码原理等基础上的一种新型图形符号自动识读处理码制。有代表性的矩阵式二维条码有 QR Code、Code one、Data Matrix 等，如图 2-7 所示。

Data Matrix

图 2-7　矩阵式二维条码

六、条码在物流中的应用

　　条码在物流中的应用较为广泛，主要表现在以下几方面。

(一) 生产管理

　　在生产中可以应用产品识别码监控生产，采集生产测试数据和生产质量检验数据，进行产品完工检查，建立产品识别码和产品档案，从而有序地安排生产计划，监控生产流程及流向，提高产品下线合格率。

(二) 销售信息系统

　　在商品上贴上条码就能快速、准确地利用计算机进行销售和配送管理。其过程为：对销售商品进行结算时，通过光电扫描方式读取信息并将信息输入计算机，然后输进收款机，收款后开出收据，同时经过计算机处理，从而掌握进、销、存的数据。

(三) 仓库管理

在条码出现以前，仓库管理作业存在着物料出入库、商品存放地点等信息登记过程烦琐、信息传递滞后等问题，从而导致库存量上升、发货日期无法保证、决策依据不准等情况出现，降低了系统的可靠性。因此，条码在仓库管理中的作用更加明显，主要表现在以下几个方面。

1. 分货号管理

根据货物的品名、型号、规格、产地、牌名、包装等划分货物品种，并且分配唯一的编码，也就是"货号"。分货号管理货物库存和管理货号的单件集合，并且应用于仓库管理的各种操作。

2. 库位管理

仓库库位管理是对存货空间的管理，仓库分为若干个库房，库房是仓库中独立和封闭的存货空间，将库房内空间细化为库位能够更加明确地定义存货空间。在产品入库时将库位条码号与产品条码号一一对应，在出库时按照库位货物的库存时间可以实现先进先出或批次管理。

3. 货物单件管理

条码技术不光可以按品种管理货物的库存，而且可以管理货物库存的具体每个单件。采用条码记录单件产品所经过的状态，就可实现对单件产品的跟踪管理，从而更加准确地完成仓库出入库操作。一般仓库管理只能完成仓库运输差错处理(根据人机交互输入信息进行)，而条码仓库管理不仅可以直接处理实际运输差错，还能够根据采集的单件信息及时发现出入库的货物单件差错(如入库重号、出库无货)，并且提供差错处理。

4. 业务管理

仓库业务管理包括出库、入库、盘库、月盘库、移库，不同业务以各自的方式进行，完成仓库的进、销、存管理。

(四) 分货、拣选系统

在配送和仓库出货时，需要快速处理大量的货物，利用条码技术便可自动进行分货、拣选。其过程如下：① 一个配送中心接到若干配送订货要求，将若干订货汇总；② 每一品种汇总成批后，按批发出所在条码的拣货标签；③ 拣货人员到库中将标签贴于每件商品上并取出；④ 用自动分拣机分拣，分拣机始端的扫描器对处于运动状态分拣机上的货物进行扫描，一是确认所拣出的货物是否正确，二是识读条码上的用户标记，确认指令商品在确定的分支分流；⑤ 货物到达各用户的配送货位，完成分货拣选作业。

(五) 销售链管理

为了占领市场、扩大销售，企业根据各地不同的销售情况确定了不同的产品批发价格，并规定只能在当地销售。但是，有些违规的批发商以较低的地域价格取得产品后在地域价格高的地方低价倾销，扰乱了市场。由于缺乏真实、全面、可靠、快速的事实数据，企业对此也无能为力。为保证产品销售链政策的有效实施与监督，必须能够跟踪向批发商销售的产品品种或产品单件信息。通过在销售、配送过程中采集产品的单品条码信息，就可根据产品单件标识条码记录产品销售过程，完成产品销售链跟踪。

七、常用的条码识读设备

条码扫描器，又称为条码阅读器、条码扫描枪、条形码扫描器、条形码扫描枪或条形码阅读器，它是用于读取条码所包含信息的阅读设备，利用光学原理，把条形码的内容解码后通过数据线或者无线的方式传输到电脑或者别的设备。常用的条码扫描器主要有 CCD 扫描器、激光扫描器和光笔扫描器三种。

(一) CCD 扫描器

CCD 扫描器主要采用固定光束(通常是发光二极管的泛光源)照明整个条形码，将条形码符号反射到光敏元件阵列上，经光电转换，辨识出条形码符号，如图 2-8 所示。新型的 CCD 扫描器不仅可以识别一维条形码和层排式二维条形码，还可以识别矩阵式二维条形码。

图 2-8 CCD 扫描器

(二) 激光扫描器

激光扫描器是以激光为光源的扫描器。由于扫描光照强，可以远距离扫描且扫描精度较高，因此被广泛应用，如图 2-9 所示。激光扫描器可以分为手持式扫描器和卧式扫描器。

图 2-9 激光扫描器

(三) 光笔扫描器

光笔是最先出现的一种手持接触式条形码识读器，也是最为经济的一种条形码识读器。使用时，操作者需将光笔接触到条形码表面，当光笔发出的光点从左到右划过条形码时，在"空"部分的光线被反射，"条"部分的光线被吸收。经过光电转换，电信号通过放大、整形后用于译码器。光笔扫描器的优点是成本低、耗电低、耐用，适合数据采集，可读较长的条形码符号；其缺点是光笔对条形码有一定的破坏性。

任务三　射频识别技术

一、射频识别的概念

射频技术(RF)是 Radio Frequency 的缩写，表示可以辐射到空间的电磁频率。RF 较常见的应用为无线射频识别(Radio Frequency Identification，RFID)，即利用射频信号及其空间耦合和传输特性进行非接触双向通信实现对静止或移动物体的自动识别，并进行数据交换的一项自动识别技术。其工作原理是：扫描器发射一特定频率的无线电波能量给接收器，用以驱动接收器电路将内部的代码送出，此时扫描器便接收此代码。接收器的特殊在于免用电池，免接触，免刷卡，故不怕脏污，且晶片密码具有唯一性，无法复制，安全性高，寿命长。RFID 的应用非常广泛，目前其典型应用有动物晶片、汽车晶片防盗器、门禁管制、停车场管制、生产线自动化、物料管理等。

二、RFID 系统的构成

无线射频识别系统(RFID System)是由射频标签、识读器和计算机网络组成的自动识别系统。通常地，识读器在一个区域发射能量形成电磁场，射频标签经过这个区域时检测到识读器的信号后发送存储的数据，识读器接收射频标签发送的信号，解码并校验数据的准确性以达到识别的目的。

(一) 标签

标签(Tag)也叫射频卡、电子标签等，是 RFID 系统中存储可识别数据的电子装置，它相当于条码技术中的条码符号，用来存储需要识别和传输的信息。标签分为主动式标签(也叫有源标签)和被动式标签(也叫无源标签)。主动式标签靠内部电池供电工作，可利用自有电力在标签周围形成有效活动区，主动侦测周遭有无读取器发射的呼叫信号，并将自身的资料传送给读取器。被动式标签没有内装电池，在阅读器的读出范围之外时，电子标签处于无源状态；在阅读器的读出范围之内时，电子标签从阅读器发出的射频能量中提取其工作所需的电源。

与条码不同的是，标签必须能够自动(主动式标签)或者在外力的作用下(被动式标签)把存储的信息主动发射出去。电子标签一般由调制器、控制器、编码发生器、时钟、存储器及天线组成。时钟把所有电路功能时序化，以使存储器中的数据在精确的时间内传输至读写器，存储器中的数据是应用系统规定的唯一性编码，在标签被安装在识别对象(如集装箱、车辆、动物等)前就已写入。数据读出时，编码发生器把存储器中存储的数据进行编码，调制器接收由编码发生器编码后的信息，并通过天线电路将此信息发射或反射至读写器。数据写入时，由控制器控制，将天线接收到的信号解码后写入存储器。

(二) 读写器

读写器是利用射频技术读取标签信息或将信息写入标签的设备。识读器读出的标签信息通过计算机及网络系统进行管理和信息传输。读写器根据支持的标签类型与完成的功能不同，具有不同的复杂性，但一般都由天线、射频模块、读写模块组成。阅读器还提供相当复杂的信号状态控制、奇偶错误校验与更正功能等。

三、RFID 的工作原理

RFID 技术的基本工作原理并不复杂：标签进入阅读器后，接收阅读器发出的射频信号，凭借感应电流所获得的能量发送出存储在芯片中的产品信息(无源电子标签)，或者由标签主动发送某一频率的信号(有源电子标签)，阅读器读取信息并解码后，送至中央信息系统进行有关数据处理，如图 2-10 所示。

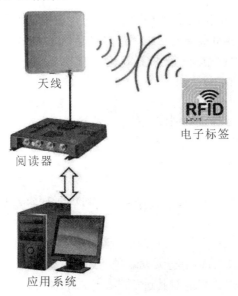

图 2-10　RFID 的工作原理

一套完整的 RFID 系统是由阅读器、电子标签与应用系统三个部分所组成的，其工作原理是阅读器发射一特定频率的无线电波能量，用以驱动电路将内部的数据送出，此时阅读器便依序接收解读数据，随即送给应用程序做相应的处理。

从 RFID 卡片阅读器和电子标签之间的通信及能量感应方式来看，耦合大致上可以分成感应耦合和后向散射耦合两种。一般低频的 RFID 大都采用第一种方式，而较高频大多采用第二种方式。

阅读器根据使用的结构和技术不同可以是读或读/写装置，是 RFID 系统信息控制和处理中心。阅读器通常由耦合模块、收发模块、控制模块和接口单元组成。阅读器和标签之间一般采用半双工通信方式进行信息交换，同时阅读器通过耦合给无源标签提供能量和时序。在实际应用中，可进一步通过以太网或 WLAN 等实现对物体识别信息的采集、处理及远程传送等管理功能。

四、RFID 的特点

(一) 读取方便快捷

读取数据无须光源，可以通过外包装读取。其有效识别距离更长，若采用自带电池的主动式标签，有效识别距离可以达到 30 米。标签一旦进入磁场，阅读器可即时读取其中的信息，且能同时处理多个标签，实现批量识别。

(二) 安全性高

RFID 具有全球唯一的 ID 编码，数据内容经过加密保护，安全保密性强，不易被伪造和仿制。

(三) 体积小，容量大

RFID 电子标签不受形状和尺寸大小的限制，而且正在往小型化和多样化发展，可应用于更多不同的产品；数据容量最大的二维码最多能存储 2725 个数字，如果包含字母，存储量会减少。RFID 标签可根据用户需要扩充到数十千字节。

(四) 使用寿命长

标签采用防水、防油污等材料制作，对水、油污、化学制品等物质具有很强的抵抗性，可应用于高污染、放射性环境，使用寿命长。

(五) 可重复使用

RFID 数据为电子数据，可以反复被覆写，可以回收标签重复使用。

(六) 动态实时通信

标签能以 50～100 次/s 的频率与阅读器进行通信，因此一旦 RFID 标签所附着的物体出现在解读器的识别范围内，就能对其进行动态追踪和监控。

(七) 穿透性强

在被纸张、木材、塑料等非金属材料包裹或隔开时，可透过这些非金属材料读取 RFID 电子标签。

五、RFID 在物流中的应用

以 RFID 为基础的软硬件技术构建的 RFID 信息系统，将使产品、仓储、采购、运输、销售及消费的全过程发生根本性的变化。目前，RFID 技术已经在物流的诸多环节中发挥着重要的作用。

(一) 生产环节

RFID 技术应用于生产环节中的生产线上，能够实现生产线的自动化和原料、产品的识别定位，这将减少人工识读成本和出错率，同时也提高了生产的效率和质量。RFID 技术还能够对产品进行信息的收集、处理，帮助生产人员轻松地掌握整个生产线的运作情况和产品的生产进度。

(二) 配送环节

在配送环节采用射频技术能加快配送的速度和提高拣选、分发过程的效率、准确率，并能减少人工、配送成本。如果到达中央配送中心的所有商品都贴有 RFID 标签，在进入中央配送中心时，托盘通过一个阅读器读取托盘上所有货箱上的标签内容。系统将这些信息与发货记录进行核对，以检测出可能的错误，然后将 RFID 标签更新为最新的商品存放地点和状态。

(三) 运输环节

运输环节中，在运输的货物和车辆上贴上 RFID 标签，运输线的检查点上安装上 RFID 接收装置，当接收装置检测到 RFID 标签信息后，将标签信息、地理位置等经由 Internet 发送给运输调度中心，这样供应商和经销商就能够比较方便地查阅货物现在所处的状态。

(四) 仓储环节

在仓库里，射频技术广泛应用于存取货物与库存盘点，当贴有 RFID 标签的货物进入仓储中心时，入口的 RFID 识读器将自动识别标签并完成库存盘点。在整个仓库管理中，将系统设定的收货、取货、装运等实际功能与 RFID 技术相结合，能够高效地完成各种业务操作，如指定堆放区域、上架取货与补货等。

(五) 销售环节

在销售环节中，RFID 可以改进零售商的库存管理。当货物被顾客取走时，装有 RFID 识读器的货架能够实时地报告货架上的货物情况，并通知系统在适当的时候补货，同时能够监控装有 RFID 标签的货物的移动、位置等。所有的这些都节约了人工成本，减少了出错，提高了效率。

案例 2-2

RFID 与物流供应链

由于无线传输的特点，RFID 技术在物流供应链场景中的应用可以带来很多好处。它不仅大大提高了工作效率，而且为数字信息打开了一个新的窗口。RFID 技术在物流供应链中有以下几项功能。

1. 自动化作业运转

在实际生活中，产品常常在多个仓库之间流转，运用 RFID 技术后，在进出仓库时就能确定产品位置，进而将产品放置到仓库中的合理位置，为下次运输做准备。假如送入的产品时间延后或被传送到错误仓库，就必须要标明且按照要求重启传送至正确的地点。上面各种工作都无须人工进行干预，且会增强产品在供应链上流动的准确性，同时降低流动所花费的时间。

2. 优化仓库空间

使用 RFID 技术之后，就能更合理地改善仓库空间应用。企业只需依据产品的尺寸与形状，并借此选择最有效的方式进行储存。同时，仓库的管理人员也能运用手持设备确定产品的位置，这样既能增强定位与包装效率，又降低了零售商进行盘点所花费的时间和精力。

3. 库存的最小化

RFID 技术的应用能够实时掌握仓库的库存情况，及时提高零售领域库存的水平，减轻制造和分销领域中各个企业的压力，在较短时间内满足零售商对库存的特定要求。当企业获得较为准确的信息时，就能改善供应链的可见性，从而有效缓解库存的压力。

4. 运输过程的安全

一旦发生了盗窃或损耗，产品必定会出现短缺，如果处于零售环境下，大多数认定产品的损失率最大能占据到库存的 1%，这种损失对于利润来说是一个巨大损失，因此就必须要降低损失与盗窃数据，确保其精准性，如此也能够用来作为零售环境下的防盗系统。

5. 全面的商品追踪能力

当要对产品进行实时追踪时，就必须要改善整个供应链中客户的服务质量。在对产品进行制造和零售时，要在充分了解了商品的供应情况后制订战略决策。现在许多物流公司的操作都是通过互联网进行服务的，比如运用互联网对包裹运行情况进行追踪，从而获取到大量市场份额。这样就能够确保整个供应链都分享到信息，不但提升了效率，还增强了客户忠诚度。

🅩 任务四　电子数据交换技术

一、EDI 概述

电子数据交换(Electronic Data Interchange，EDI)是指采用标准化的格式，利用计算机网络进行业务数据的传输和处理。使用 EDI 的是交易双方，是企业之间的文件传递，而非同一组织内的不同部门。交易双方传递的文件是特定的格式，采用的是报文标准。

二、EDI 的构成要素

数据标准、EDI 软件及硬件、通信网络是构成 EDI 系统的三要素。

(一) 数据标准

EDI 数据标准是由各企业、各地区代表共同讨论和制订的电子数据交换共同标准，可以使各组织之间的不同文件格式通过共同的标准达到彼此之间文件交换的目的。

(二) EDI 软件及硬件

要实现 EDI，需要配备相应的 EDI 软件及硬件。EDI 软件具有将用户数据库系统中的信息译成 EDI 的标准格式以供传输交换的能力。虽然 EDI 标准具有足够的灵活性，可以适应不同行业的众多需求，然而，每个公司都有其自己规定的信息格式，因此，当需要发送 EDI 电文时，必须用某些方法从公司的专有数据库中提取信息，并把它翻译成 EDI 标准格式进行传输，这就需要 EDI 相关软件的帮助。

1. EDI 所需软件

(1) 转换软件。转换软件可以帮助用户将原有计算机系统的文件转换成翻译软件能够理解的平面文件，或将从翻译软件接收的平面文件转换成原计算机系统中的文件。

(2) 翻译软件。翻译软件可以将平面文件翻译成 EDI 标准格式文件，或将接收到的 EDI 标准格式文件翻译成平面文件。

(3) 通信软件。通信软件可以将 EDI 标准格式文件在外层加上通信信封，再送到 EDI 系统交换中心的邮箱，或从 EDI 系统交换中心将接收到的文件取回。

2. EDI 所需硬件

(1) 计算机。目前所使用的计算机包括 PC、工作站、小型机、主机等。

(2) 网络连接设备。网络连接设备主要包括调制解调器、路由器等。

(3) 通信线路。通信线路一般最常用的是宽带网络，能保证较好的网络传输速度和传输质量。

(三) 通信网络

通信网络是实现 EDI 的手段，运用 EDI 技术实现从计算机到计算机的信息传递有两种方式。

1. 直接方式

这种方式是指计算机通过一条通信线路直接向另一台计算机发送信息，通信线路可以是租用专线，也可以是电话线路。这种方式的通信能力受到线路通信能力的制约。

2. 间接方式

这种方式是将计算机用增值网连接起来，即所有计算机的信息传递和接收都通过 EDI 中心完成。增值网可以使更多的计算机连到一起，它类似于邮局，为发送者与接收者维护邮箱，并提供存储转送、记忆保管、通信协议转换、格式转换、安全管制等功能。因此通过增值网传送 EDI 文件可以大幅度降低相互传送资料的复杂度和困难度，提高电子数据交换的效率。

三、EDI 的特点

(1) EDI 使用电子方法传递信息和处理数据。

EDI 一方面用电子传输的方式取代了以往纸质单证的邮寄和递送，提高了传输效率；另一方面通过计算机处理数据取代人工处理数据，减少了差错和延误。

(2) EDI 采用统一标准编制数据信息。

这是 EDI 与电传、传真等其他传递方式的重要区别，电传、传真等并没有统一的格式标准，而 EDI 必须有统一的标准才能运作。

(3) EDI 是计算机应用程序之间的连接。

一般的电子通信手段是人与人之间的信息传递，即使传输的内容不完整、格式不规范，也能被人所理解。这些通信手段仅仅是人与人之间的信息传递工具，不能处理和返回信息。EDI 实现的是计算机应用程序之间的信息传递与交换。由于计算机只能按照给定的程序识别和接收信息，所以电子单证必须符合标准格式并且内容完整准确。在电子单证符合标准且内容完整的情况下，EDI 系统不但能识别、接收、存储信息，还能对单证数据信息进行处理，自动制作新的电子单据并传输到有关部门。在有关部门就自己发出的电子单证进行查询时，计算机还可以反馈有关信息的处理结果和进展状况。在收到一些重要的电子邮件时，计算机还可以按程序自动产生电子收据并传回对方。

(4) EDI 系统采用加密防伪手段。

EDI 系统有相应的保密措施，EDI 传输信息的保密通常采用的是密码系统，各用户掌握自己的密码，可打开自己的"邮箱"取出信息，外人不能打开这个"邮箱"，有关部门和企业发给自己的电子信息均自动进入自己的"邮箱"。一些重要信息在传递时还要加密，即把信息转换成他人无法识别的代码，接收方计算机按特定程序译码后还原成可识别的信息。为防止有些信息在传递过程中被篡改，或防止有人传递假信息，还可以使用鉴别手段，即将普通信息与转变成代码的信息同时传递给接收方，接收方把代码翻译成普通信息进行比较，如二者完全一致，可知信息未被篡改。

四、EDI 的优点

(一) 速度快，准确度高

(1) 通过纸张文件模式要花 5 天时间的交易，通过 EDI 不足 1 小时。

(2) 通过纸张文件模式处理发票，数据出错率高达 5%；而 EDI 不仅可以提高数据的准确度，还可以带动整个供应链的效率提升。

(二) 提升营商效率

(1) 将纸张文件工作自动化，可让员工有更多时间处理更有价值的工作，并提升他们的生产力。研究显示，使用 EDI 可节省多达 50%的人力资源。

(2) 快速、准确地处理商业文档，可减少重做订单、缺货及订单取消等问题的发生。

(3) 买家可增加现金流及缩短从订货到收回现金的周期。

(4) 缩短订单处理及交付时间，有助于企业减少库存量。使用 EDI 的库存量可平均减少约 10%。

(三) 提升商业运营的策略能力

(1) 缩短改良产品或推出新产品的周期。

(2) 快速导入全球各地的业务伙伴，以拓展新领域或市场。

(3) 取得全新层次的管理信息，以提升管理供应链及业务伙伴的表现。

(4) 把商业模式由供应主导转化为需求主导。

(5) 以电子方式取代纸张文件流程，从而加强企业社会责任及可持续性。这样既可以节省成本，又能减少碳排放。

五、EDI 在物流中的应用

EDI 最初由美国企业应用在企业间的订货业务活动中，其后 EDI 的应用范围从订货业务向其他的业务扩展。近年来 EDI 在物流中被广泛应用，被称为物流 EDI。所谓物流 EDI 是指货主、承运业主以及其他相关单位之间通过 EDI 系统进行物流数据交换，并以此为基础实施物流作业活动的方法。

EDI 是一种信息管理或处理的有效手段，它可以对物流供应链上的物流信息进行有效的运作，比如传输物流单证等。EDI 在物流运作的目的是充分利用现有计算机及通信网络资源，提高交易双方信息的传输效率，降低物流成本。具体来说主要包括以下几方面：

(1) 利用 EDI 可以有效地减少库存量及生产线待料时间，降低生产成本。

(2) 利用 EDI 可以快速通关报检、科学合理地利用运输资源、缩短运输距离、降低运输成本费用和节约运输时间。

(3) 利用 EDI 可以建立快速响应系统，减少商场库存量与空架率，加速资金周转，降低物流成本。

(4) 利用 EDI 可以建立起物流配送体系，完成产、存、运、销一体化的供应链管理。

下面是一个物流 EDI 系统的应用实例，其运作过程依次如下：

(1) 发送货物业主(如生产厂家)在接到订货后制订货物运送计划，并把运送货物的清单及运送时间安排等信息通过 EDI 发送给物流运输业主和接收货物业主(如零售商)，以便物流运输业主预先制订车辆调配计划和接收货物业主制订货物接收计划。

(2) 发送货物业主依据顾客订货的要求和货物运送计划下达发货指令，分拣，配货，打印出物流条码的货物标签并贴在货物包装箱上，同时把运送货物的品种、数量、包装等信息通过 EDI 发送给物流运输业主和接收货物业主，物流运输业主据此下达车辆调配指令。

(3) 物流运输业主在向发送货物业主取运货物时，利用车载扫描仪读取货物标签上的物流条码，并与先前收到的货物运输数据进行核对，确认运送货物。

(4) 物流运输业主在物流中心对货物进行整理、集装，做成送货清单，并通过 EDI 向收货业主发送发货信息。在货物运送的同时进行货物跟踪管理，并在货物交给收货业主之后，通过 EDI 向发送货物业主发送完成运送业务和请求支付运费的信息。

(5) 收货业主在货物到达时，利用扫描仪读取货物标签上的物流条码，并与先前收到的货物运输数据进行核对确认，开出收货发票，货物入库。同时通过 EDI 向物流运输业主和发送货物业主发送收货确认信息。

采用 EDI 进行数据交换，可以有效、安全可靠地对库存进行管理。为了能够实现对库存进行实时的监控，了解库存补给状态，采用基于 EDI 标准的库存报告清单能够提高运作效率，每天的库存水平(或定期的库存检查报告)、最低的库存补给量都能自动地生成，这样就可以大大提高对库存的监控效率。

应用传统的 EDI 成本较高，一是由于通过 VAN 进行通信，只能接触有限的几个客户且投资成本高，二是制定和满足 EDI 标准较为困难，因此，过去只有大企业才能因为规模经济从利用 EDI 中得到利益。近年来，互联网的迅速普及为物流信息活动提供了快速、简便、廉价的通信方式，从这个意义上说，互联网为企业进行有效的物流活动提供了坚实的基础。

任务五　货物跟踪技术

一、全球定位系统(GPS)

全球定位系统(Global Positioning System，GPS)是以人造卫星为基础，24 小时提供高精度的全球范围的定位和导航信息的系统。该系统结合了卫星及无线技术的导航系统，具备全天候、全球覆盖、高精度的特征，能够实时、全天候为全球范围内的陆地、海上、空中的各类目标提供持续实时的三维定位、三维速度及精确时间信息。

(一) GPS 概述

GPS 是美国从 20 世纪 70 年代开始研制，历时 20 年，耗资 200 亿美元，于 1994 年全面建成，具有在海、陆、空进行全方位实时三维导航与定位能力的新一代卫星导航与定位系统。GPS 以全天候、高精度、自动化、高效益等显著特点赢得了广大测绘工作者的信赖，并成功地应用于大地测量、工程测量、航空摄影测量、运载工具导航和管制、地壳运动监测、工程变形监测、资源勘察、地球动力学等多种学科，从而给测绘领域带来了一场深刻的技术革命。

随着 GPS 的不断改进以及软硬件的不断完善，其应用领域正在不断地开拓，目前已遍及国民经济各部门，并开始逐步深入人们的日常生活。

案例 2-3

北斗卫星导航系统

北斗卫星导航系统(以下简称北斗系统)是中国着眼于国家安全和经济社会发展需要，自主建设运行的全球卫星导航系统，是为全球用户提供全天候、全天时、高精度的定位、导航和授时服务的国家重要时空基础设施，如图 2-11 所示。

北斗系统自提供服务以来，已在交通运输、农林渔业、水文监测、气象测报、通信授时、电力调度、救灾减灾、公共安全等领

图 2-11　北斗卫星导航系统

域得到了广泛应用，服务国家重要的基础设施，产生了显著的经济效益和社会效益。基于北斗系统的导航服务已被电子商务、移动智能终端制造、位置服务等厂商采用，广泛进入中国大众消费、共享经济和民生领域，应用的新模式、新业态、新经济不断涌现，深刻改变着人们的生产生活方式，中国将持续推进北斗应用与产业化发展，服务国家现代化建设和百姓日常生活，为全球科技、经济和社会发展做出贡献。

北斗系统秉承"中国的北斗、世界的北斗、一流的北斗"的发展理念，愿与世界各国共享北斗系统建设发展成果，促进全球卫星导航事业蓬勃发展，为服务全球、造福人类贡献中国智慧和力量。北斗系统为经济社会发展提供重要的时空信息保障，是中国实施改革开放40余年来取得的重要成就之一，是中华人民共和国成立70年来重大科技成就之一，是中国贡献给世界的全球公共服务产品。中国将一如既往地积极推动国际交流与合作，实现与世界其他卫星导航系统的兼容与互操作，为全球用户提供更高性能、更加可靠和更加丰富的服务。

1. 发展历程

20世纪后期，中国开始探索适合国情的卫星导航系统发展道路，逐步形成了三步走发展战略：2000年底，建成北斗一号系统，向中国提供服务；2012年底，建成北斗二号系统，向亚太地区提供服务；2020年，建成北斗三号系统，向全球提供服务。

2. 发展目标

建设世界一流的卫星导航系统，满足国家安全与经济社会发展需求，为全球用户提供连续、稳定、可靠的服务；发展北斗产业，服务经济社会发展和民生改善；深化国际合作，共享卫星导航发展成果，提高全球卫星导航系统的综合应用效益。

3. 基本组成

北斗系统由空间段、地面段和用户段三部分组成。

(1) 空间段。北斗系统空间段由若干地球静止轨道卫星、倾斜地球同步轨道卫星和中圆地球轨道卫星等组成。

(2) 地面段。北斗系统地面段包括主控站、时间同步/注入站和监测站等若干地面站，以及星间链路运行管理设施。

(3) 用户段。北斗系统用户段包括北斗兼容其他卫星导航系统的芯片、模块、天线等基础产品，以及终端产品、应用系统、应用服务等。

(二) GPS 组成部分

全球定位系统由以下三个部分组成：空间部分(GPS卫星)、地面监控部分和用户部分。GPS卫星可连续向用户播发用于进行导航定位的测距信号和导航电文，并接收来自地面监控系统的各种信息和命令以维持系统的正常运转。地面监控系统的主要功能是：跟踪GPS卫星，对其进行距离测量，确定卫星的运行轨道及卫星钟差改正数，进行预报后，再按规定格式编制成导航电文，并通过注入站送往卫星。地面监控系统还能通过注入站向卫星发布各种指令，调整卫星的轨道及时钟读数，修复故障或启用备用件等。用户则用GPS接收机来测定从接收机至GPS卫星的距离，并根据卫星星历所给出的观测瞬间卫星在空间的位置等信息求出自己的三维位置、三维运动速度和钟差等参数。目前，全球正致力于进一步改善整个系统的功能，如通过卫星间的相互跟踪来确定卫星轨道，以减少对地面监控系统的依赖程度，增强系统的自主性。

1. 空间部分

GPS 卫星的主体呈圆柱形，两侧有太阳能帆板，能自动对日定向。太阳能电池为卫星提供工作用电。每颗卫星都配备有多台原子钟，可为卫星提供高精度的时间标准。卫星上带有燃料和喷管，可在地面控制系统的控制下调整自己的运行轨道。

GPS 卫星的基本功能是：接收并存储来自地面控制系统的导航电文；在原子钟的控制下自动生成测距码和载波，并将测距码和导航电文调制在载波上播发给用户；按照地面控制系统的命令调整轨道，调整卫星钟，修复故障或启用备用件以维护整个系统的正常工作。

不同型号的卫星的外形也各不相同。GPS 卫星可分为试验卫星和工作卫星两类。

2. 地面监控部分

地面监控部分是由分布在世界各地的五个地面站组成的，按功能可分为监测站、主控站和注入站三种。

监测站内设有双频 GPS 接收机、高精度原子钟、气象参数测试仪和计算机等设备，主要任务是完成对 GPS 卫星信号的连续观测，并将搜集的数据和当地气象观测资料经过处理后传送到主控站。

主控站除了协调管理地面监控系统外，还负责将监测站的观测资料联合处理，推算卫星的星历、卫星钟差和大气修正参数，并将这些数据编制成导航电文送到注入站；另外，它还可以调整偏离轨道的卫星，使其沿预定轨道运行，调度备用卫星，以替代失效的卫星开展工作。

注入站的主要任务是将主控站编制的导航电文、计算出的卫星星历和卫星钟差的改正数等，通过直径为 3.6 m 的天线注入相应的卫星。

3. 用户部分

用户设备主要由 GPS 接收机、硬件、数据处理软件、微处理机及终端设备组成。

GPS 接收机由主机、天线和电源组成。其主要任务是捕获、跟踪并锁定卫星信号；对接收的卫星信号进行处理，测量出 GPS 信号从卫星到接收机天线间传播的时间；译出 GPS 卫星发射的导航电文，实时计算接收机天线的三维位置、速度和时间。

(三) GPS 的物流功能

1. 实时监控功能

能够在任意时刻通过发出指令查询运输工具所在的地理位置(经度、纬度、速度等信息)并在电子地图上直观地显示出来。

2. 双向通信功能

GPS 用户可使用 GSM 的话音功能与司机进行通话或使用系统安装在运输工具上的移动设备的液晶显示终端进行汉字消息收发对话。驾驶员通过按下相应的服务、动作键，将该信息反馈到网络 GPS 上，质量监督员可在网络 GPS 工作站的显示屏上确认其工作的正确性，了解并控制整个运输作业的准确性(发车时间、到货时间、卸货时间、返回时间等)。

3. 动态调度功能

调度人员能在任意时刻通过调度中心发出文字调度指令，并得到确认信息；可进行运输工具待命计划管理，即操作人员通过在途信息的反馈，在运输工具未返回车队前就做好待命计划，提前下达运输任务，减少等待时间，加快运输工具的周转速度。

可进行运能管理，即将运输工具的运能信息、维修记录信息、车辆运行状况登记处、司机人员信息、运输工具的在途信息等多种信息提供给调度部门决策，以提高重车率，尽量减少空车时间和空车距离，充分利用运输工具的运能。

4. 数据存储、分析功能

能够实现线路规划及路线优化，事先规划车辆的运行路线、运行区域，如何时应该到达什么地方等，并将信息记录在数据库中，以备以后查询、分析使用。

可进行可靠性分析，通过汇报运输工具的运行状态了解运输工具是否需要较大的修理，预先做好修理计划，计算运输工具的平均差错时间，动态衡量该型号车辆的性能价格比。

可进行服务质量跟踪，在中心设立服务器，储存车辆的有关信息(运行状况、在途信息、运能信息、位置信息等用户关心的信息)，让有该权限的用户能方便地获取自己需要的信息。同时还可将客户索取的信息中的位置信息用相对应的地图传送过去，并将运输工具的历史轨迹印在上面，使该信息更加形象化。

依据资料库储存的信息，可随时调阅每台运输工具以前的工作资料，并可根据各管理部门的不同要求制作各种不同形式的报表，使各管理部门能更快速、更准确地做出判断并提出新的指示。

(四) GPS 在物流中的应用

(1) GPS 应用于汽车自定位、跟踪调度。

利用 GPS 可以实时收集全路汽车所运货物的动态信息，实现汽车、货物跟踪管理，并及时地进行汽车的调度管理。随着信息技术的发展，GPS 的功能越来越强大。GPS 车载终端能将接收到的位置信息实时地发送到车主的手机或企业(交通)部门的监控平台上，可以很方便地实现多种功能，如定位、监控、报警、锁车、断油断电、电子围栏等。因此，GPS 被广泛应用于物流车、出租车、公交车、大巴车、工程车、私家车等。特别是在大数据时代，GPS 将为我们打造一个即时、远程、安全、智能化的车辆环境。

(2) GPS 应用于铁路运输管理。

利用 GPS 的计算机管理信息系统，可以通过 GPS 和计算机网络实时收集全路列车、机车、车辆、集装箱及所运货物的动态信息，实现对列车、货物的追踪管理。只要知道货车的车种、车型、车号，就可以立即从近 10 万公里的铁路网上流动着的几十万辆货车中找到该货车，还能得知这辆货车在何处运行或停在何处，以及所有的车载货物发货信息。铁路部门运用这项技术极大地提高了其路网及其运营的透明度，为货主提供了更高质量的服务。

(3) GPS 应用于军事物流。

GPS 首先是为了军事目的而建立的，在军事物流中，尤其是在后勤装备的保障等方面，应用得相当普遍。通过 GPS 技术及系统，可以准确地掌握和了解各地驻军的数量和要求，无论是在战时还是在平时都能及时地进行后勤补给。

(4) GPS 应用于内河及远洋船队最佳航程和安全航线的测定，航向的实时调度、监测，水上救援。

在我国，GPS 最先用于远洋运输船舶导航。三峡库区的客渡船全部安装了 GPS 监管系统。船主可通过 GPS 接收天气预报和航行信息，还可以监测船舶行驶，达到"四个精确"：船舶位置(精确到 15 m 以内)、运行速度(精确到 1 km/h)、运行方向(精确到 1°)、即时的时间信息(精确到 1 s)。

(5) GPS 应用于空中交通管理、精密进场着陆、航路导航和监视。

国际民航组织提出，在 21 世纪用未来导航系统(Future Air Navigation System，FANS)取代现行航行系统。它是一个以卫星技术为基础的航空通信、导航、监视(Communication，Navigation，Surveillance，合称 CNS)和空中交通管理(Air Traffic Management，ATM)系统，它利用全球导航卫星系统(Global Navigation Satellite System，GNSS)实现飞机航路、终端和进场导航。

二、地理信息系统(GIS)

(一) 地理信息系统概述

地理信息系统(Geographical Information System，GIS)，是指在计算机技术支持下，对整个或部分地球表层(包括大气层)空间中的有关地理分布数据进行采集、储存、管理、运算、分析、显示和描述的系统。该系统是由计算机软硬件环境、地理空间数据、系统维护和使用人员四部分组成的空间信息系统。

GIS 的基本功能是将表格数据(无论它来自数据库、电子表格文件还是直接在程序中输入的数据)转换为地理图形显示，然后对显示结果进行测量、操作和分析。其显示范围可以从洲际地图到非常详细的街区地图，显示对象包括人口、销售情况、运输线路及其他内容。GIS 可以分为以下五部分：

1. 人员

人员是 GIS 中最重要的组成部分。GIS 需要人员进行系统组织、管理、维护、数据更新、系统扩充完善以及应用程序开发，并采用空间分析模型提取多种信息。

2. 数据

数据是 GIS 应用系统最基础的组成部分，包括空间数据和属性数据。

3. 硬件

硬件是指操作 GIS 所需的一切计算机资源。一个典型的 GIS 硬件系统除计算机外，还包括数字化仪、扫描仪、绘图仪、磁带机等外部设备。

4. 软件

软件是指 GIS 运行所必需的各种程序，即能够提供存储、分析和显示地理信息的功能。GIS 软件由计算机系统软件、地理信息系统工具(或地理信息系统实用软件)、应用程序等内容组成。

5. 方法

这里的方法指应用模型，它是在对专业领域的具体对象与过程进行大量研究的基础上总结出的规律的表示。

(二) GIS 在物流中的应用

GIS 应用于物流分析，主要是指利用 GIS 强大的地理数据功能来完善物流分析技术，国外公司已经开发出利用 GIS 为物流分析提供专门分析的工具软件。

完整的 GIS 物流分析软件集成了车辆路线模型、最短路径模型、网络物流模型、分配集合模型和设施定位模型等。

1. 车辆路线模型

它用于解决一个起始点、多个终点的货物运输中，如何降低物流作业费用并保证服务质量的问题，包括决定使用多少辆车、每辆车的行驶路线等。

2. 最短路径模型

它用于计算一个节点到其他所有节点的最短路径。其主要特点是以起始点为中心向外层扩展，直到扩展到终点为止。

3. 网络物流模型

它用于解决寻求最有效的分配货物路径问题，也就是物流网点布局问题。如将货物从 n 个仓库运往 m 个商店，每个商店都有固定的需求量，因此需要确定由哪个仓库提货送给哪个商店，使得运输代价最小。

4. 分配集合模型

它可以根据各个要素的相似点把同一层上的所有或部分要素分为几个组，用以解决确定服务范围和销售市场范围等问题。如某一个公司要设立 n 个分销点，要求这些分销点要覆盖某一地区，而且要使每个分销点的顾客数目大致相等。

5. 设施定位模型

它用于确定一个或多个设施的位置。在物流系统中，仓库和运输线共同组成了物流网络，仓库处于网络的节点上，节点决定着线路，如何根据供求的实际需要并结合经济效益等原则，在既定区域内设立多少个仓库、每个仓库的位置、每个仓库的规模，以及仓库之间的物流关系等，运用此模型均能很容易地得到解决。

任务六　EOS、POS 系统

一、电子订货系统(EOS)

(一) EOS 的概念

电子订货系统(Electronic Ordering System，EOS)，是指不同组织间利用通信网络和终端设备进行订货作业与订货信息交换的系统。电子订货系统是将批发、零售商场产生的订货数据输入计算机，即刻通过计算机通信网络连接的方式将资料传送至总公司、批发商、商品供货商或制造商处。因此，EOS 能处理从新商品资料的说明到会计结算等所有商品交易过程中的作业，可以说 EOS 涵盖了整个商流。

在当前竞争的时代，如何有效管理企业的供货、库存等经营管理活动，并且在要求供货商及时补足售出商品的数量且不能缺货的前提下，就必须采用 EOS 系统。

(二) EOS 的构成

电子订货系统是由批发、零售商场，商业增值网络中心，供货商等角色构成的，它们的作用如下：

(1) 批发、零售商场：采购人员根据 MIS 系统提供的功能，收集并汇总各机构要货的商品名称、数量，根据供货商的可供商品货源、供货价格、交货期限、供货商的信誉等资料，向指定的供货商下达采购指令。采购指令按照商业增值网络中心的标准格式进行填写，经商业增值网络中心提供的 EDI 格式转换系统转换为标准的 EDI 单证，再经由通信界面将订货资料发送至商业增值网络中心，然后等供货商发回有关信息。

(2) 商业增值网络中心：不参与交易双方的交易活动，只提供用户连接界面，每当接收到用户发来的 EDI 单证时，自动进行 EOS 交易伙伴关系的核查，只有互有伙伴关系的双方才能进行交易，否则视为无效交易。确定有效交易关系后还必须对 EDI 单证格式进行检查，只有交易双方均认可的单证格式才能进行单证传递，并对每笔交易进行长期保存，供用户今后查询或在交易双方发生贸易纠纷时，可以根据商业增值网络中心所储存的单证内容作为司法证据。

(3) 供货商：根据商业增值网络中心转来的 EDI 单证，经商业增值网络中心提供的通信界面和 EDI 格式转换系统转换而得到一张标准的商业订单。根据订单内容和供货商的 MIS 系统提供的相关信息，供货商可及时安排出货，并将出货信息通过 EDI 传递给相应的批发、零售商场，从而完成一次基本的订货作业。

当然，交易双方交换的信息不仅仅是订单和交货通知，还包括订单更改、订单回复、变价通知、提单、对账通知、发票、退换货等许多信息。

(三) EOS 的基本流程

(1) 在零售店的终端用条码阅读器获取准备采购的商品条码，并在终端机上输入订货材料，通过系统传到批发商的计算机中。

(2) 批发商开出提货传票，并根据传票同时开出拣货单，实施拣货，然后依据送货传票进行商品发货。

(3) 送货传票上的资料成为零售商的应付账款资料和批发商的应收账款资料，并接到应收账款的系统中去。

(4) 零售商对接到的货物进行检验后，便可以陈列与销售了。

(四) EOS 系统在企业物流管理中的作用

(1) 相对于传统的订货方式，如上门订货、邮寄订货、电话订货、传真订货等，EOS 系统可以缩短从接到订单到发出订货的时间，缩短订货商品的交货期，减少商品订单的出错率，节省人工费。

(2) 有利于减少企业的库存，提高企业的库存管理效率，同时也能防止商品特别是畅销商品缺货现象的发生。

(3) 对于生产厂家和批发商来说，通过分析零售商的商品订货信息，能准确判断畅销商品和滞销商品，有利于企业调整商品生产和销售计划。

(4) 有利于提高企业物流信息系统的效率，使各个业务信息子系统之间的数据交换更加便利和迅速，丰富企业的经营信息。

(五) 电子订货系统与物流管理

在物流作业流程中，可以将供货商发运作业过程中的业务往来划分成以下几个步骤：

(1) 供货商根据采购合同要求将发货单通过商业增值网络中心发给仓储中心。

(2) 仓储中心对接收到商业增值网络中心传来的发货单进行综合处理，或要求供货商送货至仓储中心或发送至批发、零售商场。

(3) 仓储中心将送货要求发送给供货商。

(4) 供货商根据接收到的送货要求进行综合处理，然后根据送货要求将货物送至指定地点。

上述几个步骤是一个基本的物流作业流程，通过这个流程，将物流与信息流牢牢地结合在一起。

二、销售时点信息系统(POS)

(一) POS 的概念

销售时点信息系统(Point of Sale System，POS)是指利用自动识别设备，按照商品最小销售单位读取实时销售信息及采购、配送等环节产生的信息，并对这些信息进行加工、处理和共享的系统。POS 最早应用于零售业，之后逐渐扩展至金融、旅馆等服务性行业，利用 POS 信息的范围也从企业内部扩展到整个供应链。POS 不仅仅局限于电子收款技术，它要考虑将计算机网络、电子数据交换技术、条码技术、电子监控技术、电子收款技术、电子信息处理技术、远程通信、电子广告、自动仓储配送技术、自动售货、备货技术等一系列科技手段融为一体，从而形成一个综合性的信息资源管理系统。同时，它必须符合和服从商场管理模式，按照对商品流通管理及资金管理的各种规定进行设计和运行。

POS 包含前台 POS 和后台 MIS 两大基本部分。

(1) 前台 POS 是指通过自动读取设备(如收银机)，在销售商品时直接读取商品销售信息(如商品名、单价、销售数量、销售时间、销售店铺、购买顾客等)，实现前台销售业务的自动化，对商品交易进行实时服务管理，并通过通信网络和计算机系统传送至后台，通过后台 MIS 系统的计算，分析与汇总商品销售的各项信息，为企业管理者分析经营成果、制订经营方针提供依据，以提高经营效率的系统。

(2) 后台 MIS(Management Information System)又称管理信息系统。它负责整个商场进、销、调、存系统的管理以及财务管理、库存管理、考勤管理等。它可以根据商品进货信息对厂商进行管理；又可以根据前台 POS 提供的销售数据控制进货数量，合理周转资金；也可以分析统计各种销售报表，快速准确地计算成本与毛利；还可以对售货员、收款员的业绩进行考核，是职工分配工资、奖金的客观依据。

因此，商场现代化管理系统中前台 POS 与后台 MIS 是密切相关的，两者缺一不可。

(二) POS 的运行步骤

以零售业为例，POS 的运行有以下五个步骤：

(1) 商店销售商品都贴有表示该商品信息的条码。

(2) 在顾客购买商品结账时，收银员使用扫描器自动读取商品条码上的信息，通过店铺内的微型计算机确认商品的单价，计算顾客购买商品的总金额等，同时返回收银机，打印出顾客的购买清单和付款总金额。

(3) 各个店铺的销售时点信息通过 VAN 以在线连接方式即时传送给总部或物流中心。

(4) 在总部、物流中心和店铺利用销售时点信息来进行库存调整、配送管理、商品订货等作业。通过对销售时点信息进行加工分析来掌握消费者的购买动向，找出畅销商品和滞销商品，以此为基础，进行商品品种配置、商品陈列、价格设置等方面的作业。

(5) 在零售商与供应链的上游企业(批发商、生产商、物流作业等)结成协作伙伴关系(也称战略联盟)的条件下，零售商利用 VAN 以在线联结的方式把销售时点信息即时传送给上游企业，这样上游企业就可以利用销售现场最及时准确的销售信息制订经营计划，并进行决策。例如，生产厂家利用销售时点信息进行销售预测，掌握消费者的购买动向，找出畅销商品和滞销商品，通过把销售时点信息(POS 信息)和订货信息(EOS 信息)进行比较分析来把握零售商的库存水平，以此为基础制订生产计划和零售商库存连续补充计划CRP(Continuous Replenishment Program)。

(三) POS 的功能

1. 识别功能

收银员识别功能是指收银员必须在工作前登录才能进行终端操作，即门店中每个系统的收银员都实行统一编号，每个收银员都有一个 ID 和密码，只有收银员输入了正确的 ID 和密码后，才能进入"销售屏幕"进行操作。在交接班时，前一个收银员必须退出系统以便让其他收银员使用该终端。如果收银员在操作时需要暂时离开终端，可以使终端处于"登出或关闭"状态，在返回时重新登录。

2. 销售功能

POS 有多种销售方式，收银员在操作时可根据需要选择商品各种销售方式的如下特殊功能。

(1) 优惠、打折功能：优惠折扣商品或交易本身特价许可等，应进行权限检查。

(2) 销售交易更正功能：包括清除功能、交易取消功能。

(3) 退货功能：通常收银员无该种商品交易的权限，需管理人员来完成。

(4) 挂账功能：在当前交易未结束的状态下保留交易数据，再进行下一笔交易的收银操作。

3. 付款功能

付款方式主要有现金、支票、信用卡等，POS 具备多种付款方式的设置功能。

4. 其他功能

(1) 票据查询功能：查询范围可以是某个时间段内的全部交易，也可以是某个时间点的交易情况。

(2) 报表查询：根据收银机本身的销售数据制作出一些简单的报表，并在收银机的打印机上打印出来。报表包括结款表、柜组对账表等。

(3) 前台盘点：盘点的过程主要是清查库存商品数量。前台盘点的实质是将要盘点商品的信息像销售商品一样手工输入或用条码扫描仪录入收银机中，作为后台的数据来源。

(4) 工作状态检查功能：对有关收银机、收银员的各种状态进行检查，包括一般状态、交易状态、网络状态、外设状态等。

(四) 商业 POS 的作用

(1) 简化了超市收银台业务。POS 应用于超市时，首先通过条码识读设备迅速识读商品外包装上的条码标识，采集相应的商品信息，由计算机完成结算并自动生成账单。由于 POS 具有简单直接、及时入账的实时处理能力，销售商品的各种信息数据处理在交易的瞬间就可完成，这样既缩短了商品检查时间，又降低了输入商品数据的出错率，使超市高峰时间的收银作业变得更为容易，现金管理也更为合理。

(2) 提高了数据收集能力。POS 在销售点即时采集数据，具有省力、迅速、实时的优势，能为企业经营提供更快速、更精确、更有利的信息资料。

(3) 使商店作业更为合理。使用条码管理有两种做法：第一种，无论商品原来有无条码，一律使用自制的店内条码；第二种，充分利用商品原有的条码。通过 POS 中的应用程序，采用流水作业法可自动生成店内条码，使条码制作方便、省力、效率高，同时销售人员可根据柜台销售额适时调整商品价格，做到灵活经营，使商品的进、销、存管理协调合理，在激烈的市场竞争中处于有利地位。

(4) 提高商店运营的效率。超市借助 POS，可记录销售过程中的每一笔交易，每售出一件商品，POS 数据库就实时减少该商品的库存记录，并自动完成该商品的盘点，从而有效地实施库存管理和库存盘点管理。商家通过比较 POS 生成的盘盈、盘亏表，能轻易测定出销售目标的实现程度，便于准确把握畅销商品、滞销商品的信息，从而实现商品单品管理，降低经营企业的库存占用资金，同时提高销售能力及对商品种类、数量和价格的管理能力。

(5) 能实现对企业信息和职工的规范化管理。能按日期、小组进价、批发价、零售价、前台码、后台码和品名规范名称等途径，迅速查询所经营的各种商品，清楚地记录每个职工的业绩。

(6) 提高服务质量。每笔交易结账迅速准确，能及时了解顾客需要及购买倾向，为顾客提供所需商品，提高企业经营利润。

(7) 从整体上提高了企业经营管理水平。商场在完善 POS 的同时，可以建立商场管理信息系统，即实现 POS 的后台管理。在商品销售过程中，商场的决策者可掌握 POS 的经营状况，实现商场库存商品的动态管理，同时基于销售水平制订出合理的销售、采购计划，提高资金周转率，使经营管理水平上一个新台阶。

案例 2-4

支付宝启动物流 POS 战略

中国最大的第三方支付企业——支付宝启动物流 POS 战略，宣布向电商 COD(货到付款)市场投资 5 亿元，推动整个 COD 体系软硬环境的改善。前者主要针对电商线下货到付款的瓶颈，推出实现 POS 刷卡、签收的一体应用，通过引入整合刷卡与货单信息管理功能的支付宝 POS 终端设备，实现电商 COD 资金与物流信息的实时匹配。后者旨在推动电商COD 支付体系升级，提升用户支付体验。

在我国，COD 一直是网购消费主流的支付方式，特别是在 B2C 市场，近 70%的交易都通过 COD 完成。但相关统计也显示，在国内排名前 100 位的 B2C 电商中，能给用户提供 COD 服务的只有不到 20%。"支付宝希望借此投资，改善中国电商 COD 体系的软硬件设备，帮助电商和物流商提升用户 COD 支付体验。"支付宝副总裁樊治铭说。

(1) 用户需求：线下 POS 支付市场发展空间巨大，需求强烈。

根据艾瑞咨询最新统计数据显示，中国网络购物互联网支付渗透率将会有小幅下降，并预计网购互联网支付交易额增长率会大幅降至 15.8%。这从侧面显示出 COD 增长势头迅猛，电商线下支付市场潜力巨大。因此，POS 刷卡支付不仅迎合了消费者对于货到付款的偏爱，而且将改善大部分 COD 服务不支持刷卡消费的弊端，从而提升货到付款的用户体验。

(2) 价值链：第三方支付物流行业解决方案，缩短 COD 资金回收间隔。

目前，国内 B2C 货到付款使用 POS 机刷卡的只有 20%，大量现金支付增加了物流公司劳务成本，B2C 企业最终收取货款的时间也较为漫长。而第三方支付的货到付款解决方案不仅集合了刷卡收银、取件和签收录入等功能，还可实现资金快速归集和回收，大大提高收取货款的效率。

针对物流行业的货到付款业务，第三方支付企业推出的解决方案主要包括 COD 资金归集和货款垫付短期融资模式两大类型。COD 资金归集是由物流公司向用户收款，通过支付公司归集后统一支付给电商企业的；垫付货款则由支付公司先垫付货款给电商企业，再向物流公司进行现金归集，电商企业的收款风险和收款时滞部分转移给支付公司。这两种模式都可以大大缩短电商货到付款的资金回收间隔, 并为小型物流企业解决资信不足的难题。

(3) 产业趋势: 线上、线下支付方式相结合是发展的核心方向。

艾瑞咨询分析认为, 线上支付采用数字化的方式完成各种款项的支付和转移, 具有方便、快捷、高效、经济的优势, 但对安全性的担忧仍是阻碍网上支付发展的首要原因。此外, 网上支付的使用流程过于烦琐也是影响网民使用网上支付的重要原因。线下支付则在安全性和便捷性方面更具优势, 消费者可以选择现金支付或是 POS 刷卡支付, 满足了消费者对于支付方式多样化的需求。传统网上支付业务渗透率下降, 货到付款等线下支付方式的推广使用, 都表明线上、线下支付方式相结合必将成为第三方支付企业发展的主流方向。

小　结

本模块首先介绍了电子商务物流技术的概念和分类, 以及运用电子商务物流技术的作用和评价标准; 接着介绍了电子商务物流技术, 如条码技术及应用、EDI 技术及应用、GPS 和 GIS 技术及应用、射频识别技术等, 着重介绍了这些技术在物流领域中的运用为电子商务物流发展提供的技术保障, 同时极大地促进了物流行业的发展。

习　题　二

【复习思考题】

一、单选题

1. EOS 能处理从新商品资料的说明到会计结算等所有商品交易过程中的作业, 可以说 EOS 涵盖了整个(　　)。

　A. 信息流　　　　　B. 商流　　　　　　　C. 物流　　　　　　　D.资金流

2. POS 即销售时点信息系统, 其最早应用于(　　)。

　A. 金融业　　　　　B. 餐饮业　　　　　　C. 零售业　　　　　　D.旅游业

3. 商品条码属于(　　)。

　A. 一维条码　　　B. 二维条码　　　　　C. 矩阵码　　　　　　D. 复合码

4. 全球定位系统的英文缩写是(　　)。

　A. EDI　　　　　　B. GIS　　　　　　　C. EOS　　　　　　　D. GPS

5. GIS 是一门综合性的技术, 也是一种对(　　)进行采集、存储、更新、分析、输出等处理的工具。

　A. 时间数据　　　B. 物流数据　　　　　C. 图像数据　　　　　D. 空间数据

6. 以下具有自检功能的条码是(　　)。

　A. EAN 码　　　　B. 交叉 25 条码　　　C.UPC 条码　　　　　D. 39 条码

7. 物流过程中以商品为对象、以集合包装商品为单位使用的条形码, 由 14 位数字组成的是(　　)。

A. 商品条形码   B. ID 代码   C. 复合条形码   D. 物流条形码

8. 构成 EDI 系统的三个要素中最关键的部分是( )。

A. EDI 软件和硬件   B. 数据标准

C. 通信网络   D. 计算机系统

9. GPS 用户并不需要给卫星发射任何信号，卫星也不必理会 GPS 用户的存在，故系统中的用户数量( )。

A. 受到限制   B. 没有限制

C. 在某些领域受到限制   D. 仅在物流领域不受限制

10. 物流信息系统是( )的保证。

A. 节约物流成本   B. 企业获得高额利润

C. 提高物流服务质量   D. 降低劳动强度

11. 物流信息系统必须具有容易而又始终如一的( )，当企业希望获得物流活动的重要数据时，应该很容易从计算机系统中获得所需数据。

A. 精确性   B. 可得性   C. 及时性   D. 可扩展性

12. 从本质上讲，物流信息系统是利用信息技术，通过( )将各种物流活动与某个一体化过程连接在一起的通道。

A. 物流   B. 商流   C. 资金流   D. 信息流

二、简答题

1. 什么是物流技术？它可以分为哪几类？
2. 电子商务物流技术的作用是什么？
3. 评价电子商务物流技术的标准有哪些？
4. 简述商品条码的编码原则。
5. 简述条码在物流中的应用。
6. 简述 GPS 的物流功能。

【实训题】

一、实训组织

结合当地的超市分布情况，教师确定一个电子商务物流技术的练习主题，让学生结合本模块所学的内容，对电子商务物流技术进行现实应用。

二、实训要求

1. 学生要独立完成。
2. 列出所使用的物流技术有哪些。
3. 分析使用电子商务物流技术为企业带来的方便性。

三、实训目的

1. 掌握电子商务物流技术的实践应用。
2. 加深学生对物流技术的理解。

【案例分析题】

沃尔玛物流信息化系统

沃尔玛公司由美国零售业的传奇人物山姆·沃尔顿先生于 1962 年在阿肯色州成立。经过 60 年的发展，沃尔玛公司在 24 个国家和电子商务网站的 46 个品牌旗下经营约 10 500 家分店。沃尔玛全球 2021 财年营收达到 5 592 亿美元，全球员工总数 230 万，多次荣登《财富》杂志世界 500 强榜首。

沃尔玛于 1996 年进入中国，在深圳开设了第一家沃尔玛购物广场和山姆会员商店。目前沃尔玛在中国经营多种业态和品牌，包括沃尔玛大卖场和山姆会员商店，沃尔玛中国已经在全国 100 多个城市开设了数百家门店和数家配送中心。

沃尔玛的成功与其不断的业态创新、准确的市场定位、先进的配送管理、强大的信息技术支持、"天天平价"的营销策略以及和睦的企业文化等几个因素密不可分。

1970 年时的沃尔玛还不是一个很大的公司，跟信息化、自动化这些概念几乎沾不上边，唯一拥有的处理系统就是底账和铅笔，拥有 10 个超市和 3 个大型仓库，营业额仅有 2.3 亿。但正是那时沃尔玛投资了 3 000 万美元建立全国的零售体系，愿意拿出营业额 15%左右的投资进行信息化建设。从此以后，沃尔玛在每轮零售 IT 系统的投资中，都比竞争对手更早、力度更大。先进的信息系统投资使沃尔玛显著降低了成本，大幅提高了资本生产率和劳动生产率，使它的信息技术水平往往领先同行 5 至 10 年。尽管信息技术并不是沃尔玛取得成功的充分条件，但它却是沃尔玛成功的必要条件。信息技术的投资强化了企业的核心价值，保证了沃尔玛的竞争优势。

1980 年，沃尔玛最早开始使用条形码和电子扫描器实现存货自动控制。40 年前正是沃尔玛等企业的大力推动，条形码才得以快速普及。早期真正愿意采用技术已经成熟的条形码技术的企业并不多，直到 1984 年沃尔玛强制要求其供应商采用该技术，情况才有所改观。在商品上印刷条形码的企业，从 1984 年不足 1.5 万家迅速增加到 1987 年的 7.5 万家。1983 年，沃尔玛开始使用 POS 机，1988 年又使用无线激光扫描枪等便携式数据终端设备。条形码的普及代替了大量手工劳动，使商品处置过程节约了 60%的人工，缩短了顾客结账时间，便于计算机跟踪商品从进货到库存、配送、送货、上架、售出的全过程，及时掌握商品销售和运行信息，极大地提高了货物的处理效率，也为零售企业创造了新的利润增长点。

沃尔玛是第一个使用自有通信卫星的零售公司，拥有美国最大的私有卫星系统。1983 年，它与休斯公司合作花费 2 400 万美元购买商业卫星，1987 年完成了公司的全球卫星通信网络。截至 20 世纪 90 年代初，沃尔玛在电脑和卫星通信系统上就已经投资了 7 亿美元，而它不过是一家纯利润只有 2%～3%的折扣百货零售公司。通过卫星通信网络，将各分店 POS 终端、配送中心与公司总部的计算机连接起来。顾客在沃尔玛任何一个分店购物付款的同时，与 POS 机相连的计算机已经通过卫星把顾客的购物信息传到了与分店不远的配送中心和位于美国阿肯色州本顿维尔市的沃尔玛总部，直至 5 000 多家供应商。在沃尔玛本顿维尔总部的信息中心卫星通信室看上一两分钟，就可以了解整个公司一天的销售情况，可以查到当天信用卡入账总金额、各个分店任何商品的销售量和每一商品 65 周的库存记录。

沃尔玛在 1985 年最早使用电子数据交换(EDI)与供应商建立自动订货系统，进行更好的供应链协调。通过计算机联网，向供应商提供商业文件，发出采购指令，获取收据和装运清单等，同时也使供应商及时精确地把握其产品销售情况。这样就保证了商店的销售与配送中心保持同步，配送中心与供应商保持同步。EDI 技术使得订单处理实现了无纸化，提高了自动补货系统的准确度。商品的信息直接传送到总部，减少了信息扭曲，有助于上层领导做出正确的决策。1990 年，沃尔玛已与 5 000 余家供应商中的 1 800 家实现了电子数据交换，成为当时 EDI 技术在全美国的最大用户。

20 世纪 80 年代末期，沃尔玛配送中心的运行就完全实现了自动化。每种商品都有条码，由激光扫描器和电脑追踪每件商品的储存位置及运送情况。到 20 世纪 90 年代，在整个公司销售的 8 万种商品中，85%由这些配送中心供应，而竞争对手大约只有 50%～65%的商品能够集中配送。

1990 年以后，沃尔玛为车队装备了卫星定位系统(GPS)以控制公司的物流，提高配送效率，以速度和质量赢得了用户的满意度和忠诚度。

21 世纪初，沃尔玛又成了全球推行射频标识技术(RFID)的主要倡导者。沃尔玛逐步在全球推行 RFID 新技术，以新型的高科技芯片逐步取代传统的条形码，充分地把 GPS 和 GIS 运用到物流供应链中。RFID 有助于解决零售业两个最大的难题：商品断货和盗窃等损耗。RFID 技术使得合理的产品库存控制和智能物流技术成为可能。借助电子标签，可以实现商品的运输、仓储、配送、上架、销售、退货处理等环节的实时监控；可以实时了解到货架情况并迅速补货，减少 10%～30%的安全库存量，从而大大降低仓储成本。信息化、自动化程度的提高和差错率的降低，使整个供应链的管理显得透明而完美。

今天，沃尔玛的计算机数据通信系统、POS 终端、条形码、无线扫描枪、RFID 系统、ECR(电子收款机)、EDI 系统等构建了现代化的信息数据交换平台。现代信息技术手段的应用，使沃尔玛如虎添翼，极大地提高了企业运行效率，强化了竞争优势。沃尔玛的管理人员可以通过计算机系统与任何一家分店和配送中心联系，在一到两分钟之内就可以准确掌握这一天的商品销售、库存、订货、配送、财务和员工等方面的情况，据此确定是否进货，并指挥配送中心向分店配送货物或在分店之间进行调配；能在一个小时之内对全球 5 000多家分店内每种商品的库存、上架、销售量全部盘点一遍。该系统使沃尔玛能够管理其业务的爆炸性增长，与此同时又能维持很高的服务水平，而存货成本也降低了 75%。沃尔玛的店铺可通过 POS 终端来跟踪每笔销售，这样既避免了存货短缺，又不会造成存货过剩，同时还降低了商品售价。沃尔玛的信息系统有力地提高了整个企业对市场变化的应变能力，使沃尔玛得以稳居美国乃至世界零售业的龙头之位。正如沃尔玛的创始人沃尔顿先生称："我们从电脑系统获得的力量成为我们竞争的一大优势。"

案例讨论：

1. 沃尔玛采用了哪些先进的信息技术？
2. 这些技术对沃尔玛分别起到了哪些作用？

模块三　电子商务物流模式

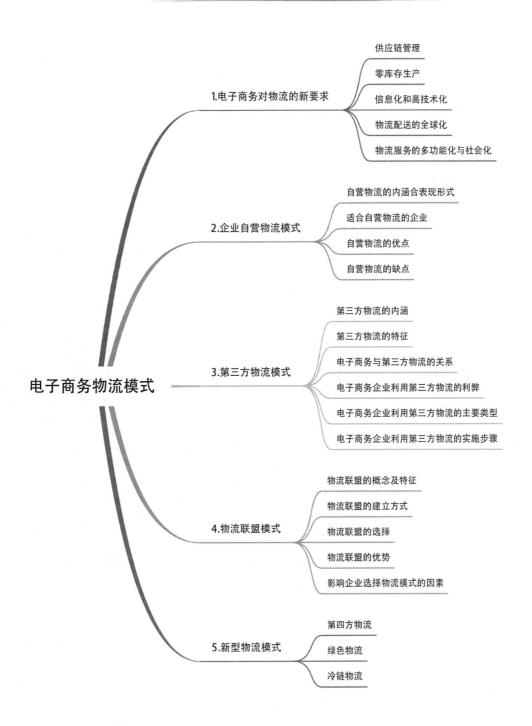

【知识目标】

  (1) 熟悉电子商务对物流的新要求。

  (2) 掌握企业自营物流的表现形式。

  (3) 熟悉电子商务与第三方物流的关系。

  (4) 掌握电子商务企业利用第三方物流的实施步骤。

  (5) 了解物流联盟的建立方式。

  (6) 了解新型物流模式。

  (7) 掌握冷链物流的使用范围。

【技能目标】

  (1) 掌握企业自营物流模式的应用。

  (2) 掌握第三方物流模式在电子商务中的应用。

  (3) 掌握物流联盟模式的应用。

  (4) 掌握冷链物流在生鲜电子商务中的应用。

  (5) 具备选择电子商务企业物流模式的能力。

  (6) 能够区分不同类型的物流模式。

【学习重点】

  (1) 掌握电子商务物流模式的应用。

  (2) 能够为企业提供物流模式解决方案。

【学习难点】

  (1) 分析电子商务企业的实际物流需求。

  (2) 能够从企业实际出发，根据企业物流发展过程中存在的问题，为企业提供合理的物流模式解决方案。

【案例导入】

戴尔(中国)引入物流新模式

  戴尔(Dell)是一家总部位于美国得克萨斯州朗德罗克的世界 500 强企业，由迈克尔·戴尔于 1984 年创立。其理念非常简单：按照客户要求制造计算机，并向客户直接发货。这使戴尔公司能够更有效、更明确地了解客户需求，继而迅速作出回应。戴尔公司设计、开发、生产、营销、维修并支持一系列从笔记本电脑到工作站的个人计算机系统。每个系统都是根据客户的个别要求量身定制的。这种革命性的举措使其成为全球领先的计算机系统直销商，跻身业内主要制造商之列。

  戴尔(中国)公司是一家新建的公司，不是由原来的制造企业转型而来的，没有现成的分销网络物流系统可以利用。自建一个覆盖面较大、反应迅速、成本有效的物流网络和系统物流对戴尔来讲是一件耗时耗力的庞大工程，而且戴尔又在物流管理方面不具备核心专长，因送货不经济导致的运作及其他相关成本上升而增加的费用是无法弥补的。面对全球化激烈竞争的趋势，企业的战略对策之一是专注于自己所擅长的经营领域，力争在核心技术方面领先，而将本企业不擅长的业务分离出去，委托给在该领域有特长的、可信赖的合作伙伴，所以戴尔把物流外包了。

　　一个覆盖面广、反应迅速、成本可控的物流系统是戴尔直销模式成功的重要支柱。戴尔的物流完全外包给第三方物流公司，主要由 DHL、BAX、FedEX 等跨国性物流企业承担。这些第三方物流公司具有健全的网络、专业化的运营和现代化的管理。通过采用第三方物流的门到门服务，戴尔大大降低了物流成本，提高了物流效率，改善了客户服务水平。

　　戴尔的物流从确认订货开始。确认订货以收到货款为标志，在收到货款之后需要两天时间进行生产准备、生产、测试、包装、发运准备等。戴尔将物流系统运作委托给第三方物流公司，并承诺在款到后 2～5 天送货上门，某些偏远地区的用户每台计算机要加收 200～300 元的运费。戴尔通过对供应链的管理与重组，有效地减少了库存，缩短了生产周期，大大提高了竞争力。

　　同时，戴尔也通过网络，利用电子数据交换连接，使得上游的零件供应商能够及时准确地知道公司所需零件的数量、时间，从而大大降低了存货，这就是戴尔所称的"以信息代替存货"，带动供应商共同发展直销模式，实现了公司与供应商双赢的合作关系。这样，戴尔也和供应商建立起了一个"虚拟"的企业。

　　通过该模式，戴尔公司将供应商和最终消费者整合成一条优化的供应链，通过互联网媒介以及第三方物流的介入，大大提高了产品的竞争力。

任务一　电子商务对物流的新要求

　　电子商务对物流的要求与传统经营方式下对物流的要求有着显著的不同，主要表现在以下几个方面。

一、供应链管理

　　在传统的经营模式下，供应商、企业、批发商、零售商及最终用户之间是相互独立的，企业内部各职能部门之间也是各自按照本部门的利益开展生产经营活动的。供应链管理的目的是通过优化提高所有相关过程的速度和确定性，使所有相关过程的净增加值最大化，以提高组织的运作效率和效益。实行供应链管理可以使供应链中的各成员企业之间的业务关系得到强化，变过去企业与外部组织之间的相互独立关系为紧密合作关系，形成新的命运共同体。供应链管理可以显著提高物流的效率，降低物流成本，提高企业的劳动生产率。

二、零库存生产

　　电子商务的运作一般要求企业通过网络接收订单，按照订单要求组织生产，即以需定产，与传统的先生产、后推销的做法完全不同。在传统的经营方式下，无论生产企业还是销售企业都必须保证一定的库存，同时还必须承担商品滞销的风险。电子商务要求企业的物流运作必须符合零库存生产的需要。

　　零库存生产源自英文"Just In Time"，即准时化生产，意指供应者将原材料、零部件以用户所需要的数量在所需要的时间送到特定的生产线。零库存生产是在电子商务条件下对生产阶段物流的新要求，它的目的是使生产过程中的原材料、零部件、半成品以及制成品能高效率地在生产的各个环节流动，缩短物资在生产过程中的停留时间，并杜绝产生物品库存积压、短缺和浪费的现象。

零库存生产要求企业的每一个生产环节都必须从下一环节的需求时间、数量、结构出发来组织好生产、供应和流通，并且无论是生产者、供应商还是物流企业或零售商都应对各自的下游客户作出正确的需求预测。电子商务既为零库存生产创造了条件，也要求企业通过零库存生产来产生效益。

三、信息化和高技术化

物流信息化是电子商务物流的基本要求，没有物流的信息化，要做到物流的高效运作是不可能的。企业信息化是开展电子商务的基础，物流信息化是企业信息化的重要组成部分。物流信息化表现为物流信息的商品化、物流信息收集的数据化和代码化、物流信息处理的电子化、物流信息传递的标准化和实时化、物流信息存储的数字化等。物流信息化能更好地协调生产与销售、运输、存储等环节的联系，对优化供货程序、缩短物流时间及降低库存都具有十分重要的意义。物流信息化必须由物流的高技术化作保证。物流的高技术化是指在物流系统应用现代技术，实现物流处理的自动化与智能化。目前，物流领域应用的高技术主要包括条码技术、电子数据交换技术、全球定位系统技术等。

四、物流配送的全球化

电子商务的运作本身是跨国界的，打破了传统经营方式中地理范围的限制。但是，电子商务为众多企业拓展市场边界的同时，也对企业的物流配送提出了全球化服务的要求。随着科技的进步，特别是网络技术的发展，世界经济全球化的进程越来越快，中国加入世界贸易组织后，国内市场国际化以及国际市场国内化的趋势十分明显。能否为全球用户提供满意的物流配送服务将成为衡量我国企业国际竞争力的重要因素。

物流配送的全球化要求我国企业对物流各系统的相关要素进行合理调整，选择最佳的物流配送模式，按照国际惯例来组织物流运作。同时，物流配送的全球化趋势也使得传统的生产企业不得不依靠专业的物流企业提供国际性的物流配送服务，并且他们之间的关系变成了新型的战略伙伴关系。

物流全球化势必要求物流组织网络化，即物流企业必须在全球范围内设立物流组织，形成反应灵敏、步调一致、信息沟通快捷的物流运作体系，才能适应电子商务提出的"三准原则"(即"准确的货物""在准确的时间""送到准确的地点")，并以尽可能低的成本和尽可能短的时间为全球客户提供优质的物流服务。

五、物流服务的多功能化与社会化

电子商务的物流要求物流企业提供全方位的服务，既包括仓储、运输服务，又包括配货、分发和各种客户需要的配套服务，使物流成为连接生产企业与最终用户的重要环节。电子商务要求物流的各个环节作为一个完整的系统进行统筹协调、合理规划，使物流服务的功能多样化，更好地满足客户的要求。

随着电子商务的发展，物流服务的社会化趋势也越来越明显。在传统的经营方式下，无论是实力雄厚的大企业，还是三五十人的小企业，一般都由企业自身承担物流职能，这就导致了物流高成本、低效率的结果。而在电子商务条件下，特别是对小企业来说，在网上订购、网上支付实现后，最关键的问题就是物流配送，如果完全依靠自己的能力来承担肯定是力不从心的，特别是在面对跨地区甚至跨国界的用户时将显得束手无策。因此，物流的社会化将是适应电子商务发展的一个十分重要的趋势。

案例 3-1

智慧物流：让生产更高效、生活更便利

2021 年全国快递行业揽收快件超 65.9 亿件，最高日处理量超过 4 亿件——今年的"618"购物节再次掀起了一波消费高潮。许多消费者惊喜地发现：以往订单量激增导致的快递"爆仓"现象基本没有了，通常是"昨晚刚下单，今早就到货"。快递处理工作量堪称"海量"，货物是如何快速送达的呢？这背后智慧物流功不可没。

(1) 智慧物流不仅提高了效率，还显著降低了成本，增强了安全保障。

所谓智慧物流，是指利用智能化技术，使物流系统能模仿人的智能，具有思维、感知、学习和推理判断能力，并能自行解决物流中的某些问题。中国科学院微电子所研究员、中科微至公司负责人李功燕说："简单来说，智慧物流就是用智能化的设备和系统，替代人工完成物流周期的各个环节。"

近些年来，随着人工智能、大数据、云计算、物联网等技术的发展，物流业在多个环节正逐步实现智能化。

在快递分拣环节，以前只能靠一个个拣货员每次拿起包裹扫一下二维码，然后根据包裹上贴的面单信息将包裹放到代表相应配送位置的区域，不但效率低，还容易出错。如今，以智能分拣装备为核心的多类型技术装备广泛应用，大大提高了快递分拣的效率，也解决了困扰行业多年的"爆仓"问题。

李功燕介绍，智能分拣系统采用图像高速识别技术，每秒能够识别上百个条形码，再结合传感、处理、控制等一系列先进的智能技术，就能够把包裹物品运送到指定的区域，从而实现精准的物品分拣。

物流行业的智能化发展不仅能提高消费者的线上购物体验，还能为生产和生活提供各种便利。智慧物流不仅提高了效率，还显著降低了成本，增强了安全保障。比如，自动驾驶技术在物流领域的应用就可以在效率、成本和安全等方面帮助企业提高效益。

(2) 智慧物流给物流行业和人们的生产生活带来了前所未有的改变。

京东亚洲一号武汉物流园的最新一代智能控制系统，是这个庞大的物流中心的智能大脑。它可以在 0.2 秒内计算出 300 多个机器人运行的 680 亿条可行路径，并作出最佳选择。分拣智能搬运机器人系统"小红人"在智能大脑的调度下，无论多忙碌，都不会撞车、打架；要是遇上"堵车"，它会自动重新规划路线；如果没电，它还会自动返回充电站充电。

这种场景越来越多地出现在国内各类物流行业。在传感器及识别、大数据、人工智能、地理信息系统等多项先进技术的支撑下，智慧物流给物流行业和人们的生产生活带来了前所未有的改变。

李功燕说："智慧物流对于战略性新兴技术，特别是新一代信息技术的应用，在广度和深度上超越了许多人的想象。"

在传统仓储中，需要人工对货物进行扫描、分拣以及入库，然后再手动录入系统。而在智慧仓库中，传感器及识别技术的应用让一切变得既简单又高效。

通过安装 RFID 标签对货物、托盘和操作硬件等资产进行标记，传送有关订单内容和位置等信息，工作人员就可以很轻松地获取每一件货物的所在位置，并实时监控货物的出入库情况，及时清点库存。

同样，在快递行业，基于深度神经网络的细粒度分拣码自动生成引擎技术，实现了对货品地址的自学习与自分析，能自动生成分拣和配送编码，直接取代了传统的邮政编码，实现了海量包裹的快速分拣和配送。

(3) 智慧物流将逐步成为推进行业发展的主要动力和路径。

智慧物流起源于 20 世纪中期，历经数十年发展，其专业化、技术化、信息化水平日益提升。由于产业发展较早，因此发达国家在智慧物流领域占有一定优势。全球领先的智慧物流装备企业多分布在欧洲国家、美国和日本等发达国家。

我国的智慧物流虽然起步较晚，但发展非常迅速。近些年来，我国智慧物流市场规模呈现阶梯式增长，2020 年突破 5 000 亿元。同时，依托人工智能、大数据等新一代信息技术，我国物流技术及装备后发超越的可能性极大。

李功燕说："在智能分拣、智能搬运机器人、自动化立体仓库等方面，我国的物流装备技术与国外的差距正在缩小，有的甚至实现了超越。"

专家表示，得益于供应链的优势和国内物流基础设施的大规模投入，我国的智慧物流技术装备在成本控制、研发效率等方面具备了明显的竞争优势，但在技术的原创性上还有待进一步加强和提高。

智慧物流的发展能够帮助整个社会提高物流效率，节省物流成本。中国物流与采购联合会此前发布的数据报告显示，预计到 2025 年，智慧物流每年将节省超过上万亿元的物流成本。随着新技术、新模式、新业态不断涌现，物流业与互联网深度融合，智慧物流将逐步成为推进物流业发展的主要动力和路径，也将为经济结构优化升级和提质增效注入强大动力。

任务二　企业自营物流模式

一、自营物流的内涵和表现形式

(一) 自营物流的内涵

企业自营物流是指从事电子商务的企业拥有全资或控股的物流公司，负责完成本企业的物流配送业务。随着电子商务的发展，物流显得愈发重要，一些大型的电商平台为了使用户有更好的购物体验，保证产品的物流配送时间及配送品质，纷纷建立自己的物流系统，如京东商城、唯品会、美团等都属于自营物流模式。

物流服务是企业的核心竞争力所在，从我国企业的具体情况来看，不少企业在全国范围内经营多年，都已建立起自己的分销渠道，有的企业自身拥有良好的物流网络、现代化的物流技术和管理经验。随着网络经济的发展，这些企业在运营电子商务时可通过不断整合自身资源、吸收外界资源来搞好自身物流网络建设，形成适合自己的物流配送体系，比如海尔集团成立的电子商务有限公司。

(二) 自营物流的表现形式

(1) 物流功能自备。物流功能自备一般指企业自备仓库、自备车队等，即企业拥有一个完备的自我服务体系。其中又包含两种情况：一是企业内部各职能部门能够彼此独立地完成各自的物流使命；二是企业内部设有物流运作的综合管理部门，通过资源和功能的整合，专设企业物流部或物流公司来统一管理企业的物流运作。

(2) 物流功能外包。自营物流也不是所有的物流活动全由企业本身完成，也可以把因本身设备或能力不足的功能外包，借助社会力量完善自己的物流体系。该种表现形式主要包括两种情况：一是将有关的物流服务委托给物流企业去做，即从市场上购买有关的物流服务，如由专门的运输公司负责原料和产品的运输；二是物流服务的基础设施为企业所有，但委托有关的物流企业来运作，如请仓库管理公司来管理仓库，请运输企业来管理现有的企业车队。

二、适合自营物流的企业

(一) 传统大型生产制造企业或批发零售企业

传统的大型制造企业或批发零售企业经营的 B2B 电子商务网站，由于其自身在长期的传统商务中已经建立起初具规模的营销网络和物流配送体系，因此在开展电子商务时只需将其加以改进、完善，就可满足电子商务条件下对物流配送的要求。

(二) 资金实力雄厚且业务规模较大的电子商务企业

这类企业凭借其庞大的连锁分销渠道，利用电子商务技术构建符合自身发展需求的物流体系，进行物流配送服务。建立的适应自身业务需要的畅通高效的物流系统也可为其他物流服务需求方提供第三方综合物流服务，充分利用自身的物资资源，实现规模效益。需要注意的有以下几个问题：

(1) 自营物流可以将有些功能外包。

根据自身条件，可以将有关的物流服务委托给专门的企业去做，即从市场上购买有关的物流服务(如向运输公司购买运输服务，向仓储企业购买仓储服务)。但这些服务只限于一次或者一系列分散的物流功能，而且是临时的、纯市场交易的服务。另外，即便物流服务的基础设施为自身所有，但也可以委托有关的物流企业来运作，如请仓库管理公司来管理仓库，或请专业物流企业来运作管理现有的企业车队。从产业进化的角度来看，这是一个进步。

(2) 自营物流应充分借助传统流通渠道。

对于已经开展传统商务的企业，可以建立基于网络的电子商务销售系统，同时也可以利用原有的物流渠道承担电子商务的物流业务。传统流通渠道在电子商务环境下依然有其不可替代的优势。首先，传统商业有良好的顾客基础，已经形成的品牌效应在很大程度上是配送信用的保证；其次，那些具有一定规模的连锁店、加盟经营店使准确及时配送在全国范围内成为可能；再次，由于传统渠道本身也存在商品配送任务，因此如果网站把商品配送任务交给传统流通渠道解决，那么可以充分利用一些闲置的仓储、运输资源，这比使用全新的系统降低了成本。

三、自营物流的优点

(1) 掌握供应链控制权。

采用自营模式的企业对企业内部的采购、生产加工和销售等环节，原材料和最终产成品的性能、规格，产品供应商及产品销售商的经营能力，都能掌握最详尽的资料，可以有效协调各个环节的物流活动，以较快的速度、较高的质量解决物流活动管理过程中出现的各种问题，获得供应商、销售商及客户最新、最真实的信息，以便随时调整企业自己的生产经营策略。

(2) 信息沟通渠道畅通。

由于全部由企业自己经营物流业务，因此采用自营模式的企业可以方便地管理整个物流流程，使物流部门和其他部门的信息沟通渠道畅通，为搞好物流提供了良好的环境。

(3) 盘活企业原有资产。

根据中国仓储协会的调查，目前生产企业中73%的企业拥有汽车车队和仓库，33%的企业拥有机械化装卸设备，3%的企业拥有铁路专用线，商业企业中36%的企业拥有汽车车队和仓库，7%的企业拥有机械化装卸设备。企业选择自营物流的模式，可以在改造企业自营管理结构和机制的基础上盘活原有物流资源，带动资金流转，为企业创造利润空间。

(4) 降低交易成本。

若选择物流外包，则由于信息的不对称性，企业无法完全掌握物流服务商完整、真实的资料。而企业通过内部行政权力控制原材料的采购和产成品的销售，可不必就相关的运输、仓储、配送和售后服务的佣金问题进行谈判，避免了多次交易的花费以及交易结果的不确定性，从而降低了交易风险，减少了交易费用。

(5) 避免商业秘密泄露。

对于任何一个企业来说，其内部的运营情况都处于相对封闭的环境下，这不仅是外界对企业运营的了解渠道匮乏的原因，更重要的是这是企业为了保持正常的运营，对某些特殊运营环节(如原材料的构成、生产工艺等)不得不采取保密手段的结果。当企业将运营中的物流要素外包，特别是引入第三方来经营其生产环节中的内部物流时，其基本的运营情况就不可避免地要向第三方公开。而在某一行业专业化程度高、占有较高市场份额的第三方会拥有该行业的诸多客户，这些客户正是企业的竞争对手，企业物流外包就可能会通过第三方将企业经营中的商业秘密泄露给竞争对手，从而削弱企业的竞争力。

(6) 提高企业品牌价值。

企业自建物流系统，就能够自主控制营销活动。一方面，可以亲自为顾客服务到家，使顾客以最近的距离了解企业、熟悉产品，提高企业在顾客群体中的亲和力，提升企业形象，让顾客切身体会到企业的人文关怀；另一方面，企业可以掌握最新的顾客信息和市场信息，从而根据顾客需求和市场发展动向调整战略方案，提高企业的竞争力。

四、自营物流的缺点

(1) 企业投入巨大。

电子商务公司自营物流所需的投入非常大，建成后对规模的要求很高，只有大规模才能降低成本，否则企业将会长期处于不盈利的境地。此外，投资成本较大，时间较长，对于企业柔性也有不利影响。

(2) 管理难度大。

对于绝大部分企业而言，物流并不是企业擅长的活动。在这种情况下，企业自营物流就等于迫使自己从事不擅长的业务活动，企业的管理人员往往需要花费过多的时间、精力和资源去从事物流工作，结果可能是既没有做好辅助性工作，又没有发挥关键业务的作用。

(3) 配送成本较高。

对规模较小的企业来说，企业产品数量有限，采用自营物流不足以形成规模效应。如此一来，一方面，会导致物流成本过高，产品成本升高，降低市场竞争力；另一方面，出于规模的限制，物流配送的专业化程度较低，企业的需求无法得到满足。

(4) 抵御风险的能力被削弱。

自营物流需要企业投入大量的资金用于运输设备、仓储设备以及相关的人力资源，企业在对自营物流系统大量投入的同时，势必会影响企业对其他重要环节的投入，如此会使企业的市场竞争能力降低，抗风险能力减弱。

(5) 不利于核心竞争力的提高。

对于非物流企业来说，尽管在有的条件下，物流对自身的活动有着重要的影响，但物流并非企业自身的核心业务，也并非企业自身最擅长的业务，如果采取自营物流，一方面会减少对核心业务的投入，另一方面企业管理人员需花费过多的时间、精力和资源去从事物流工作，会削弱企业的核心竞争力。

(6) 无法准确评估效益。

许多自营物流的企业内部各职能部门独立地完成各自的物流活动，没有将物流费用从整个企业分离出来进行独立核算，因此企业无法准确地计算出产品的物流成本，进而无法进行准确的效益评估。

 案例 3-2

京东自营物流

京东集团从 2007 年开始自建物流，于 2017 年 4 月正式成立京东物流集团，2021 年 5 月，京东物流于香港联交所(SEHK)主板上市。京东物流是中国领先的技术驱动的供应链解决方案及物流服务商，以"技术驱动，引领全球高效流通和可持续发展"为使命，致力于成为全球最值得信赖的供应链基础设施服务商。

一体化供应链物流服务是京东物流的核心赛道。目前，京东物流主要聚焦于快消、服装、家电家具、3C、汽车、生鲜六大行业，为客户提供一体化供应链解决方案和物流服务，帮助客户优化存货管理，减少运营成本，高效分配内部资源，以实现新的增长。同时，京东物流将长期积累的解决方案、产品和能力模块化，以更加灵活、可调用与组合的方式满足不同行业的中小客户的需求。

京东物流建立了包含仓储网络、综合运输网络、最后一公里配送网络、大件网络、冷链物流网络和跨境物流网络在内的高度协同的六大网络，具有数字化、广泛和灵活的特点，服务范围覆盖了中国绝大部分地区，不仅建立了中国电商与消费者之间的信赖关系，还通过 211 限时达等时效产品和上门服务重新定义了物流服务标准。在 2021 年，京东物流助力约 90% 的京东线上零售订单实现当日和次日达，客户体验持续领先行业。截至 2022 年 3 月 31 日，京东物流运营约 1 400 个仓库，含云仓生态平台的管理面积在内，京东物流仓储总面积超过 2 500 万平方米。

京东物流早期仅提供仓配服务。2018 年，京东物流发布全球化战略，携手伙伴共建全球智能供应链基础网络(GSSC)，推出了京东供应链、京东快递、京东快运、京东冷链、京东云仓、京东跨境六大产品。同时，个人快递业务上线。至今京东已经形成了完整的物流产品矩阵。

(1) 京东物流核心产品一：仓配服务，从自营到赋能。

仓配服务内容具体包括头程运输服务(工厂到仓库)、多级仓配服务(入仓及出库至终端消费者)、物流技术服务以及增值服务。对于仓储服务的定价，一般包括存储、库存、检查、标签、包装以及其他方面，每项定价均由一系列因素(包括商品的尺寸及重量、存储周期及包装材料类型等)而决定。京东物流的标准化定价是基于其涉及的估计成本及类似服务的市场费率厘定并定期更新的，而不考虑客户的个别情形。客户应支付的总费用是根据每项服务操作的费率(通常参考标准化定价的折扣，但也经常根据每个客户的情况和偏好进行厘定)及执行此类服务操作的次数计算的。

仓储资源是仓配服务的核心。目前京东物流的仓配服务根据仓储资源类型的不同分为两类；一类是京东物流全流程自己经营的商务仓服务，主要服务于京东商城自营业务；另一类是云仓服务，也叫经济仓服务。

(2) 京东物流核心产品二：对外开放后推出快递和快运服务。

快递和快运是整个大物流市场中最主流的服务之一。其中，快递是大物流市场中规模效应最强、盈利能力最优的细分市场，也孕育了顺丰、中通等千亿市值的公司；快运市场也是大物流市场中具有很多机会的市场，是各大快递公司服务延伸的目标市场之一，也孕育了不少优秀的快运公司，比如顺丰快运、安能物流、德邦股份、中通快运、百世快运等。京东物流快递和快运业务拓展进程如表 3-1 所示。京东物流快递服务内容如表 3-2 所示。

表 3-1　京东物流快递和快运业务拓展进程

时　间	重　要　事　件
2018 年 10 月	京东物流正式开启开通个人快递业务。前期揽收先覆盖北上广三座城市，第二年再逐步扩大范围
2018 年 11 月	京东物流开始试运营快运业务，揽收范围包括全国 36 个城市，采用直营业务模式
2019 年 4 月	京东物流的个人快递业务揽收范围拓展至 50 个城市；同期，京东快递依托航空运力推出了"特快送"产品，满足商家与消费者对于高时效包裹的需求
2020 年 4 月	京东快递宣布在全国七大区 140 余个城市正式推出"特快通"时效承诺产品
2021 年 4 月	京东快递宣布再次启动时效提速。随着该计划的实施，一、二线城市消费者发省内快递 100%次晨达覆盖，更多的三、四线城市将纳入"跨省寄递 24 小时服务圈"

表 3-2　京东物流快递服务内容

品　类	服　务　特　点
特快通	高端产品，承诺一小时上门揽件，最快当日送达，保障优先派送、时效最优
特惠送	中低端产品，价格优惠，性价比高
同城速配	最快 30 分钟(含上门时间)专人直取直送的同城范围内即时配送服务
生鲜特快	时效稳、品质高、多温层的门到门生鲜专属寄递包装服务
生鲜特惠	价格优惠、覆盖广、多温层、有保障的生鲜专属寄递服务
京尊达	特色增值服务，专车专人，统一西装，定制包装，提供尊贵的收货体验
代收货款	特色增值服务，按照寄件客户(卖方)与收件客户(买方)达成的交易协议，为寄件客户提供便捷的快件寄递，同时向收件客户收取货款并按约定时间转交至寄件客户的服务

Ｚ 任务三　第三方物流模式

第三方物流自 20 世纪 80 年代在欧美等工业发达国家出现以来，其独特的魅力受到了企业的青睐并得到了迅猛发展，被誉为企业发展的"加速器"和21世纪的"黄金产业"。完善的第三方物流企业能够提供货主所需的所有环节的物流服务，包括仓库存货代理、运输代理、托运代办、通关代理等业务。第三方物流可以帮助企业提高劳动生产率、降低成本、增加灵活性。企业在未来对第三方物流服务的利用率将会越来越高，范围也将越来越广。

一、第三方物流的内涵

第三方物流(Third Party Logistics，3PL 或 TPL)也被称作委外物流或合约物流，指的是由独立于物流服务供需双方之外且以物流服务为主营业务的组织提供物流服务的模式。第三方物流利用现代信息技术手段，以物流服务为主营业务，为客户提供物流信息、物流流程设计、物流方案选择、物流执行、物流控制、物流评价、物流咨询等全方位的物流服务。第三方物流企业一般不拥有货物所有权，主要通过与客户签订合同，为客户提供物流服务，自负盈亏，承担风险。

根据运作主体的不同，物流的运作模式可以分为第一方物流、第二方物流以及第三方物流。第一方物流(First Party Logistics，1PL)是指由卖方、生产者或供应方组织的物流，这些组织的核心业务是生产和供应商品，为了满足生产和销售业务需要而进行物流自身网络及设施设备的投资、经营与管理。第二方物流(Second Party Logistics，2PL)是由买方、销售者组成的物流，这些组织的核心业务是采购并销售商品，为了开展销售业务而投资或建设物流网络、物流设施和设备，并进行具体的物流业务运作和管理。第三方物流管理是20世纪80年代中期由欧美学者提出的。在1988年美国物流管理委员会的一项顾客服务调查中，首次提到了"第三方物流提供者"一词。自20世纪80年代开始，一方面企业的剥离意识不断增强，另一方面物流服务商的服务能力不断提高，一些厂商开始尝试将部分物流业务委托给专业化的物流服务商，在得到能够降低成本、提升服务的印证后，一些企业甚至开始将全部物流业务外包出去。

随着信息技术的发展和经济的全球化发展，越来越多的产品在世界范围内流通、生产、销售和消费，物流活动日益庞大和复杂，而第一、二方物流的组织和经营方式已不能完全满足社会需要；同时，为参与世界性竞争，企业必须确立核心竞争力，加强供应链管理，降低物流成本，把不属于核心业务的物流活动外包出去。第三方物流是社会化、专业化的一种物流形式。它是在企业生产和销售外的专业化物流组织提供的物流，而不是某一企业内部专享的服务。

第三方物流有广义和狭义两种理解。广义的第三方物流是相对于自营物流而言的，凡是社会化的专业物流企业按照货主的要求从事的物流活动都可以包含在第三方物流范围之内。狭义的第三方物流主要是指能够提供现代的、系统的物流服务的第三方物流。

第三方物流在全球范围内发展迅速，方兴未艾，它是经济发展和社会需求的产物。第三方物流的操作方式是根据合同条款规定的要求，提供多功能、全方位的物流服务。与传统的以运输合同为基础的运输公司相比，第三方物流企业在服务功能、客户关系、涉及范围、竞争趋势、核心能力以及买方价值等方面发生了巨大的变化，如表3-3所示。

表 3-3 第三方物流的变化

类 别	运输合同	物流外包	SCM(供应链管理,即第三方物流)
服务功能	简单功能	多功能	多功能集合,增加宽度和复杂性
客户关系	交易	长期协议	战略合作伙伴关系
涉及范围	本地、地区性	跨区域	全球化、门到门的区域
竞争趋势	分散	合并、联盟	比较分散,战略联盟使小型变大型
核心能力	资产和过程执行	从资产型向信息型转变	以信息和知识为主
买方价值	减少	地域扩张	优化成本、优化服务

二、第三方物流的特征

第三方物流具有如下特征:

(1) 关系合同化。

普通的运输或仓储合同往往只针对一次性交易,只包含一项或分散的几项物流服务,而第三方物流则根据合同条款规定的要求,提供多功能甚至全方位的物流服务,它满足的不是一般性的临时需求,而是一段时间内的需求。

第三方物流是通过契约形式来规范物流经营者与物流消费者之间的关系的。首先,物流经营者根据契约规定的要求,提供多功能直至全方位一体化物流服务,并以契约来管理所有物流服务活动及其过程。其次,第三方物流发展物流联盟也是通过契约的形式来明确各物流联盟参加者之间权责利的相互关系的。

(2) 服务个性化。

① 第三方物流的服务对象一般较少,只有一家或数家,服务时间却较长,往往为几年。这是因为需求方的业务流程各不相同,而物流、信息流是随价值流而流动的,所以要求第三方物流服务应按照用户的业务流程来设计。传统的运输、仓储企业由于服务对象众,因多,因而只能提供单一、标准化的服务,无法满足用户的个性化需求。

② 不同的物流消费者存在不同的物流服务要求,第三方物流需要根据不同物流消费者在企业形象、业务流程、产品特征、顾客需求特征、竞争需要等方面的不同要求,提供针对性强的个性化物流服务和增值服务。

③ 从事第三方物流的物流经营者也因为市场竞争、物流资源、物流能力的影响需要形成核心业务,不断强化所提供物流服务的个性化和特色,以增强物流市场的竞争能力。

(3) 功能专业化。

第三方物流提供的是专业的物流服务。从物流设计、物流操作过程、物流技术工具、物流设施到物流管理必须体现专门化和专业水平,这既是物流消费者的需要,也是第三方物流自身发展的基本要求。

(4) 管理系统化。

第三方物流应具有系统的物流功能,这是第三方物流产生和发展的基本要求,第三方物流需要建立现代管理系统才能满足其运行和发展的基本要求。

(5) 信息网络化。

信息技术是第三方物流发展的基础。在物流服务过程中，信息技术发展实现了信息实时共享，促进了物流管理的科学化，极大地提高了物流效率和物流效益。

现代信息技术的发展是第三方物流产生的必要条件。计算机、网络和通信技术促进了数据处理的实时化、数据传递的高速化，使库存管理、运输、采购、订单处理、配送等物流过程自动化、一体化的水平不断提高，用户可以方便地通过信息平台与物流企业进行交流和协作，这就使用户企业有可能把原来在内部完成的物流作业交由物流公司运作。

(6) 与用户企业是联盟伙伴关系。

第三方物流企业与用户(或货主)企业不是一般的市场交易关系，而是介于市场交易与纵向一体化(即企业内部提供物流服务)之间的联盟伙伴关系。这就要求物流企业与用户企业之间相互信任，充分共享信息，共担风险并共享利益，以达到比单独从事物流活动所能取得的更好效果，即双赢。

三、电子商务与第三方物流的关系

电子商务与第三方物流的关系如下：

(1) 第三方物流是电子商务配送的第一选择。

第三方物流具有先天的优势，绝大多数电子商务公司会将第三方物流作为配送的第一选择。一般的电子商务公司不具备亚马逊和沃尔玛那样自营物流系统的能力，它们需要将更多的精力投入产品的开发领域。因此，它们通过与第三方物流企业建立合作联盟的方式，构建自己的竞争优势，在市场竞争中获胜。

(2) 第三方物流是电子商务的支点。

物流是"四流"(信息流、商流、资金流、物流)中最为特殊和必不可少的一环，没有物流业的发展，尤其是第三方物流的发展，电子商务的优势会受到巨大的限制。电子商务只有以第三方物流为支点，才能实现发展上的成功跳跃。

(3) 电子商务是推动第三方物流快速发展的重要因素。

电子商务信息技术的发展促进了第三方物流服务商向信息化、网络化、智能化升级。随着电子商务信息技术的不断进步，电子商务的流程也越来越精细和复杂，第三方物流服务商只有依靠先进的网络信息技术，才能不断地提高适应性和灵活性，实现物流活动的信息化和网络化的发展需求。

(4) 电子商务是第三方物流整合内部资源的内在动力和外在需求。

电子商务的运营本身是无国界的，打破了传统经营方式中地理范围的限制。但是电子商务为众多企业拓展边界的同时，也对企业的物流配送提出了全球化服务的要求。物流配送的全球化趋势使得生产企业不得不依靠专业的第三方物流企业提供物流配送服务，并且它们之间的关系变成了新型的战略合作伙伴关系。

(5) 电子商务为第三方物流提供了空前的发展机遇。

电子商务高效的运行效率需要高效的物流运作与之相配套，第三方物流成为满足企业电子商务配送需求的首选。

四、电子商务企业利用第三方物流的利弊

(一) 电子商务企业利用第三方物流的利

(1) 有利于企业集中精力在核心业务上。

任何企业的资源都是有限的，企业很难在业务上面面俱到，为此，电子商务企业应把自己的主要资源集中于自己擅长的主业，如电子商务平台的建设、网络营销、订单处理、信息收集、安全支付服务等，而把物流等不擅长的业务交给专业的物流公司来做。

(2) 减少固定资产投资，降低投资风险。

电子商务企业自建物流需要投入大量的资金购买物流设备，建设仓库和信息网络，这些资源对缺乏资金的企业，特别对中小电子商务企业来说是个沉重的负担。另外，资金一旦投入，由于管理的非专业化和资产的专用性，企业还会面临无法收回投资和资产处理困难的风险。如果使用第三方物流公司，则不仅减少了设施的投资，还可以利用第三方物流企业的专业化管理能力降低库存，加速资金周转，减少资金风险。

(3) 充分发挥专业化管理和规模优势。

第三方物流企业专注于物流业务，可以站在物流系统的高度，利用自身专业化的物流规划能力、信息技术处理能力和协调平衡能力使物流系统各个功能有机配合，实现总体成本的最低化。由于第三方物流企业面向社会承接业务，因此可以实现规模化配送，最大限度地减少车辆空载和仓库限制，充分利用物流资源。

(4) 为顾客提供更高水平的服务。

物流服务水平是企业实力的一种体现。拥有完善的信息网络和节点网络的第三方物流企业能够加快客户订货的反应能力，加快订单处理，缩短交货时间，实现货物"门对门"运输，提高顾客满意度。第三方物流企业严格监控在途货物，可以及时发现并处理配送过程中的意外事故，保证货物安全送达。另外，产品的售后服务、退货处理、废品回收也可以由第三方物流企业来完成，保证为客户提供全面且高水平的服务。

(二) 电子商务企业利用第三方物流的弊

与自营物流相比较，第三方物流在为企业提供上述便利的同时，也会给企业带来诸多不利：企业不能直接控制物流职能，不能保证供货的准确性和及时性，不能保证顾客服务的质量，不能维护与顾客的长期关系，企业将放弃对物流专业技术的开发等。比如，企业在使用第三方物流时，第三方物流公司的员工经常与该企业的客户交往，此时，第三方物流公司会通过在运输工具上喷涂它自己的标志或让公司员工穿着统一服饰等方式来提升第三方物流公司在顾客心目中的整体形象，从而取代该企业的地位。

五、电子商务企业利用第三方物流的主要类型

对外包模式进行选择时，既要考虑企业自身的实际情况，也要考虑内外环境等因素。一般来说，企业实施物流外包的模式主要有以下两种。

(一) 部分外包(专项业务外包)

部分外包是指将物流管理职能工作的一部分外包给第三方物流服务机构，其他部分继续由企业自身负责。这种外包模式有利于企业根据自己在物流业务中的优劣采取适宜的外包模式，且容易把握和达到外包目的。

(二) 整体外包

整体外包是指将一项完整的物流职能全部外包给第三方物流服务机构。例如，将企业物流规划、物流设计、物流信息管理、物流运作等相关工作整体外包。这种模式可以帮助企业尽可能减少非核心业务的影响，提高核心竞争力。

六、电子商务企业利用第三方物流的实施步骤

(一) 确定外包对象

在准备实施物流外包服务之前，必须明确界定某一职能业务的属性。通常安全性是首要考虑的，同时也要注意不能把关系企业核心业务的部分外包出去。

(二) 选择合适的服务提供商

企业外包物流业务确定后，就要考虑如何选择外包服务提供商，一般应从以下几个方面来考虑：
(1) 外包服务价格。
(2) 服务提供商的信誉和质量。
(3) 自身物流业务量的大小。

(三) 确定外包方式

一般来说，外包方式与外包服务提供商的类型有关。物流外包服务提供商主要有三大类：第一类是物流代理机构，如国际货物运输领域广泛存在的代理机制；第二类是专业的物流服务机构，如中海物流、宝供物流等，它们专门为企业物流外包提供服务；第三类是高等院校、科研院所的物流专家或研究机构，由他们来为企业出谋划策是非常可行的，如对物流业务人员进行培训、对物流业务流程进行设计等。

(四) 实施物流外包并提供相关服务

企业在外包实施过程中需要积极参与其中，其主要工作包括两方面：一是防范与控制外包风险；二是企业物流管理部门还要积极配合，为外包服务机构提供必要的信息和资料等。

案例 3-3

顺丰国际一站式端到端物流——助力中国企业扬帆出海

河北秦皇岛市山海关区素有"中国樱桃之乡"的美誉，全区大樱桃栽培面积达 3.2 万亩，是国家级大樱桃生产标准化示范区。肉质软嫩、色泽诱人的大樱桃被誉为"百补之王"。

最让当地果农高兴并为之自豪的，不仅仅是樱桃在丰收的季节在全国各地畅销，最重要的是仅用时 26 小时就能让海外的食客一解馋虫，大快朵颐。仅用时 26 个小时，河北秦皇岛的樱桃就从果园出现在了新加坡的超市货架上，餐桌、宴会上，每一个包裹承载爱意，每一粒樱桃拉近距离。秦皇岛大樱桃从果园到新加坡超市的"闪现"，看似简单，背后却离不开第三方物流企业的助力！

(1) 定制化生鲜跨境物流解决方案，为海外食客"种草"中国鲜货。

在接到秦皇岛大樱桃的海外运输需求后，顺丰国际团队快速统筹，调集各方资源，高效完成前期开航准备工作，为将秦皇岛大樱桃 26 小时运抵新加坡制订从采摘、运输、清关到抵达目的地全流程定制化的解决方案。顺丰国际运用充足的自营全货机资源和外部运力资源，结合稳定的清关保障能力和专业控温锁鲜能力，为客户提供了一站式特色生鲜出口运输解决方案，将中国特色农产品极速运往全球，让世界各地的人们都能尝到中国美味，也给海外华人直接带去了家乡的新鲜滋味，一解乡愁。

依托顺丰航空 66 架自营全货机资源以及国内外网络资源，顺丰国际快速布局区域航线及洲际远程航线，2020 年共开通 30 条国际全货机航线，全年全货机国际航线总计运量约 9 万吨。而 2021 年上半年，顺丰国际持续新开通深圳至洛杉矶、深圳至马尼拉、武汉至河内等 9 条国际全货机航线，全货机国际航线总计运输货量已达 8 万吨。同时，顺丰国际近年来持续加码多种运力，通过空运、陆运、海运、铁运多种方式，大力拓展运输网络，为服务客户提供稳定畅通的国际物流运力支持。

同时，顺丰国际不断完善清关保障能力。在国内，顺丰国际拥有 16 个国际出口口岸、6 个国际操作中心，在 8 个城市获得海关 AEO 高级资质认证。在海外，顺丰国际在美国、新加坡、韩国、蒙古国、日本、马来西亚等国已拥有自营清关口岸，可以根据客户需求提供多种报关方式，以提升报关效率。

(2) 助力双循环，一站式端到端运全球。

当下，我国已形成了国内国际双循环的新发展格局，助力"双循环"，物流先行。据顺丰国际相关负责人介绍，除了生鲜农产品，针对 3C 电子产品、医药产品、免税商品等不同品类、不同要求的跨境配送，顺丰国际也有相应定制化的端到端跨境物流解决方案。

长期以来，在跨境物流领域，大多数物流公司通过整合仓、干、运、配等各个环节的代理第三方资源开展业务，这种"组局搬砖"的方式虽在前期可节约大规模的基础资产投入，但由于在运力、人员等方面的把控上自主性不足、抗风险能力低，因此无法以实惠的价格为客户提供一体化全流程的物流服务，直接影响了服务水平。而顺丰国际依托自营全货机资源，在全球逐步搭建起可靠的自营服务网络和本地化服务团队，科技赋能并支持海外布局发展物流全场景，全力保障了跨境物流方案稳健运行，成为众多出海企业理想的长期物流合作伙伴。据介绍，目前顺丰国际在海外 20 多个国家及地区设有分支机构，建有 15 个海外仓，国际快递业务覆盖 78 个国家，国际电商小包业务覆盖 225 个国家及地区。

在 3C 电子产品方面，早在 2018 年，顺丰国际"深圳=金奈"全货机就承接了国内知名 3C 公司的手机零部件配送的长期项目。医药产品方面，2021 年 7 月，由顺丰航空 B767 货机执飞，顺丰国际首班"疫苗包机"搭载 125 万剂国产新冠疫苗从北京顺利飞抵邻国吉尔吉斯斯坦首都比什凯克。而针对免税商品的跨境运输，顺丰国际与海南顺丰速运携手，推出"海外集货、干线运输、清关通关、仓库储存和订单履行、尾程配送"全流程、端到端的物流解决方案。

顺应国际形势新发展，顺丰国际多年来大力发展海陆空铁运输、清关、科技等能力，积极布局国际业务，整合内外资源，不断提升国际物流和供应链服务的核心能力，打造客制化、个性化跨境物流解决方案，实现一站式端到端服务，为中国消费者带来了更丰盛的国际产品，同时帮助中国企业走出国门，打开国际市场。

任务四　物流联盟模式

一、物流联盟的概念及特征

(一) 物流联盟的概念

物流联盟(Logistics Alliance)是指两个或两个以上经济组织为实现特定的物流目标而采取的长期联合与合作的组织形式。换句话说，物流联盟是指在物流方面通过签署合同形成优势互补、要素双向或多向流动、相互信任、共担风险、共享收益的物流伙伴关系。物流联盟是介于独立的企业与市场交易关系之间的一种组织形态，也是物流需求方即各种生产制造企业、商贸流通企业和物流企业间由于自身某些方面发展的需要而形成的相对稳定的、长期的契约关系。

物流联盟是介于自营和外包之间的物流模式，可降低这两种模式的风险。物流联盟是为了达到比单独从事物流活动取得更好的效果，企业间形成的相互信任、共担风险、共享利益的物流伙伴关系。企业之间不完全采取导致自身利益最大化的行为，也不完全采取导致共同利益最大化的行为，只是在物流方面通过契约形成优势互补、要素双向或多向流动。

物流联盟是动态的，只要合同结束，双方又变成追求自身利益最大化的单独个体。狭义的物流联盟存在于非物流企业之间，广义的物流联盟包括第三方物流。电子商务企业与物流企业组成物流联盟，一方面有助于电子商务企业降低经营风险，提高竞争力，还可以使企业从物流伙伴处获得物流技术和管理技巧；另一方面也使物流企业有了稳定的货源。当然，物流联盟的长期性、稳定性会使电子商务企业改变物流服务供应商的行为变得困难，电子商务企业必须对今后过度依赖物流伙伴的局面作周全考虑，因此，是否组建物流联盟，作为电子商务企业物流战略的决策之一，其重要性是不言而喻的。

(二) 物流联盟的特征

一般来说，组成物流联盟的企业之间具有很强的依赖性，物流联盟的各个组成企业明确自身在整个物流联盟中的优势及担当的角色，内部的对抗和冲突较少，分工明晰，使供应商把注意力集中在提供客户指定的服务上，最终提高了企业的竞争能力和竞争效率，满足企业跨地区、全方位物流服务的要求。物流联盟的风险在于容易对战略伙伴产生过分依赖的心理，由于资产的专用性和信息的不对称性而可能导致企业蒙受损失，还可能造成核心竞争力的丧失。

西方国家将这种公司合作关系的特点归纳为"8I"。

(1) 个体的优秀(Individual Excellence)：合作双方都是有实力的，并且都有一些有价值的东西贡献给这种合作关系。它们加入这种关系的动机是积极的(追寻未来的机会)，而不是消极的(掩盖弱点或逃避困境)。

(2) 重要性(Importance)：这种关系适合合伙人的主要战略目标，如实现系统的双赢，而且在长期的合作目标中，这种关系扮演着关键的角色。

(3) 相互依赖(Interdependence)：合作者彼此需要，他们拥有互补的资产和技术，任何一方都无法单独完成双方合作才能完成的事情，即双方具有充分信任的基础。

(4) 投资(Investment)：合作者彼此投资(如通过等价交换、交叉物权，或者相互提供服务等)，以显示其在合作关系中的投入，并通过这种投入显示其长期合作的诚意。

(5) 信息(Information)：双方进行充分的信息交流和共享，包括他们的目标、技术数据、成本、进度、质量控制等信息，运用 EDI 和 Internet 进行充分的交流。

(6) 一体化(Integration)：经过一定的制度安排，对物流系统功能、资源、网络要素及流动要素进行统一规划、管理和评价，通过要素之间的协调和配合完成物流的整体运作。

(7) 制度化(Institutionalization)：把联盟关系规范并固定下来，并明确责任。这种关系不会因为人为的因素或者一时冲动遭到破坏。

(8) 诚信(Integrity)：合作者彼此之间的行为采用使人尊敬的方式，以证明和强化相互间的信任。他们不滥用得到的信息，彼此之间也不搞破坏。

二、物流联盟的建立方式

物流企业联盟有不同的建立方式，主要包括如下几种。

(一) 纵向一体化物流战略联盟

纵向一体化物流战略联盟是指处于物流活动不同作业环节的企业之间通过相互协调形成的合作性、共同化的物流管理系统。针对我国的实际情况，在不同物流作业环节具有比较优势的各个物流企业之间可以进行合作或形成一体化供应链。

(二) 横向一体化物流战略联盟

横向一体化物流战略联盟是指相同地域或者不同地域但服务范围相同的物流企业之间达成的协调统一运营的物流管理系统。例如，对具有专线运输优势的中小型民营物流企业而言，可以通过自发整合、资产重组、资源共享，依靠自身优势，在短时间内形成合力和核心竞争力，而且可以自己研发信息系统，使企业在物流领域实现质的突破，形成一个完善的物流网络体系。

此外，由处于平行位置的几个物流企业结成联盟也是横向联盟的一种形式。组建横向一体化物流战略联盟能使分散的物流产业获得规模经济和集约化运作，从而降低成本和风险。

(三) 混合型物流战略联盟

混合型物流战略联盟是指既有处于平行位置的物流企业加盟，也有处于上下游位置的中小企业加盟，他们的核心是第三方物流机构。由于同一行业中多个中小企业存在着相似的物流需求，因而第三方物流机构水平一体化物流管理可使它们在物流方面合作，使社会分散的物流获得规模经济，提高物流效率。这种物流战略联盟可使众多中小企业联盟成员共担风险，降低企业物流成本，并能从第三方物流机构得到过剩的物流能力与较强的物流管理能力，提高企业的经济效益。同时，第三方物流机构通过统筹规划，能减少社会物流资源的浪费，减少社会物流过程的重复劳动。

三、物流联盟的选择

物流联盟模式选择的本质是联盟伙伴的选择，它是建立物流联盟的基础和关键环节，慎重地选择合作对象是联盟顺利发展的前提条件。有学者提出"兼容、能力和承诺"的原则。兼容，即物流伙伴之间通过事先达成协议建立互惠合作的关系，并使联盟内各伙伴成员在经营战略、经营方式、合作思路以及组织结构、管理方式等方面保持和谐一致。合作伙伴必须具备一定的能力，能够弥补本企业的薄弱环节，只有这样才能建立互惠关系。物流企业与物流劳务的供需双方形成紧密的战略合作伙伴关系，也可促进联盟关系的发展。

物流联盟可依据以下步骤选择联盟对象：

(1) 在进行认真分析的基础上制订企业长远的战略目标。

(2) 根据企业的战略目标，寻找互补的合作伙伴。

(3) 对潜在的合作伙伴作出评估。

四、物流联盟的优势

物流联盟的优势如下：

(1) 从建立物流联盟的安排看，物流联盟的建立最明显的效果就是在物流合作伙伴之间减少了相关交易费用。由于物流合作伙伴之间经常沟通与合作，因此搜寻交易对象信息方面的费用大为降低；通过长期提供个性化的物流服务建立起来的相互信任与承诺，可减少各种履约的风险；物流契约一般签约时间较长，长期的了解易于减少在服务过程中产生的冲突。

(2) 从构建物流联盟的过程看，联盟企业通过寻找合适的合作伙伴，能够有效地维持物流联盟的稳定性。双方出于自身的利益选择有效的长期合作是最优策略，进而双方可以充分依靠建立联盟机制协调形成的内部环境，减少交易的不确定性和交易频率，降低交易费用，实现共同利益最大化。

(3) 从建立物流联盟的绩效看，一个稳定、长期的合作会激励双方把共同的利润做大，获得稳定的利润率。从物流发展的角度看，物流联盟是企业与专业物流服务商建立的一种现代物流合作形式。在物流联盟中，随着物流组织的发展，供应链中的联系会进一步加深，也会通过协作加深用户的物流需求，双方开展持续、诚信的合作，可以相互学到对方的优点，如技术优势、丰富的经验等。

三种物流模式的优劣势比较如表 3-4 所示。

表 3-4　三种物流模式的比较

优劣势	自营物流	第三方物流	物流联盟
优势	有效控制物流业务运作；可以加强客户沟通，提升企业形象；使服务更加快速、灵活	集中精力在核心业务；减少固定资产投资，降低投资风险；具有专业化的管理和规模优势；提供更高水平的服务	可以降低经营风险和不确定性；减少投资；获得物流技术和管理技巧
劣势	一次性固定投入较高；对物流管理能力要求高；很难满足企业地域扩张的需要	不能直接控制物流职能；不能保证供货准确和及时；不能保证顾客服务的质量，不能维护与顾客的长期关系；企业将放弃对物流专业技术的开发	选择、更换物流伙伴比较困难

五、影响企业选择物流模式的因素

企业在进行物流决策时，应根据自己的需要和资源条件，综合考虑以下主要因素，慎重选择物流模式，以提高企业的市场竞争力。

(一) 企业对物流控制力的要求

在市场竞争越发激烈的行业，企业越要强化对供应和分销渠道的控制，此时企业应该自营物流。一般来说，若最终产品制造商对渠道或供应链过程的控制力比较强，则往往选择自营物流，即作为龙头企业来组织全过程的物流活动，制订物流服务标准。

(二) 企业产品自身的物流特点

对于大宗工业品原料的回运或鲜活产品的分销，应利用相对固定的专业物流服务供应商或短渠道物流；对全球市场的分销，宜采用地区性的专业第三方物流企业提供支援；对于产品线单一的企业，则应在龙头企业统一下自营物流；对于技术性较强的物流服务，如口岸物流服务，企业应采用委托代理物流的方式；对于非标准设备的制造商来说，企业自营物流虽有利可图，但还是应该交给专业第三方物流企业去做。

(三) 企业的规模和实力

一般来说，大中型企业由于实力较雄厚，通常有能力建立自己的物流系统，制订合适的物流需求计划，保证物流服务的质量。另外，还可以利用过剩的物流网络资源拓展外部业务。而中小企业则受人员、资金和管理资源的限制，物流管理效率难以提高，此时，企业为把资源用在主要的核心业务上，就应该把物流管理交给第三方专业物流公司。

(四) 物流系统总成本

在选择自营还是物流外包时，必须弄清两种模式的物流系统总成本。因为成本之间存在着二律背反现象(例如，减少仓库数量时，可降低仓储费用，但会因为运输距离和次数的增加而导致运输费用增加，如果运输费用的增加部分超过了仓储费用的减少部分，则总的物流成本反而是增大的)，所以，在选择和设计物流系统时，要对物流系统的总成本加以论证，最后选择成本最小的物流系统。

(五) 外包物流的客户服务能力

在选择物流模式时，考虑物流成本虽然很重要，但外包物流为企业及企业客户提供服务的能力是选择物流服务时应重点考虑的。企业选定自营物流后，在选择具体的自营物流方式时，主要看企业是否将物流业务作为企业利润的增长点，以及该选择是否符合企业的总战略。

任务五　新型物流模式

物流自 20 世纪 20 年代产生于美国，经过一百多年的发展，其对国民经济的作用已被各国所认同。我国从 20 世纪 80 年代初开始探索物流行业，经过长期的探索和研究，形成了完整的物流理论体系和配套的物流产业系统，特别是互联网的发展、产业结构的调整使全民对物流的重视程度提高到了新的层次，从对物流的表面认识深入到物流的实体运作。政府及企业都在寻找新的经济增长点，很多企业已经意识到物流会对企业的发展产生积极的促进作用，而政府也在制定规划中发现，如果任凭物流企业按利润最大化原则自由发展物流系统的话，势必对城市布局、环境造成不利影响，因此，政府也想通过建立综合的物流系统来解决这些问题。但物流所涉及的领域涵盖范围广，系统性强，特别是随着经济的发展，其理论外延不断扩大，这些对建立综合物流系统形成了很大的影响。

一、第四方物流

第三方物流在世界经济发展中的地位毋庸置疑，它具有很多优势，可以帮助企业解决很多现实性的问题。信息技术以及电子商务的飞速发展，带来了物流模式的不断变革，当第三方物流刚刚被世界物流界普遍认可时，一种全新的物流理念——第四方物流(4PL)在物流界应运而生。第四方物流成功的关键在于为客户提供最佳的增值服务，即迅速、高效、低成本和人性化服务等。

(一) 第四方物流的含义

第四方物流的概念是由安德森咨询公司首先提出的，该公司注册了这一术语的商标。第四方物流是一个供应链的集成商，它能对公司内部和具有互补性的服务供应商所拥有的不同资源、能力和技术进行整合和管理，提供一整套供应链解决方案。从概念上看，第四方物流是有领导力量的物流提供商，能通过整个供应链的影响力提供综合的供应链解决方案，也为其客户带来了更大的价值。第四方物流不仅控制和管理特定的物流服务，而且对整个物流过程提出策划方案，并通过电子商务将这个过程集成起来。当前，第四方物流正日益成为一种可以帮助企业实现持续降低运营成本，并区别于传统外包业务的真正的资产转移方式。

(二) 第四方物流的特点

第四方物流具有如下特点：

(1) 提供了一个综合性供应链解决方法，以有效地适应多样化和复杂的需求，集中所有资源为客户完美地解决问题。

① 再建供应链：通过供应链的参与使供应链规划与实施同步进行，或通过独立的供应链参与者之间的合作来提高规模和总量。再建供应链改变了供应链管理的传统模式，将商贸战略与供应链战略连成一线，创造性地重新设计了参与者之间的供应链，使其达到一体化标准。

② 功能转化：主要是销售、操作规划、配送管理、物资采购、客户响应以及供应链技术等，通过战略调整、流程再造，整体性地改变管理方式和技术，使客户间的供应链运作一体化。

③ 再造业务流程：将客户和供应商信息与技术系统进行一体化处理，把人的因素和业务规范有机结合起来，使整个供应链规划和业务流程能够有效地贯彻实施。

④ 开展多功能、多流程的供应链业务：其范围远远超出传统外包运输管理和仓储运作等物流服务。企业可以把整条供应链全权交给第四方物流运作，第四方物流可为供应链或全部流程提供完整的服务。

(2) 通过影响整个供应链来获得价值的增加，其与类似外包的供应链的区别之一在于其能够为整条供应链的客户带来利益。

第四方物流充分利用了一批服务提供商(包括第三方物流、信息技术提供商、合同物流供应商、呼叫中心、电信增值服务商等)的能力，再加上客户的能力和第四方物流自身的能力来实现这个增值过程。

① 利润增长。第四方物流的利润增长取决于服务质量的提高、实用性的增加和物流成本的降低。第四方物流关注整条供应链，而非单一的仓储或运输效益，因此可以为客户及自身带来更为全面和显著的效益。客户可以获得供应链流程更有效率、成本更优化、风险更可控的综合优势。第四方物流企业则可以通过持续的优化和创新，提高自身在产业链中的地位及市场竞争力。

② 运营成本降低。运营成本可以通过提高运作效率、增加流程和降低采购成本来实现，即通过整条供应链外包功能来达到节约的目的。流程一体化、供应链规划的改善和实施将使运营成本和产品销售成本降低。

③ 工作成本降低。第四方物流采用现代信息技术、科学的管理流程和标准化管理，使存货和现金流转次数减少，从而达到降低工作成本的目的。

④ 提高资产利用率。客户通过第四方物流减少了固定资产占用并提高了资产利用率，使得客户通过投资研究设计、产品开发、销售与市场拓展等获得经济效益的提高。

第四方物流成功地影响着大批的服务者(第三方物流、网络工程、电子商务、运输企业等)、客户和供应链中的伙伴。它作为客户间的连接点，通过合作或联盟提供多样化服务。第四方物流的优点是可以迅速、高质量、低成本地完成各种服务。不少人认为第四方物流由于难以获得委托者的信任，因而只是一个设想，但随着社会经济的不断发展，第四方物流将会得到广泛的运用。

第四方物流同第三方物流相比，其服务的内容更多，覆盖的范围更广，对从事货运的物流服务公司的要求更高，要求它们必须开拓新的服务领域，提供更多的增值服务。第四方物流最大的优越性是能保证产品以更快、更好、价格更低的服务送到需求者手中。在当前的经济形势下，货主、托运人越来越追求供应链的全球一体化以适应跨国经营的需要，跨国公司由于要集中精力于核心业务，因而必须更多地依赖物流外包。基于此，它们不仅在操作层面上进行外协，在战略层面上也需要借助外界的力量得到更快、更好、价格更低的服务。

(三) 第四方物流的基本功能

第四方物流的基本功能如下：

(1) 供应链管理功能：管理从货主、托运人到用户、客户的供应全过程。

(2) 运输一体化功能：负责管理运输公司、物流公司之间在业务操作上的衔接与协调。

(3) 供应链再造功能：根据货主、托运人在供应链战略上的要求，及时改变或调整战略战术，使其处于高效率运作中。第四方物流成功的关键是以"行为最佳的物流方案"为客户提供服务与技术。

第三方物流要么独自提供服务，要么通过与自己有密切关系的转包商来为客户提供服务，它不大可能提供技术、仓储和运输服务的最佳整合。因此，第四方物流就成了第三方物流的协助者，也是货主的物流方案的集成商。

(四) 第四方物流的运作模式

在实际运作过程中，每个企业会根据其不同要求或具体情况来选择相应的第四方物流具体的运作模式。目前，第四方物流企业面对的客户也会提出个性化的定制需求，这些定制方案源于三种典型运作模式，即协同化运作模式、方案集成商运作模式及行业创新运作模式。

1. 协同化运作模式

协同化运作模式(Synergy Plus，SP)也称知识密集型模式，是指第四方物流和第三方物流共同开发市场，两者以合同绑定或者联盟的形式形成协作关系，规划与整合物流系统的解决方案，并利用双方的能力和市场范围形成优势互补，互相协作，从中共同获取利益。在这种模式下，第四方物流向第三方物流提供一系列第三方物流缺少的战略技能和技术指导，如供应链策略、技术、项目管理的专业能力和市场进入能力等；第四方物流通过第三方物流这样一个具体实施者来具体实现其思想和策略，共同服务其客户。

2. 方案集成商运作模式

在方案集成商运作模式(Solution Integrator，SI)下，第四方物流为企业客户与第三方物流的纽带。在该模式下，第四方物流利用其成员的资源、技术和能力进行整合与管理，为客户提供全面、集成的供应链运作和管理服务。在这种模式下，第四方物流与客户成立合资或合伙公司，并且第四方物流作为领导者，整合自身和第三方物流的资源、技术和能力，集成多个服务供应商的资源，为客户提供全面的、集成的供应链方案。一般在同一行业范围内采用这种运作模式的较多，供应商与制造商等成员处于相关业务范围或供应链上下游范围内，彼此间业务联系紧密，专业互相熟悉，具有一定的依赖性。

3. 行业创新运作模式

行业创新运作模式(Industry Innovator，II)的特点是过程复杂，但回报丰厚。在该模式下，第四方物流为多个行业的参与者提供并管理供应链解决方案，以组织参与者之间的同步和协作为重点，整合整个供应链，通过运作策略、技术和整个供应链的实践来实现效益。第四方物流作为连接上游第三方物流和下游客户的纽带，联合第三方物流及其他服务供应商，向下游的客户提供运输、配送、仓储等全方位的高端服务，通过高超的技术能力和运作策略来提高整个行业的效率。

总之，这三种第四方物流模式都突破了第三方物流的局限性，最大范围地整合资源，真正做到高效率、低成本以及实时运作。这是因为第四方物流具备整合、规划和管理整个供应链所需的高级策略技术和专业知识，不仅可以处理和协调常规的物流环节，而且可以深入挖掘整个供应链的潜力，通过科学的规划和整合，实现运作效率和资源利用的最大化，而第三方物流独自或者通过与自己有密切关系的转包商来为客户提供服务，不太可能提供技术、运输与仓储等方面的整合性、综合性、集成性的服务。这三种第四方物流模式适用于不同类型的行业、企业，并为其提供个性化服务。三种第四方物流模式的比较如表 3-5 所示。

表 3-5　三种第四方物流模式比较

比较内容	协同化运作模式	方案集成商运作模式	行业创新运作模式
目标客户	制造型企业	制造型企业	高科技中小企业、物流商
提供服务	采购、仓储、配送、供应商库存管理、物流供应链计划编制与 JIT 配送控制信息平台	物流战略咨询、物流供应链管理、信息咨询	整合和打包制造业仓储、配送、运输业务，批发给专业的第一方、第二方物流企业，同时代理客户供应业务
创造价值	精于核心业务、降低成本、提高效率、提高订单准时完成率	优化资源配置，降低各方物流成本	减少目标客户的物流运营成本
优势	核心优势：一站式全方位服务质量，低成本，快速响应能力。 ① 针对性强，灵活性好。 ② 低资产的第四方物流企业可以作为核心加入第三方企业	核心优势：战略管理能力。 ① 第四方物流与客户关系稳定、紧密且具有周期性。 ② 服务对象及范围明确集中。 ③ 客户的商业和技术秘密比较安全	核心优势：低成本。 ① 规模更大，业务范围更广，占据着4PL高端市场。 ② 有一套完整的可以与商业伙伴沟通的信息管理系统和卓越的运作策略
劣势	与客户关系松，容易产生不信任，服务的稳定性不高	客户的业务量必须足够大，否则参与服务方无法获得满意的收益	第四方物流的责任更大，对其要求也相当苛刻，需要全球性地域覆盖能力和支持能力，并在世界范围内具有一定的品牌知名度

(五) 第四方物流与第三方物流的联系与区别

1. 第四方物流与第三方物流的联系

第三方物流为客户提供所有的或一部分供应链物流服务以获取一定的利润。第三方物流公司提供的服务可简单，也可复杂，既可以简单到只是帮助客户安排一批货物的运输，也可以复杂到设计、运作和实施整个分销和物流系统。

第四方物流是以第三方物流为基础发展起来的。第四方物流是供应链的集成者，能为客户提供最接近要求的服务，能综合地提出供应链解决方案，能利用整个供应链的物流资源、信息资源、资本规模、管理资源和技术能力为企业打造一个低成本的信息应用平台，能帮助企业对供应链的整体需求作出更为迅速的反应。但是，要实现第四方物流的这些功能和思想，必须依靠第三方物流的实际运作，同时，第四方物流也优化了第三方物流的供应链流程与方案。总之，第四方物流的健康发展是以大力发展第三方物流企业为前提的。因此，两者并不是矛盾的关系，将两者结合起来，才能更加全面、完善地提供物流服务。

2. 第四方物流与第三方物流的区别

第三方物流是由供方与需方以外的物流企业提供物流服务的业务模式。相关物流服务是由第三方物流服务提供者在约定的时间段内按照约定的价格为需求方完成的，第三方物流供应商提供所有的或一部分供应链物流服务给需求方企业，以获取一定的利润。

第四方物流则是站在供应链全局的高度，具有可以整合整个供应链的影响力。一般情况下，政府为促进地区物流产业发展，牵头搭建第四方物流平台，提供共享和发布信息服务，是供需双方及第三方物流的领导力量，能够为需求方企业完成具有综合性、集成性、整合性的供应链实施方案，并能够保证其有效实施。

它们的区别主要体现在以下几方面：

(1) 服务内容方面。第四方物流服务的质量更高，内容更多，覆盖范围更广。同时，需求方企业对第四方物流企业的要求也更高，如在服务领域方面要求开拓更大范围，在增值服务方面的要求也更加广泛。

(2) 组织形式方面。第四方物流由客户及其合作伙伴以长期合同或合资的形式建立起来，第三方物流则是由供需双方以外的第三方去完成物流服务。

(3) 信息平台利用方面。第四方物流打造了一个信息应用平台，更重视物流信息系统的建设，利用条形码技术、射频技术、企业资源管理(ERP)和全球卫星定位系统(GPS)等物流管理软件来有效整合供应链，充分满足客户日益增长的信息化需求。第四方物流可以充分利用自身的管理经验、资源优势和资本规模，集成众多物流企业的资源，打造一个规范、统一的信息应用平台。第四方物流通过这一平台可以为各个参与方改善物流管理程序。第三方物流则不具备巨大的资源、技术等优势，难以担当这种信息平台的领导者角色和枢纽地位。

(4) 协同能力方面。第四方物流提供的供应链解决方案更具综合性和独特性，在整合所有资源的基础上，能够为客户提供更完善的解决方案。第三方物流能够为企业解决物流发展中的部分问题，但不具备整合社会的所有物流资源的能力。第三方物流企业各自为政，难以实现协同效应。

二、绿色物流

进入 21 世纪，物流行业必将把有效利用资源和维护地球环境放在发展的首位，建立全新的从生产到废弃全过程效率化的、信息流与物质流循环化的绿色物流系统。目前，世界各国都在尽力把绿色物流的推广作为物流业发展的重点，积极开展绿色环保物流的专项技术研究，以促进新材料的开发和广泛应用，进行废弃物循环物流的理论和实践研讨，并积极出台相应的绿色物流政策和法规，努力为物流的绿色化和可持续发展奠定基础。

(一) 绿色物流的概念

绿色物流(Environmental Logistics)也称环保物流，是指通过充分利用物流资源，采用先进的物流技术，合理规划和实施运输、储存、装卸、搬运、包装、流通加工、配送、信息处理等物流活动以降低物流对环境的影响的过程。绿色物流在物流过程中抑制物流对环境造成危害的同时，实现对物流环境的净化，使物流资源得到最充分的利用。绿色物流强调全局和长远利益，强调全方位对环境的关注，体现了企业的绿色形象，是一种全新的物流形态。绿色物流是一个多层次的概念，它连接绿色供给主体和绿色需求主体，克服空间和时间阻碍，既包括企业的绿色物流活动，又包括社会对绿色物流活动的管理、规范和控制。

绿色物流活动既包括各个单项的绿色物流作业(如绿色运输、绿色包装、绿色流通加工等)，也包括为实现资源再利用而进行的废弃物循环物流，是物流操作和管理全程的绿色化。

(二) 绿色物流产生的原因

(1) 人类环境保护意识的觉醒。世界经济的迅速发展，带来了人类生存环境的不断恶化，如资源枯竭、臭氧层空洞扩大、能源危机等情况不断加深，生态系统失去平衡，环境遭受污染。在这样的背景下，人类逐渐认识到保护生态环境的重要性。20 世纪 60 年代以来，人类环境保护意识开始觉醒，随之世界各国兴起绿色消费运动。消费者在关心自身健康和安全的同时，也关注地球环境的改善，开始倾向于使用有利于环境保护的服务、产品及相应的消费方式。

(2) 世界经济一体化潮流的推动。世界经济一体化使一些传统的关税和非关税壁垒逐渐淡化，环境壁垒逐渐兴起。企业进入国际市场必须要通过 ISO14000 认证。预防污染和持续改进是 ISO14000 的两个基本思想。ISO14000 要求建立环境管理体系，最大限度地降低产品、服务和经营活动的每一个环节对环境的影响。ISO14000 不仅适用于所有产业，更适用于物流业。物流企业进入国际市场的基本条件就是发展绿色物流。

(3) 各国政府和国际组织的倡导。世界上绿色物流发展较快的国家，其政府对绿色物流和环境保护都采取积极倡导的态度。因此，绿色物流的发展速度与政府行为密切相关。各国政府积极推动绿色物流发展，其表现主要包括为环保事业增加资金投入，组织力量监督环保工作的开展，为引导企业的环保行为而制定专门的政策和法令等。国际组织在环境保护和绿色物流发展方面也作了积极努力，并取得了显著成效。联合国于 1992 年在第 27届联合国大会上决定把每年的 6 月 5 日作为世界环境日，且规定了专门的活动主题，对世界环境保护工作的开展起到了重要推动作用。联合国环境署、世贸组织环境委员会等国际组织也开展了许多国际性的会议，关注环保方面的发展，签订了许多环保方面的国际公约与协定,同样对绿色物流起到了积极的促进作用。

(4) 现代物流业可持续发展的需要。现代物流业的可持续发展一定要与绿色营销、绿色生产、绿色消费等绿色经济活动紧密衔接。人类的经济活动不能因物流而过分地破坏环境、消耗资源,以至于造成重复污染。此外,绿色物流还是企业最大限度降低经营成本的必由之路。

(三) 绿色物流的内容

绿色物流的最终目标是可持续发展,实现该目标的准则是经济利益、社会利益和环境利益的统一。绿色物流包括以下内容。

1. 绿色储存

绿色储存是指在整个物流过程中运用最先进的保质保鲜技术,保障存货的数量和质量,在无货损的同时消除污染。

2. 绿色运输

绿色运输是指周密策划运力,合理选择运输工具和运输路线,克服迂回运输和重复运输,多、快、好、省地完成装卸运输。当一些大城市的车辆已大大饱和的时候,专业物流企业的出现使大城市的运输车辆减少,减轻了城市的污染压力。专业物流企业的运输工具可以改用其他燃料,如液化气、太阳能等。

3. 绿色包装

包装是物流活动的一个重要环节。绿色包装可以提高包装材料的回收利用率,有效控制资源消耗,避免环境污染。绿色包装要醒目、环保,还应符合 4R 要求,即少耗材(Reduction)、可再用(Reuse)、可回收(Reclaim)和可再循环(Recycle)。绿色包装的途径主要包括:促进生产部门采用尽量简化且由可降解材料制成的包装;商品流通过程中尽量采用可重复使用的包装;实现流通部门包装的减量化;主动协助生产部门进行包装材料的回收及再利用。

4. 绿色加工

物流中的加工虽然简单,但应遵循绿色原则,少耗费,高环保,尤其要防止加工中的货损和二次污染。绿色加工的途径主要为两个方面:一方面变消费者分散加工为专业集中加工,以规模作业方式提高资源利用效率,减少环境污染,如餐饮服务业对食品的集中加工;另一方面集中处理消费品加工中产生的边角废料,以减少消费者分散加工所造成的废弃物污染,如流通部门对蔬菜的集中加工减少了居民垃圾丢放及相应的环境治理问题。

(四) 绿色物流的意义

(1) 绿色物流适应了世界社会发展的潮流,是全球经济一体化的需要。国外物流企业起步早,经营管理水平相当完善,势必给国内物流企业带来巨大冲击。我国物流企业要想在国际市场上占据一席之地,发展绿色物流是其理性选择。

(2) 绿色物流是物流不断发展壮大的根本保障。物流业作为现代新兴行业,有赖于社会化大生产的专业分工和经济的高速发展。而物流业要发展,一定要与绿色生产、绿色营销、绿色消费紧密衔接，人类的经济活动绝不能因物流业的扩张而过分地消耗资源，破坏环境，以致造成重复污染。选择绿色物流是物流业发展的必然。

(3) 绿色物流是最大限度降低经营成本的必由之路。产品从投产到销出，制造加工时间仅占 10%，而几乎 90% 的时间为仓储、运输、分装、装卸、信息处理、流通加工等物流过程。因此，物流专业化无疑为降低成本奠定了基础。但当前物流业基本还是高投入大物流、低投入小物流的运作模式，而绿色物流是低投入大物流的方式。显而易见，绿色物流不仅能使一般物流业降低成本，更重要的是带来了绿色化、节能、高效、少污染。绿色物流对节省生产经营成本的作用是无可估量的。

案例 3-4

电商物流劲刮绿色风

京东物流发布 2022 年年货节期间减碳成果：通过实施绿色仓储、绿色包装、绿色运配、技术创新等一体化供应链全链路减碳措施，1 月 9 日至 2 月 7 日京东物流累计减碳量达 23.6 万吨，其中，使用循环包装 1 900 万次，有效减少一次性垃圾 9 万吨……在电商大促成绩单中增添了一抹"绿色"，已成为越来越多平台的主动选择。

在商务部等 22 个部门印发的《"十四五"国内贸易发展规划》(简称《规划》)中，"践行绿色低碳，促进内贸可持续发展"是九大主要任务之一。《规划》提出，要深入落实碳达峰、碳中和重大战略决策，践行绿色低碳理念，推广绿色低碳技术，推动形成节约资源、保护环境的绿色产业体系和绿色生活方式，提升内贸领域的可持续发展水平。

近年来，引导绿色生产和消费，发展绿色物流，打造绿色供应链，持续推进塑料污染治理，提升流通绿色发展水平，不少企业已经走在前方，并探索出不少好做法，取得了一些好成效。

(1) 年货春运：低碳又高效。

"京东深度融入实体运营，充分发挥在构建绿色低碳生产、生活方式上的效能，利用数字技术进一步提升年货'春运'效率的同时，在仓储、运算、包装、运输、消费环节大幅降低碳排放，既要生活越来越好，又要排放越来越少。"京东零售首席执行官辛利军说道。

据悉，自 2017 年启动"青流计划"以来，京东物流持续在仓储、科技、包装、运输等环节布局绿色一体化供应链，并携手合作伙伴通过商品包装减量化、原发包装等方式，践行绿色低碳发展战略。据统计，年货节期间，参与原发包装的品牌达 1.5 万家，涉及 SKU 数约 30 万个，产品约 5 160 万箱。在京东物流绿色供应链基础设施和减碳技术助力下，平均每个包裹仅通过"绿色包装"措施便可减少碳排放 400 克。

与此同时，京东物流已在全国 7 个大区、50 多个城市，总计布局使用新能源车约 20 000 辆，并大量使用清洁能源充电基础设施，每年可减少约 40 万吨二氧化碳排放，这相当于 2 000 万棵树每年吸收的二氧化碳总量。在服务 2022 年"相约北京"系列冬季体育赛事中，京东物流在赛区城市配送、场馆内部物流服务中全部使用电动物流车，所有服务车辆 100% 符合国六 B 排放标准，并在张家口赛区内试运行氢能物流车。

此外，去年 12 月，京东物流北京亚洲一号智能产业园的分布式光伏已正式全容量并网发电。至今，全国 12 座亚洲一号具备约 100 兆瓦的光伏发电能力。这些绿电不仅供园区使用，助力全国各地的"年货春运"节能减排，还可通过"汽车+充电桩+光伏"的项目试点为电动车充电；京东物流还通过全链路智能包装系统统筹规划包装材料，并实施胶带"瘦身"、无纸化作业和使用电子面单，以及向全国投放可循环的青流箱、生鲜保温周转箱等举措，最大限度降低包装成本，减少一次性包装废弃物。

(2) 快递包装："瘦身"与可循环兼具。

一直以来苏宁易购也在持续践行绿色物流，在包装方面坚持减量化、循环化、绿色化发展。据介绍，截至目前，苏宁易购物流已经100%实现45毫米以下"瘦身胶带"封装，电商快件不再二次包装率达到99%。循环中转袋实现全覆盖，所有网点全部设置标准包装废弃物回收装置，可降解塑料袋使用规模也按计划扩大，可循环快递箱(盒)全国投入40余万个，其中北京使用量达到3.8万个。

苏宁易购物流"青城计划"行动推行4年以来，包装环节实现单包裹减碳56 g。面对"双11"、"双12"、年货节等各种大促节点，以全国29大绿仓为中心，苏宁易购物流联动合作伙伴提前规划直发包装，并通过一联单、3D包装等绿色化、智能化措施，持续为包裹"减负"。

苏宁易购物流相关负责人表示，苏宁易购上游连接供应商，下游直面消费者，在整个消费供应链环节中起着关键性的承上启下的作用，苏宁易购物流一直主动承担着推动整个服务链向绿色化方向发展的重要角色。接下来，苏宁易购物流持续推动实行可循环快递包装规模化应用探索，结合现有资源，联合可循环包装企业、厂家合理规划，确保在试点范围内实现可循环快递包装的高效循环流转使用，建立合理的成本分担机制。同时继续强化技术创新应用，实现可循环快递包装流向的全链条实时监控，提升循环率和周转效率。

(3) 绿色转型：数字化发挥重要作用。

2021年12月17日阿里巴巴发布的《阿里巴巴碳中和行动报告》提出三大目标：不晚于2030年实现自身运营碳中和；不晚于2030年实现上下游价值链碳排放强度减半，率先实现云计算的碳中和，成为绿色云；用15年时间，以平台之力带动生态减碳15亿吨。

阿里巴巴董事会主席兼首席执行官张勇表示，作为一家以数字技术为支撑而发展起来的公司，阿里巴巴坚信数字化能力在绿色进程中可以发挥重要的作用，这也将成为阿里巴巴及生态伙伴的共同选择。"在这个基础上，我们可以利用阿里的数字商业平台促进更多绿色商品的消费，以及二手、闲置商品的交换和分享；通过菜鸟的智慧物流平台，推动物流环保包装材料的广泛使用和循环再利用；通过高德出行平台，鼓励和引导公众绿色出行；通过运用云计算和钉钉智慧协同工作平台，推动数字化工作方式的建立。与生态伙伴协同、共赴绿色进程，有着广泛的创新空间。"

中国发展研究会基金会副理事长、国务院发展研究中心原副主任刘世锦认为，"双碳"目标提出后，中国经济社会的绿色转型已成大势。绿色转型的实质，是用绿色技术替代传统的非绿色技术，数字技术在此过程中将发挥关键性作用。助推绿色转型，要加快发展数字化、绿色化的新型实体企业，培育壮大绿色发展新动能。

三、冷链物流

随着经济的不断发展，人们的生活水平日益提高，人们的食品消费观念发生了转变，从传统的单一性、缓慢性向多样性、快捷性转变。在这样的背景下，冷链物流业发展迅速。

(一) 冷链物流的概念

冷链物流是指冷藏冷冻类食品在生产加工、运输、储藏、配送、销售等环节中始终处于规定的低温技术环境下，以保证食品在更长时期内保持其质量的安全性，并减少此类食品在各个环节中质量损耗的一项系统工程。它要求综合考虑生产、运输、销售、经济和技术性等要素，协调这些要素间的关系，以确保冷冻冷藏类食品在生产、加工、销售和运输过程中保值增值。

随着科学技术的进步、制冷技术的发展而建立起来的冷链物流，是以冷冻工艺为基础、以制冷技术为手段的低温物流运输过程，其不仅需要特殊装置，还需要注意对运送过程的监管、对时间的掌控、对运输形态的控制等，它是物流成本中所占成本比例非常高的一种特殊物流形式。

(二) 冷链物流的特点

冷冻冷藏食品的含水量高，极易腐烂变质，从而影响运输半径和交易时间，因此对物流各环节的保存条件有很高的要求。由于冷链物流的首要目的是保证冷冻冷藏等易腐食品的品质，其是以保持低温环境为核心要求的供应链系统，所以与一般常温物流系统相比，对其要求更为严格，也更加复杂。冷链物流的特点有：

(1) 建设冷链物流系统要比建设常温物流系统投入更多的资源，技术也更为复杂，这是一项庞大的系统工程。

(2) 冷冻冷藏食品的时效性对冷链各环节的组织协调性具有更高的要求。

(3) 冷链物流系统的运作始终与能耗成本紧密相关。从效益的角度看，要做到既保证冷链系统的正常运作，又有效地控制运作成本。

(三) 冷链物流的使用范围

冷链物流的使用范围包括以下几方面：

(1) 加工食品和速冻食品：包括禽类、水产、肉类等包装熟食，冰激凌、奶制品、巧克力等食品，以及快餐原料等。

(2) 初级农产品：包括蔬菜、肉、禽、蛋、水果、花卉、水产品等。

(3) 特殊商品和药品、需要冷藏冷冻的化工危险品等。

(四) 冷链物流的运作条件

冷链物流系统由控温储藏、冷藏加工、冷藏运输及配送、冷藏销售这四方面构成。

1. 控温储藏

控温储藏包括食品的冻结储藏和冷却储藏，以及蔬菜、水果等食品的气调储藏。通过这种方式，可使食品在储存和加工过程中保持低温保鲜环境。在此环节中，涉及的储藏工具主要有各类冷藏库、加工间、冻结柜、冷藏柜及家用冰箱等。

2. 冷藏加工

冷藏加工包括冷却与冻结肉禽类、鱼类和蛋类等，以及在低温状态下的加工作业过程，也包括果蔬的预冷、奶制品和速冻食品的低温加工等。在这个环节中，涉及的设备主要有冷链装备、速冻装置和冻结装置等。

3. 冷藏运输及配送

冷藏运输及配送包括冷藏食品的中、长途运输及短途配送等。在冷藏运输过程中，保证食品品质的主要因素之一是温度控制，因此运输工具应具有良好的性能，既能够保持规定低温，又能够保持稳定的温度，远途运输尤其重要。在冷藏运输中，涉及的设备主要有冷藏汽车、铁路冷藏车、冷藏集装箱、冷藏船等低温运输工具。

4. 冷藏销售

冷藏销售包括进入批发零售环节的各种冷链食品的冷冻储藏和销售，它依靠生产厂家、批发商和零售商共同完成。目前我国大中城市各类连锁超市发展迅速，各种连锁超市成为冷链食品的主要销售渠道。这些零售端大量使用了冷藏、冷冻陈列柜和储藏库，冷藏销售已经成为完整的食品冷链中不可或缺的重要环节。

案例 3-5

顺丰是怎样打造了不一样的"冷链"的

2022 年 4 月初，上海"抗疫"正在关键时刻，10 辆大货车满载生活和医疗物资，从湖北省荆州市出发，包括荆州鱼糕、公安牛肉、监利小龙虾、洪湖藕片等在内的 28.2 万份医用物品，2 万份荆州特产，30 吨新鲜蔬菜被送往千里之外的上海。

由武汉顺丰冷运供应链有限公司承运的这批物资对运输过程中的保质保鲜和安全要求严苛，对全流程的温控要求也很高。在运输过程中，全程车辆监控，确保全程可溯源、冷链不脱温。

疫情反复之际，人们发现，冷运需求比想象中要大得多。顺丰体系完备的冷链物流系统在关键时刻格外给力。

(1) 顺丰冷运的"第一"是怎样达成的？

顺丰冷运在连续三年的时间里蝉联"中国冷链物流百强榜"第一。这个第一，是顺丰在深刻洞悉中国消费发展趋势下提前布局的结果。

顺丰最早在 2008 年接触冷链行业，提供阳澄湖大闸蟹的寄递服务，2014 年推出了顺丰冷运品牌，2017 年正式成立顺丰冷链物流有限公司，并开始探索全国性冷链物流体系。与其他做垂直产业冷链物流的企业不同，顺丰综合物流的基因拓展了自身的业务广度和深度。顺丰希望提供的是跨行业、多场景、智能化和一体化的供应链解决方案。

冷链是一个资本投入巨大的行业，上市的顺丰也在冷链发展上有着充分的资金储备。2021 年，200 亿的定向增发为顺丰保持持续的行业领先提供了充足的"弹药"。顺丰在冷链市场上深耕多年，所拥有的仓储网络体系日趋成熟，能够实现一天 24 小时无间断地保"鲜"劳作。

顺丰冷链运输干线覆盖范围十分广泛。目前，顺丰食品冷运服务开通193个城市，1 061个区县，拥有34个冷仓，超23 000辆可调配冷藏车，并首创冷仓自动化项目。

(2) 医药冷运：金字塔尖的挑战。

除了生鲜运送，医疗冷运也是冷链物流行业的另一大需求点。医药冷链运输较生鲜冷链所要求的条件更为严苛，尤其是疫苗运输全程都离不开冷链的精准温度控制。根据世界卫生组织(WHO)的统计，全球每年约50%的疫苗被浪费，其中绝大部分由于在运输过程中温度不达标而损耗。

当前，我国医药市场已经是全球第二大医药市场，各类疫苗、血液制品、生物药品的运输都需要冷链物流护航。我国境内需要低温运输的药品总金额每年为数千亿元，确保医药高效安全运输的重担也落在了冷链物流的肩上，特别是"新冠"疫苗在全国范围的大面积接种，更是让民众对于医药冷链的关注度大大提升。

顺丰医药搭建了一整套疫苗运输解决方案和一站式保障体系，可提供专业医药冷链包装、集成物联网监控平台服务，实现 -80～25℃多温区精准控制，满足 24～168 小时中长距离恒温运输；同时，结合医药仓、温控配送能力，联动医保系统终端进行实名认证，助力多家互联网医院、DTP 药房的医药到家服务；推出面向医药领域的供应链执行系统，实现了全流程数字化和智能化，助力客户精细化管理。当前，顺丰医药共有 292 台医药冷运专用车辆和多位具有 5 年以上冷藏车驾驶经验的医药专职司机。

目前，顺丰已与超过 40% 的国内疫苗生产企业合作，业务覆盖仓储、干线、省(市)疾控落地配送，从一类(二类)疫苗到国内首支 HPV 疫苗，再到"新冠"疫苗，累计配送各类疫苗总数超 9 亿剂。2021 年，顺丰冷运及医药业务实现不含税营业收入 78 亿元，同比增长 20.1%。

顺丰相关人士表示，不同于一般的生鲜冷链，疫苗冷链门槛较高，"新冠"疫苗的运输有着更高的要求。运输疫苗期间的昼夜温差、跨地区环境差异以及特殊天气都是潜在挑战，而且还要确保每辆疫苗运输车辆的温度精准控制在 2～8℃。顺丰科技采用温湿度监控平台(TCEMS)以及区块链存证平台(丰证)，实施 1 分钟一记录、5 分钟一上传的标准数据模式，实时监控全国范围内的疫苗冷藏车辆温度及车辆运行状态，同时配备自动预警功能，对全程温湿度数据进行上链处理，实现数据可追溯、防篡改。截至 2022 年 4 月，顺丰累计保障"新冠"疫苗运输突破 5 亿剂。

小　结

本模块首先介绍了电子商务对物流的新要求，包括供应链管理、零库存生产、信息化和高技术化、物流配送的全球化、物流服务的多功能化与社会化要求，着重介绍了电子商务物流的三种模式，即企业自营物流模式、第三方物流模式和物流联盟模式，并介绍了第四方物流、绿色物流、冷链物流三种新型物流模式。

习　题　三

【复习思考题】

一、单选题

1. 企业利用第三方物流，可使企业专注于提高(　　)。

A. 经济效益　　　　　B. 核心竞争力　　　　　　　C. 竞争力　　　　　　D. 社会效益

2. 第三方物流的实质是(　　)。

A. 从属物流　　　　　B. 合同物流　　　　　　C. 独立物流　　　　　D. 复杂物流

3. 下列不属于绿色物流包装的是(　　)。

A. 一次性包装　　　B. 可降解包装　　　　C. 可重复使用包装　　D. 可食性包装

4. 最先提出"第三方物流"概念的国家是(　　)。

A. 日本　　　　　　B. 中国　　　　　　C. 英国　　　　　　D. 美国

5. (　　)是一个供应链的整合者以及协调者。

A. 自营物流　　　　B. 第三方物流　　　　C. 第四方物流　　　　D. 冷链物流

6. 适合采用冷链物流方式运送的货物是(　　)。

A. 蔬菜　　　　　　B. 电器　　　　　　C. 化妆品　　　　　D. 服装

7. 关于第三方物流与客户的关系，下列叙述不正确的是(　　)。

A. 第三方物流是客户的战略投资人，也是风险承担者

B. 第三方物流是客户的战略同盟者，而非一般的买卖对象

C. 利益一体化是第三方物流企业的利润基础

D. 第三方物流的利润来源于客户的利益

8. 第三方物流一体化过程包括(　　)个层次。

A. 3　　　　　　　　B. 4　　　　　　　　C. 1　　　　　　　　D. 2

二、简答题

1. 简述自营物流的优点及缺点。

2. 简述物流联盟的"8I"特点。

3. 电子商务物流配送有哪些模式？

4. 绿色物流主要包括哪些内容？

5. 试比较第四方物流与第三方物流的差异。

【实训题】

一、实训组织

对苏宁易购电商的物流模式进行分析，并让学生结合本模块所学的内容，对电子商务物流模式进行现实应用。

二、实训要求

1. 学生进行分组，以小组为单位，访问苏宁易购相关网站，收集苏宁易购物流运作模

式的相关资料。

2. 了解苏宁易购在业务发展过程中的变化，尤其是物流方面的投入情况。

3. 分析苏宁易购建立电子商务平台后，其物流模式对其电子商务业务起到的关键作用。

4. 分析苏宁易购在当前竞争环境下其物流运营过程中存在的问题，并提出改进建议和解决方案。

5. 以小组为单位，撰写方案。

三、实训目的

1. 了解物流模式在电子商务企业的实际运营中的具体应用。

2. 使用电子商务物流管理的理论和方法对企业物流发展过程中存在的问题进行分析，并提出解决方案。

【案例分析题】

京东自建物流案例分析

京东集团于 2007 年开始自建物流，2012 年注册物流公司，2017 年 4 月 25 日正式成立京东物流集团。京东物流以降低社会物流成本为使命，致力于将过去十余年积累的基础设施、管理经验、专业技术向社会全面开放，成为全球供应链基础设施服务商。

目前京东物流是全球唯一拥有中小件、大件、冷链、B2B、跨境和众包(达达)六大物流网络的企业，凭借这六张大网在全球范围内的覆盖以及大数据、云计算、智能设备的应用，京东物流打造了一个从产品销量分析预测到入库出库，再到运输配送各个环节无所不包、综合效率最优、算法最科学的智能供应链服务系统。

截至 2020 年 3 月 31 日，京东物流在全国运营超过 730 个仓库，包含京东物流管理的云仓面积在内，京东物流运营管理的仓储总面积约 1 700 万平方米。目前，京东物流已投入运营的 28 座"亚洲一号"智能物流园区形成了目前亚洲最大的智能仓群。京东物流大件和中小件网络已实现大陆行政区县几乎 100% 覆盖，88% 的区县可以实现 24 小时送达，自营配送服务覆盖了全国 99% 的人口，超 90% 的自营订单可以在 24 小时内送达。同时，京东物流着力推行战略级项目——"青流计划"，从"环境"(planet)、"人文社会"(people)和"经营"(profits)三个方面，协同行业和社会力量共同关注人类的可持续发展。

围绕"知链、智能、共生"，京东物流坚持"体验为本、技术驱动、效率制胜"，当前正携手社会各界共建全球智能供应链基础网络(GSSC)，打造供应链产业平台，为客户提供全供应链服务和技术解决方案，为消费者提供"有速度更有温度"的品质物流服务。

案例讨论：

1. 京东为何选择自营物流运作模式？

2. 请结合案例思考京东自营物流对社会的影响。

模块四　电子商务物流成本管理

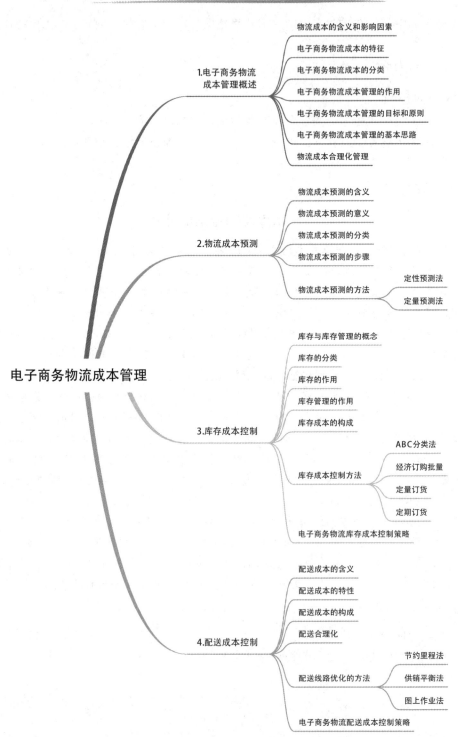

电子商务物流成本管理

1.电子商务物流成本管理概述
- 物流成本的含义和影响因素
- 电子商务物流成本的特征
- 电子商务物流成本的分类
- 电子商务物流成本管理的作用
- 电子商务物流成本管理的目标和原则
- 电子商务物流成本管理的基本思路
- 物流成本合理化管理

2.物流成本预测
- 物流成本预测的含义
- 物流成本预测的意义
- 物流成本预测的分类
- 物流成本预测的步骤
- 物流成本预测的方法
  - 定性预测法
  - 定量预测法

3.库存成本控制
- 库存与库存管理的概念
- 库存的分类
- 库存的作用
- 库存管理的作用
- 库存成本的构成
- 库存成本控制方法
  - ABC分类法
  - 经济订购批量
  - 定量订货
  - 定期订货
- 电子商务物流库存成本控制策略

4.配送成本控制
- 配送成本的含义
- 配送成本的特性
- 配送成本的构成
- 配送合理化
- 配送线路优化的方法
  - 节约里程法
  - 供销平衡法
  - 图上作业法
- 电子商务物流配送成本控制策略

【知识目标】

(1) 了解电子商务物流成本的分类。

(2) 掌握电子商务物流成本管理的基本思路。

(3) 掌握物流成本预测的步骤。

(4) 掌握物流成本预测的方法。

(5) 熟悉库存成本的作用及库存成本的构成。

(6) 掌握库存成本控制的方法。

(7) 掌握电子商务物流库存成本控制策略。

(8) 了解电子商务配送成本的构成。

(9) 掌握合理化配送方式。

(10) 掌握配送线路的优化方法。

(11) 掌握电子商务配送成本控制策略。

【技能目标】

(1) 具备物流成本预测的能力。

(2) 能够灵活运用集合意见法、德尔菲法、量本利分析法进行物流成本预测。

(3) 能够灵活运用 ABC 分类法、经济订购批量、定量订货、定期订货进行库存成本控制。

(4) 能够灵活运用节约里程法、供销平衡法、图上作业法进行配送线路优化。

【学习重点】

(1) 物流成本预测的方法。

(2) 库存成本控制的方法。

(3) 配送线路的优化方法。

【学习难点】

(1) 利用量本利分析方法进行物流成本预测。

(2) 有数量折扣的经济订购批量。

(3) 利用节约里程法和供销平衡法进行配送线路优化。

【案例导入】

日日顺供应链：破解入厂物流难点　打造汽车供应链管理新示范

中汽协发布最新数据显示，2022 年我国汽车销量有望达到 2 700 万辆。其中，作为中国汽车自主品牌，一汽红旗实现了销量 4 年增长 63 倍。指数增长的背后，不仅需要车企具备成熟的工业制造体系，更对本就庞大且复杂的汽车供应链提出了更高的协作要求。

"日日顺供应链为相关汽车制造企业提供的入厂物流供应链管理服务解决方案，打破了原有的信息孤岛，充分发挥纽带作用，助力实现汽车制造企业与零部件供应企业的协同发展，这将进一步加快汽车行业实现精细化管理从供应链环节向生产全链条延伸拓展的建设步伐，同时也为打造高质量汽车物流服务新体系注入强劲动能。"日日顺供应链相关负责人表示。

一汽集团旗下专业物流企业一汽物流与日日顺供应链达成合作，由日日顺供应链为一汽红旗汽车提供零部件入厂物流服务，进一步赋能一汽红旗实现供应链全链路安全稳定运行，增强其运力整合和订单管理能力。

该负责人介绍，作为供应链管理解决方案及场景物流服务提供商，日日顺供应链为满足以一汽红旗为代表的现代汽车制造企业对于供应链管理的服务需求，以循环取货为切入点，整合多方资源，加速汽车产业供应链全国仓网布局建设，形成集 MR 循环取货、揽货仓集货发运、干线运输、中转站区域分发、短驳运输等在内的一体化供应链管理服务能力。

聚焦一汽红旗对于零部件入厂物流的痛点，日日顺供应链围绕前端循环取货、干线集货发运、终端入厂配送等环节打造了一体化的供应链管理解决方案，以解决运力资源的整合。依托辐射全国的仓网布局，供应链将分散在供应商手中的配送任务进行统一承接，采用"循环取货"模式，根据一汽红旗的生产排期提前规划路线、布局运力资源，这样不仅能实现按时取货交付，还能及时掌握供应商货物交付能力。一旦发现供应商无法按期交付，供应链将及时反馈主机厂并协同制订解决方案，帮助一汽红旗减少生产风险。此外，面对生产节奏调整或者各类突发状况带来的零部件发运区域、数量、品类等的骤然变化，供应链还会提前制订保供保链方案，提供弹性的运力资源保障，确保汽车零部件按需到达主机厂，帮助企业有效避免了停工停产带来的损失，进一步增强其抗风险能力。

"在整合并保障运力资源的基础上，供应链通过搭建数字化的运营管理系统，充分利用大数据对供应链各作业节点进行追踪管理，将现有服务体系下沉至供应链的各个环节，同步为车企提供定制化的订单管理、订单分拨、路线规划设计、运力储备等服务，实现人、车、货合理调度，保证在车企的需求时间内完成取货卸货，为车企生产端有序运行提供保障的同时，也助力其构建系统化的订单管理能力。"该负责人表示。

任务一　电子商务物流成本管理概述

一、物流成本的含义和影响因素

(一) 物流成本的含义

物流成本是物流活动中所消耗的物化劳动和活劳动的货币表现。具体而言，物流成本是产品在实物运动过程中，如包装、搬运装卸、运输、储存、流通加工等各个活动中所支出的人力、物力和财力的总和。

该定义包含两方面的内容：一方面是直接在物流环节产生的支付给劳动力的成本，耗费在机器设备上的成本，以及支付给外部第三方的成本；另一方面包括在物流环节中因持有存货等潜在的成本，如占用资金成本、保险费等。现代物流成本的范围更广，贯穿于企业经营活动的全过程，包括从原材料供应到将商品送到消费者手中所发生的全部物流费用。

电子商务物流成本是在进行电子商务物流活动过程中所发生的人、财、物耗费的货币表现形式，它是衡量电子商务物流经济效益高低的一个重要指标。电子商务物流成本控制就是以现代通信技术为基础，特别是以互联技术为基础，应用现代信息技术对电子商务物流各环节发生的费用所进行的计划和管理。

(二) 物流成本的影响因素

1. 产品

(1) 产品价值。产品价值的高低会直接影响物流成本的高低。随着产品价值的增加，每个物流活动的成本都会增加。运费在一定程度上反映了货物移动的风险。一般来说，产品的价值越大，对其所需使用的运输工具的要求越高，仓储和库存成本也会随着产品价值的增加而增加。高价值意味着存货中的高成本，以及包装成本的增加。

(2) 产品密度。产品密度越大，相同运输单位所装的货物越多，运输成本就越低。同理，仓库中一定空间领域内存放的货物越多，库存成本就越低。

(3) 产品的易损性。产品的易损性对物流成本的影响是显而易见的，易损的产品对物流各环节(如运输、包装、仓储等)都提出了更高的要求。

(4) 产品的特殊搬运要求。有一些物品对搬运提出了特殊的要求。例如，尺寸长、体积大的物品需要特殊的搬运工具，而一些物品在搬运过程中对温度等有一些特殊要求，这些都会增加物流成本。

2. 竞争性

电子商务企业处在一个充满竞争的市场环境中，除了产品的价格、性能、质量外，从某种意义上来说，优质的客户服务是决定竞争成败的关键，而高效的物流系统在电子商务环境下是提高客户服务的重要途径。如果企业能够及时可靠地提供产品和服务，则可以有效地提高客户服务水平，而这些都依赖于物流系统的合理化。客户的服务水平又直接决定了物流成本，因此，物流成本在很大程度上是由于日趋激烈的电子商务竞争而不断发生变化的，电子商务企业必须对竞争做出反应。影响客户服务水平的因素主要有以下几个：

(1) 订货周期。企业高水平的物流系统必然可以缩短企业的订货周期，降低客户的库存，从而降低客户的库存成本，提高企业的客户服务水平和竞争力。

(2) 库存水平。库存水平过低，会导致缺货成本增加；库存水平过高，虽然会降低缺货成本，但存货成本会显著增加。因此，合理的库存应保持在使总成本最低的水平上。

(3) 运输方式。企业采用更快捷的运输方式，虽然可能会增加运输成本，却可以缩短运输时间，降低库存成本，提高企业的快速反应能力。

3. 空间

空间是指企业制造中心或仓库相对于目标市场或供货点的位置。若企业距离目标市场太远，则必然会增加运输及包装成本；若在目标市场建立或租用仓库，也会增加库存成本。因此，空间因素对物流成本的影响也是很大的。

其实，影响物流成本的因素远不止这些。要想降低物流成本，就必须对整个物流流程进行分析，发现问题、解决问题，不断完善物流流程。只有这样，才能使物流更加合理化，实现物流成本的最小化。

二、电子商务物流成本的特征

(一) 物流成本的隐含性

企业的多数物流成本尚未作为物流费用单独核算，如制造企业习惯将物流费用计入产品成本，流通企业则将物流费用计算在商品流通费用中。因此，企业很难按照物流成本的含义完整地计算物流成本，而且已经被生产领域或流通领域分割开来的物流成本也不便单独地被计算和反映出来。

(二) 物流成本的非可控性

在物流成本中，有些是物流部门可以控制的，而有些是物流部门难以控制的。例如，保管费用过高可能是生产部门计划不准确、过量生产或紧急运输造成的，这些具有非可控性。

(三) 物流成本削减的乘法效应

物流成本的削减对企业利润的增加具有乘法效应。例如，销售额为 1 000 万元，物流成本为 100 万元，如果物流成本削减 10 万元，不仅可以直接产生 10 万元的收益，而且因为物流成本占销售额的 10%，所以随着物流成本消减了，则间接地增加了 100 万元的销售额。假如企业的销售利润率是 2%，创造 10 万元的利润，则需要增加 500 万元的销售额，即降低 10% 的物流成本所起的作用，相当于销售额增加 50% 的作用，这就是物流成本削减的乘法效应。由此可见，物流成本的控制对企业利润的增加具有显著的作用。

(四) 物流成本与服务水平的效益背反

物流成本与服务水平的效益背反是指物流服务的高水平必然带来企业业务量的增加、收入的增加，同时也带来企业物流成本的增加，使得企业效益下降，即高水平的物流服务必然伴随着高水平的物流成本，而且物流服务水平与成本之间并非呈线性关系，如图 4-1 所示。在没有很大技术进步的情况下，企业很难同时做到提高物流水平并降低物流成本。企业应该把物流作为一个系统来研究，用系统的方法来管理物流，物流系统追求的目标是尽量减少外部环境中不利因素的影响，用较少的物流成本和较好的服务质量为用户提供物流服务。

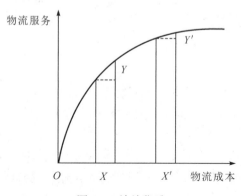

图 4-1　效益背反

(五) 物流成本核算方法和范围的差异性

各企业都是根据自己的不同理解和认识来把握和核算物流成本的，这就使得各企业在物流成本的核算方法和范围方面存在差异。不同的标准使得企业间的物流成本无法进行比较，也无法得出行业的平均物流成本。

三、电子商务物流成本的分类

按照不同的标准和要求，企业的物流成本有不同的分类。综合来说，企业物流成本分类的主要目的有两个：一个是满足物流成本计算的要求；另一个是满足物流成本管理的要求。下面分别从基于成本计算和基于成本管理两个方面来介绍企业物流成本的分类。

(一) 基于成本计算的企业物流成本分类

1. 按物流成本计入成本对象的方式分类

物流成本按其计入成本对象的方式可分为直接物流成本和间接物流成本。这种分类的目的是经济合理地将物流成本归属于不同的物流成本对象。

(1) 直接物流成本。直接物流成本是直接计入物流范围、物流功能和物流支付形态等成本对象的成本。一种成本是否属于直接物流成本，取决于它与成本对象之间是否存在直接关系，并且是否便于直接计入。

(2) 间接物流成本。间接物流成本是指与物流成本对象相关联的成本中不能用一种经济合理的方式追溯到物流成本对象的那一部分成本。

2. 按物流活动的成本项目分类

物流成本按物流活动的成本项目可分为物流功能成本和存货相关成本。这种分类方式实际上是对传统的物流成本按物流功能分类的细化。

(1) 物流功能成本。物流功能成本又可分为物流运作成本、物流信息成本和物流管理成本。物流运作成本是指完成商品、物资的流通而发生的费用，可进一步细分为运输成本、仓储成本、包装成本、装卸搬运成本和流通加工成本。物流信息成本是指为完成物流信息的收集、传递和处理等发生的费用支出。物流管理成本是实施物流管理发生的费用支出，既包括物流管理部门也包括物流作业现场的管理费用支出。

(2) 存货相关成本。存货相关成本是指物流活动过程中发生的与持有存货有关的成本支出，具体可分为流动资金占用成本、存货风险成本和存货保险成本。

3. 按物流活动发生的范围分类

物流成本按物流活动发生的范围可分为供应物流成本、企业内物流成本、销售物流成本、回收物流成本和废弃物物流成本。

(1) 供应物流成本。供应物流成本是企业在采购环节所发生的物流费用。具体来说，供应物流成本是指经过采购活动，将企业所需的原材料(生产资料)从供给者的仓库运回企业仓库为止的物流过程中所发生的物流费用。

(2) 企业内物流成本。企业内物流成本是货物在企业内部流转所发生的物流费用。具体来说，企业内物流成本是指从原材料进入企业仓库开始，经过出库、制造形成产品并进入成品库，直到产品从成品库出库为止的物流过程中所发生的物流费用。

(3) 销售物流成本。销售物流成本是企业在销售环节所发生的物流费用。具体来说，销售物流成本是指为了进行销售，产品从成品仓库运动开始经过流通环节，直到运输至消费者手中或终端销售点的物流活动过程中所发生的物流费用。

(4) 回收物流成本。回收物流成本是指退货、返修物品和周转使用的包装容器等从需求方返回供给方的物流活动过程中所发生的物流费用。

(5) 废弃物物流成本。废弃物物流成本是指将经济活动中失去原有使用价值的物品，根据实际需要进行收集、分类、加工、包装、搬运、储存等，并分送到专门处理场所的物流活动过程中所发生的物流费用。

4. 按物流成本的支付形态分类

企业的物流成本可分为企业本身发生的物流费和物流业务外包支付的委托物流费。企业内部发生的物流成本按支付形态可分为材料费、人工费、维护费、一般经费和特别经费。

(1) 材料费。材料费是指因材料消耗而发生的费用。

(2) 人工费。人工费是指因人力劳务的消耗而发生的费用。

(3) 维护费。维护费是指土地、建筑物及各种设施、设备等固定资产的使用、运转和维护保养所产生的费用。

(4) 一般经费。一般经费是物流成本支付形态中的公益费和一般经费的合并，涵盖了各物流功能成本在材料费、人工费和维护费三种支付形态之外反映的所有费用细目。

(5) 特别经费。特别经费是指与存货有关的物流成本费用支付形态，主要包括存货资金占用费、物品损耗费、存货保险费和税费。

(二) 基于成本管理的企业物流成本分类

1. 按物流成本是否具有可控性分类

物流成本按是否具有可控性，可分为可控物流成本与不可控物流成本。

在分析可控物流成本与不可控物流成本之前，首先要明确责任成本的概念。责任成本是以具体的责任单位(部门、单位或个人)为对象，以其承担的责任为范围所归集的成本。

可控物流成本是指在特定时期内，特定责任中心能够直接控制其发生的物流成本。与其对应的概念是不可控物流成本。可控物流成本总是针对特定责任中心而言的。一项物流成本对某个责任中心来说是可控的，对另外的责任中心则是不可控的。

2. 按物流成本习性分类

物流成本习性是指物流成本总额与物流业务量之间的依存关系。在一定范围内，一项特定的物流成本可能随着业务量的变化而增加、减少或不变，这就是不同的物流成本所表现出的不同的成本习性。

物流成本按成本习性进行分类，可分为变动物流成本、固定物流成本和混合物流成本。混合物流成本指物流成本中既有固定的部分也有变动的部分，它既不与物流业务量的变化成正比，也非保持不变，而是随着物流业务量的增减变动而适当变动，如物流设备的日常维修费、辅助费、管理费等。

3. 按物流成本是否在会计核算中反映分类

物流成本是管理会计意义上的"大成本"概念，既包括会计核算中实际发生的、计入企业实际成本费用的各项支出，也包括会计核算中没有实际发生、但在物流管理决策中应考虑的成本支出。

物流成本按是否在会计核算中反映，可分为显性物流成本和隐性物流成本。

(1) 显性物流成本。显性物流成本是物流成本在管理会计和财务会计两大领域中的共性成本。这部分成本支出是企业实际发生的，既在财务会计核算中反映，又是物流成本管理决策所需要的成本支出。运输成本和库存成本是显性成本的主要组成部分。

(2) 隐性物流成本。隐性物流成本是财务会计核算中没有反映，但在物流成本管理决策中需要考虑的成本支出，它是管理会计领域的成本。隐性物流成本的含义较为宽泛，隐性物流成本除了包括物流管理成本和逆向物流成本，还包括与物流活动相关的各种通信费用及订单成本等，但所占份额较小。

4. 按物流成本管理对象分类

物流成本按管理对象不同，可以分为事业部物流成本、营业网点物流成本、部门物流成本和作业物流成本等。

企业可根据物流成本管理实践，选择成本管理对象，通过计算和分析管理对象的物流成本，寻找物流成本管理的薄弱环节，制订措施，改进成本管理。成本管理对象的选择应密切配合物流成本管理工作。根据工作需要和管理目标，企业在不同时期对物流成本管理对象可以有不同的选择。

四、电子商务物流成本管理的作用

互联网以及现代信息技术的发展为人们进行电子商务物流成本管理创造了一个非常有利的环境和基础，通过电子商务对物流成本的管理，人们不仅可以有效地对物流成本进行实时监控，而且可以有效地对物流成本进行模拟，从而达到降低物流成本、提高物流效率和经济效益的目的。电子商务物流成本管理的作用主要表现在以下几个方面。

(1) 可以有效地对物流成本进行实时监控。

在电子商务物流情况下，企业可以通过电子商务系统、信息技术等对物流成本的实际情况进行实时监控，并根据物流成本的管理目标以及物流的目标，及时地做出科学合理的决策，降低物流成本，提高物流效率。

(2) 可以有效地对物流成本进行模拟。

在物流的实际运作过程中，物流成本之间存在背反规律。在物流的运输、仓储保管、装卸搬运、包装、配送、加工、物流信息等基本过程和功能之间，一种功能成本的削减会使另一种功能的成本增多，因为各种成本是互相关联的。在传统的物流运作过程中，一方面由于物流的功能被分割，分别隶属于不同的管理部门，缺乏统一的管理；另一方面由于企业物流信息系统的不健全，难以有效地实现物流整体成本的降低。而在电子商务物流的情况下，企业通过虚拟方式对物流过程进行模拟，并依据最合理的方法调整物流作业过程和作业方式，促进物流各作业环节的衔接和协调，就能有效地实现物流的合理化运作，降低物流成本，提高效率。

(3) 可以有效地协调各方面物流成本的关系。

在电子商务情况下，不管是对于物流企业、商业企业、生产企业、网站，还是对于消费者来说，都可以通过互联网这一开放性的网络形式有效地进行沟通和交流，并协调各方面物流成本的关系，共同实现物流(特别是在配送方面)成本的降低，达到多赢的目标。

(4) 可以有效地降低成本，提高利润。

物流成本在产品成本中占有较大比重，在其他条件不变的情况下，通过对物流成本进行控制，从而降低物流成本，就意味着扩大了企业的利润空间，提高了企业的利润水平。

(5) 有利于增强企业的竞争优势。

物流成本的降低，首先意味着增强了企业在产品价格方面的竞争优势。企业可以利用相对低廉的价格在市场上出售自己的产品，从而提高产品的市场竞争力，扩大销售规模，并以此为企业带来更多的利润。其次可以提高在时间和质量上的竞争力。企业可以通过物流成本管理，改善物流流程，削减不必要的物流环节，减少低效率的作业，提高响应速度和服务质量，减少企业流动资金的占用，加快资金周转速度。

(6) 有利于提高企业的物流管理水平。

加强物流成本管理可以改进企业的物流管理水平。企业物流管理水平的高低直接影响着物流耗费的大小。企业要降低物流成本的管理水平，就必须不断改进物流管理的方法与技能。因此，加强物流成本管理、降低物流成本是企业提高物流管理水平、提高服务质量的一个激励因素。

此外，进行电子商务物流成本的管理，首先可以掌握和了解电子商务成本的多少以及它的具体分布情况，从而提高企业内部对物流重要性的认识，并且从电子商务物流成本的分布发现物流活动中存在的问题。其次，也可以根据电子商务物流成本的计算结果制订物流计划，调整物流活动并评价物流活动效果。再次，还可以根据物流成本的计算结果，明确责任，加强物流成本的监督和管理，提高物流的管理效率。

五、电子商务物流成本管理的目标和原则

(一) 电子商务物流成本管理的目标

电子商务物流成本管理的目标包括基本目标和具体目标。基本目标是指企业进行电子商务物流活动时的整体性的、长期的、导向性的目标；具体目标是指企业进行电子商务物流活动时的局部的、短期的和操作性的目标。在此，我们主要探讨电子商务物流成本管理的基本目标，至于电子商务物流成本管理的具体目标，则由企业根据物流成本管理基本目标的要求，按照一定时期企业经营的具体情况和存在的具体问题加以制订和实施。

电子商务物流管理的基本目标主要受企业财务管理目标和物流经营活动目标的制约。一方面，物流成本管理是企业财务管理的一个组成部分；另一方面，物流成本的多少与物流的经营规模密切相关。一般来说，企业电子商务物流成本管理的基本目标可以概括为：在保证企业经营活动需要的前提下，以最小的物流成本完成物流活动的运作。

(二) 电子商务物流成本管理的原则

电子商务物流成本管理的原则是指企业在物流成本管理过程中各环节、各方面所遵循

的基本行为准则。从日常表现形式来看，就是处理物流成本关系的基本行为准则。企业物流成本的管理原则以企业生产经营及财务活动的一般原则为基础和前提，并且物流成本管理又具有自身的特点。具体来说，企业物流成本管理的原则主要有费用最小原则、保证需要原则、利益兼顾原则以及责任明确原则等。

(1) 费用最小原则。在物流成本的管理过程中，企业应采取各种对策和措施积极地降低物流成本，在可能的情况下，使成本降低到最小。

(2) 保证需要原则。在物流成本的管理过程中，物流成本的控制应在保证需要的前提下进行，不能为了实现费用的最小而放弃顾客的需要，从而降低信誉、丧失市场。

(3) 利益兼顾原则。在物流成本的管理过程中，企业应充分考虑各部门的利益，特别是物流部门之间的利益。在物流成本的具体控制中，应根据各物流环节的重要程度、工作量规模的大小以及市场状况来进行。

(4) 责任明确原则。责任明确原则指在物流成本管理过程中明确各方的责任，以防止如随意更改配送计划等事件的发生。

六、电子商务物流成本管理的基本思路

电子商务物流由于多批次、小批量配送和适时配送占有较大的比重，加之收货单位过多和过高的服务要求使物流服务水平越来越高，但因道路拥挤促使运输效率下降，导致运输费用上升；由于商品品种的增多、经济寿命的缩短，出现库存增加时多时少，导致库存费用上升；由于劳动力效率的低下，导致人工费用的增多；由于地价的上涨，导致物流中心投资费用的增加等。以上这些都影响着物流成本，使物流成本存在上升趋势。在这种情况下，企业降低物流成本已经成为当务之急。降低电子商务物流成本的对策和措施主要包括以下几个方面。

(1) 从物流全过程的视点来降低物流成本。

对一个企业来讲，控制物流成本不单是追求本企业物流的效率化，而应考虑到从产品制成到最终用户这整个供应链过程的物流成本的效率化，即物流设施的投资或扩建是否要视整个物流渠道的发展和要求而定。

在控制企业物流成本时，还有一个问题是值得注意的，即针对每个用户成本削减的幅度有多大。特别是在当今零售业的价格竞争异常激烈的情况下，零售业纷纷要求发货方降低商品的价格，因此，作为发货方的厂商或批发商都在努力提高针对不同用户的物流活动绩效。

(2) 通过实现供应链管理提高物流服务来削减成本。

在供应链管理体制下，仅本企业的物流具有效率化是不够的，它需要企业协调与其他企业(如零部件供应商等)、顾客、运输业者之间的关系，实现整个供应链活动的效率化。也正因为如此，追求成本的效率化不仅仅是企业中物流部门或生产部门的事，也是经营部门以及采购部门的事，即将降低物流成本的目标贯彻到企业所有的职能部门之中。而提高对顾客的物流服务是企业确保利益的最重要手段。从某种意义上来讲，提高顾客服务是降低物流成本的有效方法之一，但超过必要量的物流服务不仅不能带来物流成本的下降，反而有碍于物流效益的实现。在正常情况下，为了既保证对顾客的物流服务质量，又防止出

现过剩的物流服务，企业应当在考虑用户产业特性和商品特性的基础上，与顾客充分协调，探讨有关配送、降低成本等问题，寻求降低物流成本的途径。

(3) 借助于现代信息系统的构筑降低物流成本。

企业内部的物流效率化仍然难以使企业在不断激化的竞争中取得成本上的竞争优势，为此，企业必须与其他交易企业之间形成一种效率化的交易关系，即借助于现代信息系统的构筑，一方面使各种物流作业或业务处理能准确、迅速地进行，另一方面也能由此建立起物流经营战略系统。具体来讲，企业通过将订购的意向、数量、价格等信息在网络上进行传输，从而使生产、流通全过程的企业或部门分享由此带来的利益，充分应对可能发生的各种需求，进而调整不同企业间的经营行为和计划，这无疑从整体上控制了物流成本发生的可能性。也就是说，现代信息系统的构筑为彻底实现物流成本的降低，而不是向其他企业或部门转嫁成本奠定基础。

(4) 通过效率化的配送降低物流成本。

对于用户的订货要求建立短时期、正确的进货体制是企业物流发展的客观要求，但伴随配送产生的成本费用要尽可能降低，特别是多频度、小单位配送的发展，更要求企业采用效率化的配送方法。一般来讲，企业要实现效率化的配送，就必须重视配车计划管理，提高装载及车辆运行管理。所谓配车计划是指与用户的订货相吻合，将生产或购入的商品按客户指定的时间进行配送的计划。对于生产商而言，如果不能按客户指定的时间进行生产，也就不可能在用户规定的时间内配送商品，所以，生产商配车计划的制订必须与生产计划相联系来进行。同样，批发商也必须将配车计划与商品进货计划相联系开展。企业要做到配车计划与生产计划或进货计划相匹配，就必须构筑最为有效的配送计划信息系统。这种系统不仅是处理配送业务，而且是在订货信息的基础上，管理从生产到发货全过程的业务系统，特别是制造商为缩短对用户的商品配送，同时降低成本，必须通过这种信息系统制订配送计划，当商品生产出来后，装载在车辆中进行配送。对于发货量较大的企业，需要综合考虑并组合车辆的装载量和运行路线。也就是说，当车辆有限时，在提高单车装载量的同时，要事先设计好行车路线以及不同路线的行车数量等，以求在配送活动有序开展的同时，追求综合成本的最小化。

(5) 消减退货成本。

退货成本也是企业物流成本中一个重要的组成部分，它往往占有相当大的比例。退货成本之所以成为某些企业主要的物流成本，是因为随着退货会产生一系列的物流费、退货商品损伤或因滞销而产生的费用以及处理退货商品所需的人员费用等各种事务性费用。尤其是在退货情况下，通常由商品提供者承担退货费用，而退货方无须承担商品退货的相关费用。因此，退货方可能会轻易地退回商品，特别是数量较少的商品，这时的配送费用往往会增加。不仅如此，由于这类商品规模较小，也很分散，商品入库、账单处理等业务也都非常复杂。

(6) 利用一贯制运输和物流外委降低成本。

为降低物流成本，从运输手段上讲，可以通过一贯制运输来实现，即将从制造商到最终消费者之间的商品搬运，利用各种运输工具的有机衔接来实现，运用运输工具的标准化以及运输管理的统一化来减少商品周转、转载过程中的费用和损失，并缩短商品在途时间。在控制物流成本方面，还有一种行为是值得我们注意的，那就是物流的外委，或称第三方物流、合同制物流。它是利用企业外部的分销公司、运输公司、仓库或第三方物流公司执行本企业的物流管理或产品分销职能的全部或部分。其范围可以是对传统运输或仓储服务的有限的简单购买；也可以是广泛的，包括对整个供应链管理的复杂的合同。它可以是常规的，即将先前内部开展的工作外委；也可以是创新的，有选择地补充物流管理手段，以提高物流效益。一个物流外委服务提供者可以使一个公司从规模经济、更多的"门到门"运输等方面实现运输费用的节约，并体现出利用这些专业人员与技术的优势，另外，一些突发事件、额外费用如空运和租车等问题的减少，增加了工作的有序性和供应链的可预测性。实际上，外委的利益不局限于降低物流成本上，且企业也能在服务和效率上得到许多其他改进，如增强战略行动的一致性，提高顾客反应能力，降低投资需求，带来创新的物流管理技术和有效的物流管理信息系统等。

七、物流成本合理化管理

管理物流成本的关键在于分析和控制下述的几个环节，而各环节之间是连续和循环的，在循环的基础上不断进行调节，直到最优。

(1) 物流成本预测和计划。成本预测是对成本指标、计划指标事先进行测算平衡，寻求降低物流成本的有关技术经济措施，以此来指导成本计划的制订。成本计划是在预测的基础上对物流成本进行合理的安排和计划，是控制物流成本的关键和前提。

(2) 物流成本计算。在计划开始执行后，应当对发生的物流成本进行统计，并分析成本状况。

(3) 物流成本控制。在对物流成本进行计算和分析的基础上，根据企业的实际情况，参照成本计划，应当采用合理的方式对物流成本进行调节和控制，使物流成本减到最低限度，以达到预期的物流成本目标。

(4) 物流成本信息反馈。在控制和分析的基础上，将物流成本的分析情况提供给相关的决策部门，使其掌握具体情况，加强成本控制，保证规定目标的实现。

(5) 物流成本决策。根据信息反馈的结果，决定采取能以最少耗费获得最大效益的最优方案，以指导今后的工作，更好地进入物流成本管理的下一个循环过程，从而形成良性循环。

案例 4-1

物流成本相关理论

1. "黑大陆"学说

1962 年，著名的管理学家彼得·德鲁克在《财富》杂志上发表了题为《经济的黑色大陆》一文，强调应高度重视流通及流通过程中的物流管理。彼得·德鲁克曾经讲过"流通是经济领域的黑暗大陆"。德鲁克泛指的是"流通"，但由于流通领域中物流活动的模糊性特别突出，是流通领域中人们认识不清的领域，所以"黑大陆"学说主要是针对物流而言的。

所谓"黑大陆"，主要是指尚未认识、尚未了解的内容，如果理论研究和实践探索将其照亮，摆在人们面前的可能是一片不毛之地，但也可能是一片宝藏之地。"黑大陆"学说是对 20 世纪经济学界存在的愚昧认识的一种批驳和反对，指出在市场经济繁荣和发达的情况下，无论是科学技术还是经济发展都没有止境。"黑大陆"学说也是对物流本身的正确评价，即这个领域未知的东西还很多，理论与实践皆不成熟。

2. "第三利润源"学说

"第三利润源"学说最初是由日本早稻田大学教授西泽修提出的。1970年，西泽修教授在其著作《流通费用——不为人知的第三利润源泉》中，认为物流可以为企业提供大量直接或间接的利润，是形成企业经营利润的主要活动。非但如此，对国民经济而言，物流也是国民经济中创利的主要领域。后来，"第三利润源"学说逐步在其他国家流传开来。

人类历史上曾经认为有两个大量提供利润的领域。第一个是资源领域，挖掘对象是生产力中的劳动对象。因此，"第一利润源"指的是物质资源的节约。物质资源的消耗是实实在在的，也最容易被发觉并给予关注。但是，这种降低物质资源消耗方式的利润之源虽然形态各异，如开发廉价物替代原材料、对废旧物资再利用等，但无一不是以先进的科学技术和社会生产条件为先决条件的。因此，科学技术的发展水平必然制约着这一利润源泉更深入地开发。第二个是人力领域，挖掘对象是生产力中的劳动者。因此，"第二利润源"是指劳动消耗的降低。在排除物质消耗之后，从商品中获得利润的最有效的方式便是提高劳动效率、减少劳动耗费。发达国家在提高劳动生产率方面可谓精益求精，不仅对每个工艺流程进行最优化，而且对于工人的每个动作都进行了细致的研究并力图使之更简洁、更规范。同时，劳动生产率的提高与劳动消耗的降低也受到社会科学技术水平的极大制约。随着生产的机械化、自动化程度不断提高，生产工艺日趋程序化、规范化，使得"第二利润源"也基本无"泉"可挖。随着"第二利润源"的日渐枯竭，人们开始将探寻的目光投向流通领域，挖掘"第三利润源"。

所谓物流是"第三利润源"，是指物流通过合理化降低成本，成为继节约物质资源和降低劳动消耗之后企业获取利润的第三种途径。"第三利润源"的挖掘对象是生产力中的劳动工具的潜力，同时注重劳动对象与劳动者的潜力，因而更具全面性。"第三利润源"学说是基于以下四个方面提出的：

(1) 物流是可以完全从流通中分化出来的，自成体系，有目标，有管理，因而能进行独立的总体判析。

(2) 物流和其他独立的经济活动一样，不是总体的成本构成因素，而是单独盈利因素，可以成为"利润中心"。

(3) 从物流服务角度来看，通过有效的物流服务，可以给接受物流服务的生产企业创造更好的盈利机会，成为生产企业的"第三利润源"。

(4) 通过有效的物流服务，可以优化社会经济系统和整个国民经济的运行，降低整个社会的运行成本，提高国民经济总效益。

很显然，"第三利润源"是对物流潜力及效益的描述。经过长期的探索，人们已肯定"黑大陆"虽不清晰，但绝不是不毛之地，而是一片富饶之源。"第三利润源"学说揭示了现代物流的本质，使物流能在战略和管理上统筹企业生产、经营的全过程，并推动物流的现代化发展。

3. "物流成本冰山"学说

日本早稻田大学西泽修教授在研究物流成本时发现，现行的财务会计制度和会计核算方法都不能掌握物流费用的实际情况，如同只能看到露出海平面的冰山的一角，潜藏在海水里的绝大部分冰山却看不见，而海水中的冰山才是物流费用的主体部分。一般情况下，企业会计科目中，只把支付给外部运输、仓库企业的费用列入成本，实际这些费用在整个物流费用中确实犹如冰山的一角。因为物流基础设施建设费和企业利用自己的车辆运输，利用自己的库房保管货物，以及由自己的工人进行包装和装卸等费用都没有列入物流费用。物流成本便是一座冰山，其中沉在水面以下的是人们看不到的黑色区域，而人们看到的不过是物流成本的一部分，如图 4-2 所示。

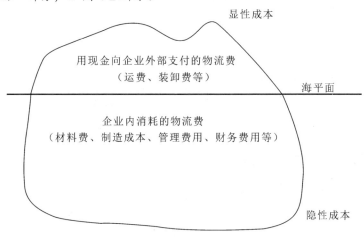

图 4-2 冰山理论

"物流成本冰山"学说之所以成立，除了会计核算制度本身没有考虑到物流成本之外，主要有以下三个方面的原因：

(1) 物流活动范围太大，包括供应物流、企业内物流、销售物流、回收物流和废弃物物流，从而使物流成本的计算贯穿于企业经营活动始终。

(2) 物流运作环节太多，包括运输、仓储、包装、装卸搬运、流通加工等。

(3) 物流成本支付形态太复杂，除了对外支付的费用外，内部支付形态包括材料费、人工费、设施设备的折旧费、维护修理费、燃料费、水电费等，几乎涵盖了会计核算中的所有支付形态。

正是由于上述三个方面的原因，使物流成本难以计算完整。因此，人们所掌握的物流成本确实犹如冰山一角。

ⓩ 任务二 物流成本预测

一、物流成本预测的含义

物流成本预测是指依据掌握的经济信息、历史物流成本资料，以及物流成本与各种技术经济因素的相互依存关系，采用科学的方法，对企业未来物流成本水平及其变化趋势做出科学的推测和估计。

物流成本预测是物流成本管理的起点，对于把握未来物流成本的发展变化方向、妥善安排资金有重要的作用。

二、物流成本预测的意义

(1) 物流成本预测为企业物流成本决策提供科学依据。

通过物流成本预测，可以为企业物流成本决策的制订提供大量的数据和资料，特别是有关企业所处市场环境及其发展变化趋势的资料。

(2) 物流成本预测为确定目标成本打下基础。

目标成本的正确确定是以成本预测为依据的，只有在采用科学的方法预测成本的基础上，目标成本的确定才具有实际意义。

(3) 物流成本预测是提高企业经济效益的前提条件。

经济效益是企业经营活动的根本，提高经济效益是经营管理的目标，而做好经营管理的条件之一就是积极地做好物流成本预测工作。

三、物流成本预测的分类

(一) 按成本预测的时间长短划分

1. 短期成本预测

短期成本预测是指采用季度、月份、周、天为单位对物流成本进行的预测。短期成本预测主要用于制订年度、季度和月度等短期工作计划，为制订企业短期内的经营任务的实施方案及措施提供参考依据。

2. 中期成本预测

中期成本预测是指以年度为单位对 1～4 年的物流成本进行的预测。中期成本预测主要用于为安排跨年度工作和修订长期计划提供信息资料。

3. 长期成本预测

长期成本预测是以年为时间单位，对 5 年以上的物流成本前景进行的预测。长期成本预测主要为制订长远规划、选择战略目标、制订重大经济管理决策提供科学依据。

(二) 按成本预测的空间范围划分

1. 国际市场成本预测

国际市场成本预测是指研究国际市场物流成本的实际情况，并在此基础上预见国际市场物流成本的发展趋势，为制订国际市场决策提供依据。

2. 国内市场成本预测

国内市场成本预测是对全国统一的物流市场的成本发展变化及其趋势进行的预测。国内市场成本预测为指导企业经营发展方向、调节全国的物流需求关系、合理分配物流资源提供依据。

3. 区域性市场成本预测

区域性市场成本预测是对某地区或某经济区的物流需求市场的成本及发展前景进行的

预测，以便为该地区或该经济区域安排服务、组织货源，更好地满足地区市场的物流需要。

(三) 按成本预测的内容划分

1. 物流总成本预测

物流总成本预测是对物流活动中所有的成本进行预测，它包括各种物流活动和各部门的物流费用支出及趋势。物流总成本预测能为企业控制物流费用提供较为全面的参考资料。

2. 单项物流成本预测

单项物流成本预测是对某一物流活动或某一部门物流成本的支出及趋势进行的预测。单项物流成本预测为具体某一物流活动或部门进行物流成本管理提供参考依据。

(四) 按成本预测的性质划分

1. 定性预测

定性预测是依靠预测者的观察分析能力、经验判断能力和逻辑推理能力判断事物未来发展趋势的一种预测方法。它是预测者根据其所了解的情况和实践积累的经验，对客观情况所进行的主观判断。

2. 定量预测

定量预测是根据比较完备的历史和现状统计资料，运用数学方法对资料进行科学的分析、处理，找出预测目标与其他因素的规律性联系，对事物的发展变化进行量化推断的一种预测方法。

四、物流成本预测的步骤

完整的物流成本预测工作一般包含六个步骤，如图 4-3 所示。

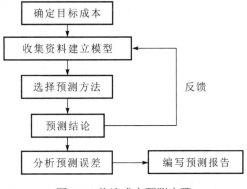

图 4-3　物流成本预测步骤

(一) 确定目标成本

一般情况下，物流成本包含固定成本、变动成本和混合成本。在进行成本预测前，先要确定目标成本，即哪项成本是本企业控制的重点。确定目标成本后，便可以明确物流成本预测的具体内容了。如果没有明确的预测目标，预测工作将会具有很大的盲目性。只有预测目标明确，预测工作才能做到抓住重点、有的放矢，提高预测工作的效率。

(二) 收集资料建立模型

资料是预测的依据，有了充分的资料，才能为市场预测提供可靠的数据。

(三) 选择预测方法

市场预测的方法很多，但并不是每种预测方法都适合所有被预测的问题。预测方法的选用将直接影响预测的精确性和可靠性。

(四) 预测结论

预测结论是预测过程的关键阶段，它是在选择预测方法或建立预测模型的基础上，对物流成本未来趋势做出的最终预测结论。

(五) 分析预测误差

预测误差是客观存在的，是不可避免的。通过预测误差来对预测值进行评价，若偏差小，则预测较为成功；若偏差大，则预测失去了意义，必须进行重新预测。

(六) 编写预测报告

预测报告的内容一般包括资料的收集与处理过程、预测方法的选择、预测模型的建立、对预测模型的检验、得出的预测结果、对预测结果的评价、修正的原因与方法、修正的预测结果及其他需要说明的问题等。

五、物流成本预测的方法

(一) 定性预测法

1. 集合意见法

集合意见法是由预测人员召集企业的管理者、业务人员，根据已收集的信息资料和个人的经验，对未来做出判断预测，最后由组织者把预测方案、意见集中起来，用平均数的方法根据实际工作中的情况进行修正，最终取得预测结果的方法，这类方法适合于作短期预测。

2. 德尔菲法

德尔菲法也称专家调查法，是以匿名的方式发表意见，即专家之间互不见面、不得互相讨论、不发生横向联系，只与调查人员单线联系，通过多轮次调查专家对问卷所提问题的看法，并反复征询、归纳、修改，最后汇总成专家大致相同的看法，以此作为预测的结果。

1) 德尔菲法的特点

(1) 匿名性。采用这种方法时所有专家组成员不直接见面，只是通过函件交流，这样就可以消除权威的影响，这是该方法的主要特征。匿名性是德尔菲法极其重要的特点，从事预测的专家不知道其他有哪些人参加预测，他们是在完全匿名的情况下交流思想的。

(2) 反馈性。该方法需要经过3～4轮的信息反馈，在每次反馈中调查组和专家组都可以进行深入研究，使得最终结果基本能够反映专家的基本想法和对信息的认识，所以结果较为客观、可信。小组成员的交流是通过回答组织者的问题来实现的，一般要经过若干轮反馈才能完成预测。

2) 实施德尔菲法的程序

在德尔菲法的实施过程中，始终有两方面的人在活动，一是预测的组织者，二是被选出来的专家。首先应注意的是德尔菲法中的调查表与通常的调查表有所不同，它除了有通常调查表中向被调查者提出问题并要求回答的内容外，还兼有向被调查者提供信息的责任，它是专家们交流思想的工具。德尔菲法的工作流程大致可以分为四个步骤，在每一个步骤中，组织者与专家都有各自不同的任务。

(1) 成立专家小组：按照预测研究需要的知识范围及其难易程度确定所需专家的人数及专家的名字。

(2) 专家做出初步判断：向所有专家提出所要预测的问题及有关要求，专家根据收到的信息资料进行思考，对所咨询的问题做出自己的初次书面分析判断，并按规定期限寄回。

(3) 请专家不断完善初次判断：调查人员将各位专家第一次分析的意见进行汇总，归纳出几种不同判断，可以借助图表等形式进行对比；然后将汇总、归纳的结果再次分发给各位专家，让专家比较自己同他人的意见，进一步修改、完善自己的意见和判断；接着调查人员再对第二次分析意见进行汇总、归纳和总结，再反馈。

(4) 确定预测值：在专家小组比较稳定的判断意见的基础上，运用一定的统计方法加以综合，做出预测结论。

3) 德尔菲法的优缺点

(1) 优点：能充分发挥各位专家的专长，集思广益，同时能把各位专家意见的分歧点表达出来，取各家之长、避各家之短，使获得信息资料的准确性提高。由于专家互不认识和见面，因此可以避免权威和声望的影响，也可以较快地收集大家发表的意见，同时参加者也易于接受结论，避免固执己见。

(2) 缺点：过程复杂耗时长。由于专家一般时间紧张，回答问题往往比较草率，同时由于预测主要依靠专家，因此归根结底仍属专家们的集体主观判断。此外，在选择合适的专家方面也存在困难，征询意见的时间较长，对于需要快速判断的预测难以使用。

3. 头脑风暴法

头脑风暴法(Brain Storming)，由美国 BBDO 广告公司的亚历克斯·奥斯本首创。该方法主要由价值工程工作小组人员在正常融洽和不受任何限制的气氛中以会议形式进行讨论、座谈，打破常规，使参加者能够积极思考、畅所欲言、充分发表看法，创造出一种自由愉快、畅所欲言的气氛，以此鼓励所有参加者自由发言、交换意见，从而达到激发参加者的创意及灵感的目的，使各种设想在相互碰撞中趋于完善。

头脑风暴法分为直接头脑风暴法和反头脑风暴法。直接头脑风暴法是指激发决策群体决策的创造性，产生尽可能多的设想，从中选取最优方案的方法；反头脑风暴法则是对提出的设想、方案逐一质疑，进行分析，探讨现实可行性，最终形成最优方案的一种方法。

物流成本预测中所指的头脑风暴法是直接头脑风暴法。

1) 头脑风暴法的原则

(1) 自由畅谈原则：会议主持人要创造一种自由的气氛，鼓励大家畅所欲言，激发参加者提出各种想法。

(2) 追求数量原则：主持人鼓励与会者尽可能多而广地提出设想，以大量的设想来保证质量较高的设想的存在。

(3) 庭外判决原则：参加者和主持人对各种意见、方案的评判必须放到最后阶段，此前要认真对待任何一种设想，而不管其是否适当或可行。

(4) 不断完善原则：参加者除提出自己的意见外，还可以对他人已经提出的设想进行补充、改进和综合，使原来的想法不断得到完善。

(5) 人数和时间适中原则：为便于提供一个良好的创造性思维环境，应该确定专家会议的最佳人数和会议进行的最佳时间。

2) 头脑风暴法的优缺点

(1) 优点：在自由的畅言氛围中自由交谈、互相启发，能在较大程度上激发策划人的思维，想出优秀的策划方案，从而集思广益，获取广泛的信息。

(2) 缺点：邀请的专家人数受到一定的限制，对参加者的综合能力要求也很高。

(二) 定量预测法

定量预测法是根据以往比较完整的历史统计资料，运用各种数学模型对未来发展趋势做出定量的计算，求得预测结果。这类方法有助于在定性分析的基础上掌握事物量的界限，帮助企业更正确地进行决策。在此我们主要介绍量本利分析法。

量本利分析法的基本原理是将成本划分为变动成本与固定成本，从而找出销售量(或业务量)与固定成本、变动成本、利润之间的关系，通过业务量的增加，减少分摊到单位业务量上的固定成本，从而使单位成本下降。量本利分析法的第一步是根据物流成本与物流业务量的变动关系将物流成本划分为固定成本与变动成本。

设固定成本为 FC，变动成本为 VC，单位变动成本为 V，业务量为 Q，总成本为 TC，则

$$TC = FC + VC = FC + VQ$$

设单位业务量的收费(单价)为 P，盈利为 R，在不考虑营业税的情况下，物流系统量本利三者的关系是：

$$R = PQ - TC = PQ - (FC + VQ) = (P - V)Q - FC$$

当盈利为零时，有

$$(P - V)Q = FC$$

$$Q_{\mathrm{b}} = \frac{\mathrm{FC}}{P-V}$$

此时业务量 Q_{b} 称为盈亏平衡点业务量，又称保本点，如图 4-4 所示。

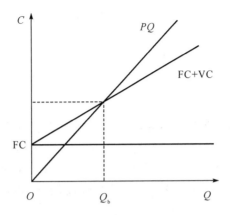

图 4-4　盈亏平衡示意图

如果目标利润为 R，则

$$R = (P-V)Q - \mathrm{FC}$$

$$Q_{\mathrm{R}} = \frac{R+\mathrm{FC}}{P-V} = \frac{Q_{\mathrm{b}}+R}{P-V}$$

式中，Q_{R} 称为保利点，即企业为实现目标利润 R 所应达到的目标业务量(或销售量)。

量本利分析法通常假定成本是已知的，再由成本推导利润及业务量。但是，若将公式稍作变换，也可用作成本控制的方法。

例 4-1　某物流配送站，若固定成本为 10 万元，每件收费为 100 元，单位变动成本为 80 元，据市场预测，业务量预计为 8 000 件，那么企业可获利润多少？

解　已知 $P = 100$ 元，$V = 80$ 元，$\mathrm{FC} = 10$ 万元，$Q = 0.8$ 万件。

$$R = (P-V)Q - \mathrm{FC} = (100-80) \times 0.8 - 10 = 6 \text{ 万元}$$

所以，企业可获利润为 6 万元。

例 4-2　某物流企业运输某种物料，每吨收费 640 元，固定成本为 228 480 元，单位变动成本为 371.2 元。要求：

(1) 预测该企业盈亏平衡点的运输量；

(2) 若计划期运输为 1 500 t，企业的预计盈利应为多少？

解　已知 $P = 640$ 元，$\mathrm{FC} = 228\ 480$ 元，$V = 371.2$ 元，$Q = 1\ 500$ t。

(1) 盈亏平衡点：

$$Q_{\mathrm{b}} = \frac{\mathrm{FC}}{P-V} = \frac{228\ 480}{640-371.2} = 850 \text{ t}$$

该企业盈亏平衡点的运输量为 850 t。

(2) 预计盈利：

$$R = (P-V)Q - \mathrm{FC} = (640-371.2) \times 1\ 500 - 228\ 480 = 174\ 720 \text{ 元}$$

因此企业预计盈利为 174 720 元。

设一定时期的业务量 Q 是既定的，即可能在合同中已经确定了。对第三方物流企业而言，这种情况是可能的。所谓既定，并非固定的意思，而是说这一变量是由外部环境决定的，企业无法控制。在这种情况下，企业要实现目标利润 R，就必须控制固定成本或变动成本。

$$FC = (P - V)Q - R$$

$$V = P - \frac{FC + R}{Q}$$

只有将固定成本或单位变动成本控制在公式右边数字的范围以内，才能实现目标利润 R。

例 4-3 某物流公司下一年度预计业务量为 12.5 万吨，每吨收费为 320 元。公司的固定成本为 800 万元，目标利润为 750 万元。该公司的变动成本应控制在多少以内才能实现这样的利润目标？

解 已知 $P = 320$ 元，$FC = 800$ 万元，$R = 750$ 万元，$Q = 12.5$ 万吨。

$$V = P - \frac{FC + R}{Q} = 320 - \frac{800 + 750}{12.5} = 196 \, 元$$

所以，变动成本应控制在 196 元以内才能实现 750 万利润目标。

量本利分析法是以固定成本不随业务量变动，单位业务量的变动成本也不随业务量变动为假设前提的。这在一定范围内是可行的，但超过一定范围，固定成本和单位变动成本都会上升。当业务量增长达到一个临界值时，边际成本等于边际收益(MC=MR，边际成本是指增加一个单位业务量增加的成本，边际收益是指增加一个单位业务量增加的收益)，业务量如果超过这一临界值，总利润将会下降。在经济学上，这一临界值被称作利润最大化的均衡点。

ⓩ任务三 库存成本控制

一、库存与库存管理的概念

库存是指储存作为今后按预定的目的使用而处于备用或非生产状态的物品。一般来说，企业在销售阶段为了能及时满足顾客的需要，避免发生缺货或延期交货现象，需要有一定的成品库存；在采购和生产阶段，为了保证生产过程的连续性，需要有一定的原材料和零部件库存。物流企业可以从这两个方面入手为企业提供库存管理服务。

所谓库存管理，就是对库存货物的管理。库存管理与仓储管理既有区别又有联系。仓储管理主要是指对仓库和仓储作业的管理，库存管理主要是对库存货物数量控制的管理。但是二者之间又是紧密联系的，仓储管理和库存管理都属于物流企业的主要工作，它们都围绕如何保证仓库的正常运转而展开，要提高仓库作业水平，二者缺一不可。

二、库存的分类

(一) 按库存在企业中的用途分类

(1) 原材料库存：企业生产所需的原材料形成的库存，是用于支持企业内制造和加工过程的库存。

(2) 在制品库存：原材料经过初步加工，但尚未完全完工，还需要进一步加工的中间产品或正在加工中的产品的库存。

(3) 维修库存：企业的机器与设备在维修、维护过程中而存储的配件、零件和材料所形成的库存。

(4) 产成品库存：已经制造完成并等待装运，可以对外销售的产成品的库存。

(5) 包装物和低值易耗品库存：企业为了包装本企业产品而储备的各种包装容器或由于价值低、易损耗等原因而不能作为固定资产的各种劳动资料所形成的库存。

(二) 按库存在企业经营中的作用分类

(1) 周转库存：生产企业或流通企业为生产或流通周转而进行的不断流转的储备，主要是用来缓冲采购和生产不一致、采购与投产不一致、上下加工环节不一致而形成的矛盾，以满足确定条件下的需求，其生成的前提是企业能够正确地预测需求和补货时间。

(2) 安全库存：为了应对需求、生产周期或供应周期等可能发生的不测变化而设置的一定数量的库存。安全库存在零售业总库存中所占的比重高达 1/3 左右。

(3) 调节库存：用于调节需求或供应的不均衡、生产速度与供应速度的不均衡、各个生产阶段产出的不均衡而设置的库存。

(4) 在途库存：企业已经取得商品的所有权，但尚处于运输、检验、待运过程中的商品。在没有到达目的地之前，可以将在途库存看作是周期库存的一部分。需要注意的是，在进行库存持有成本的计算时，应将在途库存看作是运输出发地的库存，因为在途的物品还不能使用、销售或随时发货。

(5) 季节性库存：为了调节商品的生产与销售在季节上的差异而建立的库存。这种库存只有在特定的季节出现，目的在于保证稳定的劳动力供给和稳定的生产运转。

(6) 投资库存：不是为了满足目前的需求，而是出于其他原因，如由于价格上涨、物料短缺等囤积的库存。

(7) 闲置库存：在某些具体的时间内不存在需求的库存。

此外，企业中有的物品长期积压，这类物品的库存被称为积压库存。积压库存对企业是有害的，在仓库管理中要尽量避免。

三、库存的作用

库存具有整合供给和需求、维持各项活动顺畅进行的功能。具体来讲，库存的作用主要包括以下几部分。

(一) 维持销售产品的稳定

销售预测型企业对最终销售产品必须保持一定数量的库存，其目的是应对市场的销售变化。在这种方式下，企业预先并不知道市场真正需要什么，只是按对市场需求的预测进行生产，因而产生一定数量的库存是必然的。但随着供应链管理的形成，这种库存也在减少或消失。

(二) 维持生产的稳定

企业按销售订单与销量预测安排生产计划，并制订采购计划，下达采购订单。由于采购物品需要一定的提前期，这个提前期是根据统计数据或者是在供应商生产稳定的前提下设定的。但这样设定时间存在一定的风险，有可能会因拖后而延迟交货，最终影响企业的正常生产，造成生产不稳定。为了防止物资短缺或生产过程中断，企业会增加材料的库存量。

(三) 平衡企业物流

在企业采购材料、生产用料、管理在制品及销售物品的物流环节中，库存起着重要的平衡作用。采购的材料会根据库存能力(资金占用等)，协调来料收货入库。同时，生产部门在领料时应考虑库存能力、生产线物流情况(场地、人力等)来平衡物料的发放，并协调在制品的库存管理。另外，对销售产品的物品库存也要视情况进行协调(各个分支仓库的调度与出货速度等)。

(四) 平衡流通资金的占用

库存的材料、在制品及成品占用了企业流通资金的主要部分，因而对库存量的控制实际上就是进行流通资金的平衡。例如，加大订货批量会降低企业的订货费用，保持一定量的在制品库存和材料会减少生产交换次数、提高工作效率，在这两方面之间需要寻找最佳控制点。

(五) 储备功能

企业往往会在价格下降时大量储存物料，减少损失，以应灾害等不时之需。但库存的存在也有弊端，主要表现在以下几个方面：

(1) 占用了企业大量资金。

(2) 增加了企业的产品成本与管理成本。库存材料的成本增加直接增加了产品成本，而相关库存设备、管理人员的增加也加大了企业的管理成本。

(3) 掩盖了企业众多管理问题，如计划不周、采购不力、生产不均衡、产品质量不稳定及市场销售不力等。

四、库存管理的作用

(一) 加快库存周转

库存周转是否迅速是企业成本、效率问题中的重要一环。库存对于企业的意义，在于它能够满足生产或流通对商品的需要。这种满足必须是适量的、适时的。通过物流企业帮助企业管理库存，提高库存管理水平，加快库存周转，不仅能为企业节约库存资金的占压，还能节约仓储管理费用，并降低库存风险和库存损耗。这是物流企业在专业化分工中具备的独特优势之一。

(二) 提高服务水平

由于市场竞争日益激烈，企业只有不断提高服务水平，才能保持和提高竞争力。许多企业采取的一个策略就是将产成品库存靠近客户以便及时交货，尤其对于可替代性很高的产品，这种策略尤为重要。另外，为了防止缺货，物流企业通常保持一定数量的库存作为缓冲，即安全库存，以防止在运输或订货方面出现问题时影响生产和销售。安全库存的数量将根据延迟交货的概率以及原材料的使用数量来确定。物流企业还要根据客户的特殊性制订库存管理制度和方法，以满足客户的多样性需求。

(三) 控制库存水平

不适时和不适量的库存是企业经济利益受损的主要原因。这些情况一旦发生，或者造成缺货，影响企业的正常经营；或者造成高库存，导致企业增加成本并减少利润。要做到适时适量，就要进行库存控制，因此，库存管理的核心问题就是库存控制。物流企业为企业提供专业的库存管理服务，将库存控制在合理的水平上，帮助企业减少不必要的库存，降低成本，促进产品的销售，从而提高企业的竞争力。

五、库存成本的构成

(一) 库存持有成本

库存持有成本是指为保有和管理库存所需承担的费用开支，具体可分为运行成本、机会成本和风险成本三个方面。

(1) 运行成本：主要包括仓储成本。库存越高，仓储面积越大，仓储成本也越高；此外，运行成本还包括仓库中的设备投资成本和日常运作费用(如水费、电费、人工费等)。

(2) 机会成本：主要是库存所占用的资金所能带来的机会成本。库存作为企业的资产，是通过占用企业的流动资金而获得的，任何企业都需要有一定的资金投资回报率，即库存占用的资金如果不用于库存而去经营其他投资所能获得的平均收益，这一比例因行业和企业的不同而有所不同，一般为 10%～16%。企业因为要持有一定的库存成本而丧失流动资金所能带来的投资收益，即为库存的机会成本。

(3) 风险成本：为减少库存的损失，大多数企业会为其库存的商品投保。同时，企业可能会因为库存的不合理存放而造成损耗或报废，例如食品过期、存放过程中破损、产品滞销、失窃等，这些都会产生库存的风险成本。

(二) 订购成本

订购成本是企业为了得到库存而需要承担的费用，其主要表现为订货成本，包括企业与供应商之间的通信联系费用、企业员工差旅费、货物的运输费用等。订购的次数越多，订货成本就越高。如果库存是企业自己生产的，则获得成本体现为生产准备成本，即企业为生产一批货物而进行的生产线改线的费用。

(三) 库存缺货成本

库存缺货成本是由于库存供应中断而造成的损失，其包括原材料供应中断造成的停工损失、产成品库存缺货造成的延迟发货损失和销售机会丧失所带来的损失，以及企业通过紧急采购来解决库存中断问题而承担的紧急额外采购成本等。

六、库存成本控制方法

(一) ABC 分类法

1. ABC 分类法的基本思想

一般来说，企业的库存物资种类繁多，每个品种的价格不同，数量也不等。有的物资品种不多但是价值很大，而有的物资品种很多但价值不高。由于企业的资源有限，对所有库存品种均给予相同程度的重视和管理是不可能的，也是不切实际的。为了使有限的时间、资金、人力、物力等能得到更有效的利用，应对库存物资进行分类，将管理的重点放在重要的物资上，并依据重要程度的不同，分别进行不同的管理，这就是 ABC 分类方法的基本思想。

2. ABC 分类法的概念

ABC 分类法(Activity Based Classification)又被称为帕累托分析法，是存储管理常用的分析方法，就是以某类库存物资品种数占物资品种数的百分数和该类物资金额占库存物资总金额的百分数大小为标准，将库存物资分为 A、B、C 三类，并进行分级管理的方法。

这种方法是根据库存商品在一定时期内的价值、重要性及保管的特殊性，通过对所有库存商品进行统计、综合，按大小顺序排列、分类，找出主要矛盾，然后抓住重点进行管理的一种科学有效的库存控制方法。

3. ABC 分类的依据

A 类：品种少、占用资金多的重要商品。
B 类：品种较多、占用资金一般的商品。
C 类：品种多、占用资金少的次要商品。
各类物资品种和资金所占比例关系如表 4-1 所示。

表 4-1　ABC 分类标准参照表

分　类	品种占用累计百分比	资金占用累计百分比
A 类	5%～15%	60%～80%
B 类	15%～25%	15%～25%
C 类	60%～80%	5%～15%

4. ABC 分类法的实施步骤

(1) 收集数据：根据分析要求和分析的内容，收集分析对象的有关数据。例如，要对库存商品占用资金情况进行分析，则可以收集各类库存商品的数量、销售价格等数据。

(2) 处理数据：将收集到的数据资料进行汇总、整理，对储存物资按其价值量的大小进行排序(当资金占用额相同时，再按单价由高到低排序)。一般来说，平均资金占用额=平均库存×单价。

(3) 绘制 ABC 分类表：ABC 分类表由 9 栏构成，每栏所需填入数据如表 4-2 所示。值得注意的是，在实际工作过程中，不一定会严格按照表 4-2 进行 ABC 分类表绘制，对表格进行处理后选择重要数据项亦可。

表 4-2 ABC 分类表

物品名称	品目数累计	品目累计百分数	物品单价	平均库存	平均资金占用额	平均资金占用额累计	平均资金占用额累计百分数	分类结果
①	②	③	④	⑤	⑥ = ④ × ⑤	⑦	⑧	⑨

填写表格时要注意，物品的数据条目应按照该项物品价值量(平均资金占用额)的大小按从大到小的顺序进行排序，这样排序的目的是便于我们区分主要与次要的物品类别。

(4) 分类。根据 ABC 分类表中第 3 栏(品目累计百分数)和第 8 栏(平均资金占用额累计百分数)，进行 A、B、C 三类商品的分类。

(5) 绘制 ABC 分类管理图。以品目累计百分数为横坐标，以平均资金占用额累计百分数为纵坐标，按 ABC 分类表中第 3 栏和第 8 栏提供的数据，在直角坐标图上取对应点，连接各点的曲线，形成 ABC 分类曲线。按 ABC 分类表上确定的 ABC 三个类别，在图上标明，如图 4-5 所示。

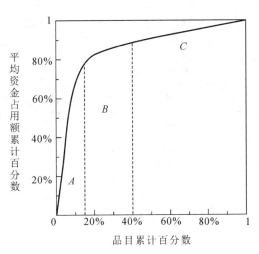

图 4-5 ABC 分类示意图

例 4-4 小王是某大学毕业生，毕业后到武汉某仓储公司担任仓库主管一职，刚进仓库，就有员工反映仓库内原材料不足，当小王看到仓库库存明细表并得知仓库内所有物品均统一进货时，小王就发现仓库管理中存在的问题了。请你运用所学知识对仓库库存明细表 4-3 数据进行分析，使用 ABC 分类法对仓库内的材料进行分类。

表 4-3　仓库库存明细表

材 料 名 称	库 存 数 量	单价/元
a	20	20
b	20	10
c	20	10
d	10	680
e	12	100
f	10	20
g	25	20
h	15	10
i	30	5
j	20	10

解答过程：

(1) 收集数据。题目中已经得到该仓库库存明细表，即数据收集的过程已经完成。

(2) 处理数据。

① 根据材料名称计算每种材料总价值(＝库存数量×单价)，并按照 ABC 分类表，按照平均资金占用额降序排序，当平均资金占用额相同时，再按单价从高到低排序，如表 4-4 所示。

表 4-4　数　据　处　理

材料名称	库存数量	单价/元	平均资金占用额/元
d	10	680	6 800
e	12	100	1 200
g	25	20	500
a	20	20	400
f	10	20	200
b	20	10	200
c	20	10	200
j	20	10	200
h	15	10	150
i	30	5	150

② 计算仓库中材料平均资金占用总额 = 10 000 元，品目数总数 = 182。

(3) 绘制 ABC 分类表并分类，如表 4-5 所示。

表 4-5　ABC 分类表

物品名称	品目数累计	品目累计百分数	物品单价/元	平均库存	平均资金占用额/元	平均资金占用额累计/元	平均资金占用额累计百分数	分类结果
d	10	5.5%	680	10	6 800	6 800	68.0%	A
e	22	12.1%	100	12	1 200	8 000	80.0%	A
g	47	25.8%	20	25	500	8 500	85.0%	B
a	67	36.8%	20	20	400	8 900	89.0%	B
f	77	42.3%	20	10	200	9 100	91.0%	C
b	97	53.3%	10	20	200	9 300	93.0%	C
c	117	64.3%	10	20	200	9 500	95.0%	C
j	137	75.3%	10	20	200	9 700	97.0%	C
h	152	83.5%	10	15	150	9 850	98.5%	C
i	182	100.0%	5	30	150	10 000	100.0%	C

(4) 绘制 ABC 分类图，如图 4-6 所示。

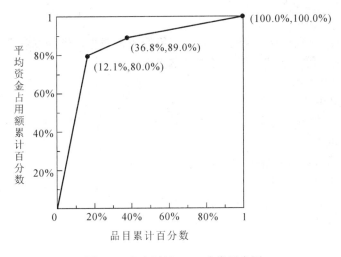

图 4-6　仓库材料 ABC 分类示意图

5. ABC 分类管理措施

1) A 类库存货物

这类货物数量虽少但对企业最为重要，是最需要严格管理和控制的货物。企业必须对此类货物定时进行盘点，详细记录并经常检查分析货物库存量的增减情况，在满足企业内部需要和顾客需要的前提下尽可能维持最低的经常库存量和安全库存量，加快库存周转。

(1) 采用定期订货制度，定期盘点和查看。

(2) 控制、减少每次发料数量。

(3) 严密监视库存量变化，采取各种措施，防止缺货。

2) B 类库存货物

这类货物属于一般重要的库存货物，通常采用定量订货制度。对于这类货物的库存管理介于 A 类和 C 类货物之间，一般进行正常的例行管理和控制(常规管理办法)。

3) C 类库存货物

这类货物数量最大但对企业的重要性最低，因而被视为不重要的库存货物，一般进行简单的管理和控制。

(1) 一般采用定量订货制度。

(2) 该类库存货物品种多、占用资金少，可以增加安全库存、减少订购次数，从而节约订购费用。

(3) 对积压的物资，除有特殊作用需保留的外，应及时进行清仓处理。

(二) 经济订购批量

1. 经济订购批量的原理

经济订购批量(Economic Order Quantity，EOQ)是存货维持与订货处理相结合以使成本降至最低的补给订货批量。这种批量的确定，是假设全年的需求和成本相对较稳定。既然 EOQ 是根据单一的产品进行计算的，那么，利用这些基本公式时可不考虑产品联合订货的影响。计算经济订货批量最有效的方法是数学方法。

(1) 前提条件：不考虑缺货成本。

(2) 计算逻辑：每次订购的数量越大，订货的成本越少，继而储存费用增加，相反也成立，所以需采用费用权衡法来确定经济订购批量。

(3) EOQ 的假设条件：

① 已知全部需求的满足数；

② 已知连续不变的需求速率；

③ 已知不变的补给完成周期；

④ 与订货数量和时间保持独立的产品价格不变；

⑤ 不限制计划制订范围；

⑥ 多种有货项目之间不存在交互作用；

⑦ 没有在途存货；

⑧ 不限制可得资本。

根据上述假设条件，设定：

① TC 为年总库存成本；

② PC 为年平均进货成本；

③ HC 为年保管仓储成本；

④ D 为年需要量(或采购订货量)；

⑤ P 为货物购买价格；

⑥ Q 为每次订货数量；

⑦ I 为每次订货成本；

⑧ J 为单位货物保管仓储成本；

⑨ F 为单位货物保管仓储成本与单位货物购买价格的比率(即 $F = J/P$)。

平均库存量为 $Q/2$，每年保管仓储成本为 $HC = (Q/2)J$，每年订货成本为 $(D/Q)I$，每年采购进货成本为 $PC = DP + (D/Q)I$，每年总库存成本为采购进货成本与保管仓储成本之和，即 $TC = PC + HC$，如图 4-7 所示。

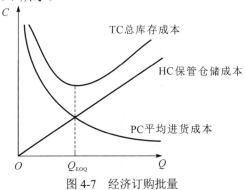

图 4-7　经济订购批量

2. 经济订购批量具体方程及推导过程

经济订购批量的具体方程如下：

$$TC = PC + HC = DP + \frac{D}{Q}I + \frac{Q}{2}J$$

对上式进行求导，并令导数为零：

$$TC' = -\frac{DI}{Q^2} + \frac{J}{2}$$

$$\frac{DI}{Q^2} = \frac{J}{2}$$

则

$$Q_{EOQ} = \sqrt{\frac{2DI}{J}}$$

其中 $J = FP$，上式也可表示为

$$Q_{EOQ} = \sqrt{\frac{2DI}{FP}}$$

年订货次数：

$$N = \frac{D}{Q_{EOQ}}$$

订货时间间隔：

$$T = \frac{365}{N}$$

例 4-5　某电商企业年需物资 1 200 t，单价 1 000 元/t，年保管费率为 12 %，每次订货成本为 300 元，求最低年总库存成本。

解 已知 $P = 1\,000$ 元/t，$D = 1\,200$ t，$I = 300$ 元，$J = FP = 12\% \times 1\,000 = 120$ 元。

经济订购批量：

$$Q_{EOQ} = \sqrt{\frac{2DI}{J}} = \sqrt{\frac{2 \times 1200 \times 300}{120}} = 77.46 \text{ t}$$

年总库存成本：

$$\begin{aligned}
TC &= DP + \frac{DI}{Q_{EOQ}} + \frac{Q_{EOQ}J}{2} \\
&= 1\,200 \times 1\,000 + \frac{1\,200 \times 300}{77.46} + \frac{77.46 \times 120}{2} \\
&= 1\,209\,295.16 \text{ 元}
\end{aligned}$$

例 4-6 某电商企业每年以每单位 30 元的价格采购 6 000 个单位的某产品，处理订单和组织送货需 125 元的费用，每个单位存储成本为 6 元，请问这种产品的最佳订货量是多少？最低年总库存成本为多少？年订货次数以及订货时间间隔分别是多少？

解 已知 $P = 30$ 元，$D = 6\,000$ 元，$I = 125$ 元，$J = 6$ 元。

(1) 经济订购批量：

$$\begin{aligned}
Q_{EOQ} &= \sqrt{\frac{2DI}{J}} \\
&= \sqrt{2 \times 6\,000 \times \frac{125}{6}} \\
&= 500 \text{ 个}
\end{aligned}$$

(2) 最低年总库存成本：

$$\begin{aligned}
TC &= DP + \frac{DI}{Q_{EOQ}} + \frac{Q_{EOQ}J}{2} \\
&= 6\,000 \times 30 + \frac{6\,000 \times 125}{500} + \frac{500 \times 6}{2} \\
&= 183\,000 \text{ 元}
\end{aligned}$$

(3) 年订货次数：

$$N = \frac{D}{Q_{EOQ}} = \frac{6\,000}{500} = 12 \text{ 次}$$

(4) 订货时间间隔：

$$T = \frac{365}{N} = \frac{365}{12} = 30.42 \text{ 天}$$

3. 有数量折扣的经济订购批量

在现实生活中，为了诱发更大的购买行为，供应商往往在订购数量大于某个最小数值时提供价格优惠。如果订购量大于供应商规定的折扣限量，购货厂家自然会愿意接受优惠的价格，但是当订货量小于这一限量时，购买者是否愿意接受这个价格优惠就要进行分析。因为购货厂家争取数量折扣时，一方面可以使库存的单位成本下降，订货费用减少，运输费用降低，缺货损失减小，抵御涨价的能力增强，但在另一方面又使库存量增大，库存管理费也可能会因此上升，流动资金的周转减慢，库存货物可能会老化、陈旧。因此，问题的关键在于增加订货后是否有净收益，若接受折扣所产生的总费用小于订购 EOQ 所产生的总费用，就应该增加订货而接受价格折扣。由于库存保管费用与物品的单位价格有关，因此不同价格水平的库存保管费不同，导致总费用也不同。

1) 假设条件

(1) 不允许缺货。

(2) 即时到货。

(3) 需求是连续的、均匀的。

(4) 每次订购不同数量的订货费不变。

(5) 不同的订货数量区间对应不同的采购单价。

(6) 单位物资年库存成本不变。

2) 参照经济订购批量进行建模

单位物资的采购价格以三种数量区间为例，其中单价为 $P_1 > P_2 > P_3$，采购区间为 $Q_1 < Q_2$，如表 4-6 所示。

表 4-6 采 购 区 间

订货批量	$0 \leqslant Q < Q_1$	$Q_1 \leqslant Q < Q_2$	$Q_2 \leqslant Q$
单价	P_1	P_2	P_3

由此可知，有数量折扣的经济订购批量是 Q 的分段函数，因此不能运用令导数为零的方法确定极值点，如图 4-8 所示。

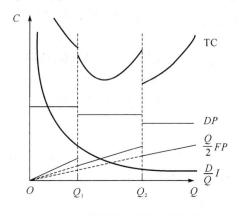

图 4-8 数量折扣经济订购批量

3) 步骤

首先从最低价格开始计算 EOQ，如果按最低价格计算的 EOQ 是可行的，它就是最优解；如果 EOQ 不在最低价格区域内，再按次最低价格计算 EOQ，直到找到可行的 EOQ，则将可行的 EOQ 总费用与更低价格的折扣点总费用进行比较，取最低总费用作为经济批量的最优解。

例 4-7 某电商企业每年需要采购 4 000 只开关，每次订货费用为 18 元，库存保管费用率为单价的18%，采购批量区间与价格如表4-7所示，求经济订货批量和年总费用。

表4-7 采购批量区间与价格

订货批量/只	1≤Q≤499	500≤Q<999	1 000≤Q
单价/元	0.9	0.85	0.82

解 已知$D=4\,000$，$I=18$元，$F=18\%$。

当$P_1=0.9$元时，$J=0.9\times18\%=0.162$元。

当$P_2=0.85$元时，$J=0.85\times18\%=0.153$元。

当$P_3=0.82$元时，$J=0.82\times18\%=0.147\,6$元。

(1) 对每一个价格，从低到高分别用EOQ公式计算可行解。

当$P_3=0.82$时，经济订购批量Q_3为

$$Q_3=\sqrt{\frac{2DI}{J}}=\sqrt{\frac{2\times4000\times18}{0.147\,6}}=988\text{ 只}$$

因为$Q_3=988$，落在$500\leq Q<999$区间内，不在0.82元/只的优惠范围内，所以不是可行解，$1\,000\leq Q$区间内，当$Q_3=1\,000$时，总成本最低。

再取单价为0.85元进行计算。当$P_2=0.85$时，经济订购批量Q_2为

$$Q_2=\sqrt{\frac{2DI}{J}}=\sqrt{\frac{2\times4000\times18}{0.153}}=971\text{ 只}$$

$Q_2=971$落在$500\leq Q<999$区间内，是可行解。不再对其他价格进行计算，直接进入下一步。

(2) 计算$Q_2=971$的总费用，并且与$Q_3=1\,000$的总费用进行比较：

$$TC_2=4\,000\times0.85+\frac{4\,000\times18}{971}+\frac{871\times0.153}{2}=3\,540.78\text{ 元}$$

$$TC_3=4\,000\times0.82+\frac{4\,000\times18}{1\,000}+\frac{1\,000\times0.146\,7}{2}=3\,425.35\text{ 元}$$

因为$TC_3<TC_2$，所以经济订购批量为1 000只开关时年总费用最低，为3 425.35元。

(三) 定量订货

定量订货制度是当库存货物量下降到某一库存数量(订货点)时，按现定数量(以经济订货批量计算)组织货物补充的一种库存管理制度。运用这种方法，每次订购的数量不变，而订购时间由材料物资需要量来决定。定量库存控制的关键是正确确定订购点(订货点)，即提出订购时的储备量标准。如果订购点偏高，将会增加材料物资储备及其储存费用；如果订购点偏低，则容易发生供应中断。确定订购点时需要考虑四个因素：

(1) 经济订购批量的大小。

(2) 订货提前量。

(3) 超常耗用量。

(4) 安全库存量。

其特点是：订货点不变，订购批量不变，而到货间隔期不定。

企业认为，库存货物消耗到订货点时，便采取订货并发出订货单，经过到货时间延续，库存货物量又陡然上升，循环往复，促使生产或经营连续不断。订货点确认的计算公式为：

$$订货点 = 到货间隔期 \times 平均每天耗用量$$

企业每天货物耗用量为均匀或固定不变的，并且到货间隔期是可预知的，那么该公式则成立。但是企业经济活动经常会出现一些不可预测性，如每天耗用货物量和到货间隔期出现变化，在这种情况下，往往就要考虑安全库存这一概念，所谓安全库存就是为了预防临时用量增大或到货间隔期延长而多储备库存量。其计算公式为

$$安全库存 = (预计每天最大耗用量 - 平均每天耗用量) \times 到货间隔期$$

根据考虑安全库存这一因素，对订货点公式进行修正，其修正后的订货点计算公式为

$$订货点 = 到货间隔期 \times 平均每天耗用量 + 安全库存$$
$$= 预计每天最大耗用量 \times 到货间隔期$$

确定了订货点后，就必须考虑订货量，订货量的确定可参照经济订货批量来进行。

例 4-8 某种商品的订购周期为 10 天，每天需用量为 20 t，安全库存定额为 200 t，若采用定量订购方式，试确定其订货点。

解
$$订货点 = 到货间隔期 \times 平均每天耗用量 + 安全库存$$
$$= 10 \times 20 + 200$$
$$= 400 \text{ t}$$

所以，该商品的订货点为 400 t。

(四) 定期订货

定期订货制度是按预先确定的相对不变的订货间隔期进行订货补充库存量的一种库存管理制度。企业由于受到生产、经营目标的影响，或市场因素的影响，往往需要提前确定订货时间，这样在一个生产或经营周期内基本确定订货数量，从而形成相对稳定的订货间隔期，定期订货制度就随之产生了。

其特点是：订货间隔期不变，订购货物量不定。

一般认为，库存货物耗用至某一预先指定的订货时间(不发生任何缺货损失，保证生产或经营的连续性)，便开始订货并发出订货单，直至进货。待到下一期订货时间，循环往复，始终保持订货间隔期不变。订购货物量的计算公式为

$$订货量 = 最高库存量 - 现有库存量 - 订货未到量 + 顾客延迟购买量$$
$$最高库存量 = (到货间隔期 + 订货周期) \times 平均每天耗用量 + 安全库存$$

这种订货方式的优点是对物资储备量控制严格，它既能保证生产需要，又能避免货物超储；缺点是手续麻烦，每次订货都得去检查库存量和订货合同，并计算出订货量。它一般适用于企业必须严格管理的重要货物。

例 4-9 某电子商务企业对某种商品每月 20 日订购一次，平均一天的需要量为 80 件，安全库存量为 400 件，备运时间为 5 天，20 日盘点时的实际库存量为 600 件，原采购合同下月到货有 500 件，求该商品的订购量。

解 订货量 = (到货间隔期 + 订货周期) \times 平均每天耗用量 + 安全库存 - 现有库存量 - 订货未到量
$$= (5 + 30) \times 80 + 400 - 600 - 500$$
$$= 2\,100 \text{ 件}$$

所以，该商品的订购量为 2 100 件。

七、电子商务物流库存成本控制策略

电子商务物流库存成本控制策略是电子商务物流成本控制的重心，其管控效果直接影响物流系统整体功能的发挥，进而影响企业的经营。库存成本控制的策略一般包括以下几种。

(一) 定量补货与动态补货方式相结合策略

库存补货系统首先要解决何时补货以及每次补多少货的问题。正确的库存补货方式可以大大降低安全库存量，对整体库存水平的控制是非常重要的。通常对不同的物料可以结合定量补货法和动态补货法去考虑何时补货的问题，如表 4-8 所示。

表 4-8 定量补货法与动态补货法

类 别	描 述	适 用 条 件	缺点和不足
定量补货法	该方法是在某种物料的库存量达到预先设定的水平时进行补货	适用于对交货要求不高、需求比较稳定、供应商的交货较好并且产品的单价适中的物料	对安全库存量的要求比较高
动态补货法	该方法是通过对现有库存量及未来一定时期内的需求预测数量的平衡，来确定当前是否要生成采购单补货	适用于物料的需求不稳定，只有依靠不定期的预测来提高需求数据的可靠性，并且物料的价格较高的场合	管理工作复杂，需要有一套完善的 ERP 系统支持

(二) 供应商管理库存策略

供应商管理库存(VMI)是通过供应商和企业之间实施战略合作，采用对双方来说能实现成本最低化的方案，并在双方满意的目标框架下由供应商管理库存的方法。长期以来，流通中的库存是各自为政的。流通环节中的每一个部门都是各自管理自己的库存的，零售商、批发商、供应商都有各自的库存，各个环节都有自己的库存控制策略，不可避免地产生需求的扭曲现象，即所谓的需求放大现象，无法使供应商快速地响应用户的需求。

供应商管理库存策略打破了传统的各自为政的库存管理模式，体现了供应链的集成化管理思想，适应市场变化的要求，是一种新的有代表性的库存管理思想。国外有学者认为"VMI 是一种在用户和供应商之间的合作性策略，以对双方来说都是最低的成本优化商品的可获性，在一个相互统一的目标框架下由供应商管理库存，这样的目标框架被经常性地监督和修正，以产生一种连续改进的环境"。VMI 体现了合作原则、互惠原则、目标一致原则和连续改进原则。精心设计与开发的 VMI 系统，可以降低供应链的库存水平，降低库存成本，同时可以获得高水平的服务，进而改善企业因物流而产生的资金流问题，与供应商共享需求变化的透明性并获得更高的用户信任度。

（三）联合库存管控策略

联合库存管控是一种风险分担的库存管控模式。它与 VMI 不同，VMI 是一种供应链集成化运作的决策代理模式，它把用户的库存决策权代理给供应商，由供应商代理分销商或批发商行使库存决策的权力。

联合库存管控的思想可以从分销中心的联合库存功能谈起。地区分销中心体现了一种简单的联合库存管控思想。传统的分销模式是分销商根据市场需求直接向工厂订货。比如，汽车分销商(或批发商)根据用户对车型、款式、颜色、价格等的不同需求，向汽车制造厂订货，需要经过一段较长的时间才能送到。如果顾客不想等待很久，那么各个分销商不得不进行库存备货，这样大量的库存使分销商难以承受，以致破产。据估计，在美国，通用汽车公司销售 500 万辆轿车和卡车，平均价格是 18 500 美元，分销商维持 60 天的库存，库存费是车价值的 22%，一年总库存费用达到 3.4 亿美元。而采用地区分销中心方式，则大大减缓了库存浪费的现象。采用分销中心的销售方式后，各个分销商只需要少量的库存，大量的库存由地区分销中心储备，也就是各个分销商把其库存的一部分交给地区分销中心负责，从而减轻了各个分销商的库存压力。分销中心起到了联合库存管控的作用，分销中心既是一个商品的联合库存中心，也是需求信息的交流与传递枢纽。从分销中心的功能我们得到启发，对现有的库存管控模式进行新的拓展和重构，提出了联合库存管控新模式——基于协调中心的联合库存管控系统。

（四）JIT 控制策略

将 JIT 理念运用到采购、运输和生产中，能够减少企业库存在移动中消耗的时间和空间，使得客户订单与商品交付之间的间隔尽量缩短。

JIT 采购是为了降低积压库存、减少浪费而产生的一种采购方式，也称准时制采购法。这种方法的基本思想就是在正合适的时间、正合适的地点，以正合适的数量、正合适的质量由供应商向企业提供正合适的产品。通过企业之间的协调与合作，降低整个供应链上的库存。JIT 运输是供应商与承运人之间建立合作的运输网络，通过闭环系统定期交付商品。运用"直接运输"策略，供应商生产的商品不经过供应链上其他企业这些中间环节，而直接运送到零售商。例如在某一供应链上，核心企业为零售商，则可以将商品从制造商仓库直接转运至客户手中。在实施"直接运输"策略时，可以通过实施"连续补货"方式来保证货物的连续供给，即企业之间共享关于库存状况和销售情况的信息，并保证信息的有效和及时更新，事先确定好运输的目的地、收货人以及运输的数量等信息，以保证商品能够第一时间送出。

JIT 生产需要重视以顾客需求为拉动生产的因素，由下游需求来确定生产时间和需求量，运用统一的生产产能和产出调度来避免供应链中的不稳定性。

案例 4-2

牛 鞭 效 应

宝洁公司(P&G)在研究婴儿纸尿裤的市场需求时发现，该产品的零售数量是相当稳定的，波动性并不大。但在考察分销中心的订货情况时，却吃惊地发现波动性明显增大了。其分销中心表示，他们是根据汇总的销售商的订货需求量向其订货的。宝洁公司进一步研究后发现，零售商往往根据对历史销量及现实销售情况的预测，确定一个比较客观的订货量，但为了保证这个订货量及时可得，并且能够适应顾客需求增量的变化，他们通常会将预测订货量作一定放大后向批发商订货，批发商出于同样的考虑，也会在汇总零售商订货量的基础上再作一定的放大后向销售中心订货。这样，虽然顾客需求量并没有大的波动，但经过零售商和批发商的订货放大后，订货量就一级一级地放大了。再考察其他供应商，如 3M 公司的订货情况时，也惊奇地发现订货的变化更大，而且越往供应链上游，其订货偏差越大。这就是营销活动中的需求变异放大现象，人们称之为"牛鞭效应"。

"牛鞭效应"是营销活动中普遍存在的现象，因为当供应链上的各级供应商只根据来自其相邻的下级销售商的需求信息进行供应决策时，需求信息的不真实性会沿着供应链逆流而上，产生逐级放大的现象，到达最源头的供应商(如总销售商或者该产品的生产商)时，其获得的需求信息和实际消费市场中的顾客需求信息发生了很大的偏差，需求变异系数比分销商和零售商的需求变异系数要大得多。

产生"牛鞭效应"的原因主要有以下六个方面：

(1) 需求预测修正。需求预测修正是指当供应链的成员采用其直接的下游订货数据作为市场需求信息和依据时，就会产生需求放大。例如，在市场销售活动中，假如零售商的历史最高月销量为 1 000 件，但下月正逢重大节日，为了保证销售不断货，他会在月最高销量基础上再追加 A%，于是他向其上级批发商下订单(1+A%)×1 000 件。批发商汇总该区域的销量预计(假设)为 12 000 件，他为了保证零售商的需要，又追加 B%，于是他向生产商下订单(1＋B%)×12 000 件。生产商为了保证批发商的需要，虽然他明知其中有夸大成分，但他并不知道具体情况，于是他不得不至少按(1+B%)×12 000 件投产，并且为了稳妥起见，在考虑毁损、漏订等情况后，他又加量生产，这样一层一层地增加预订量，导致"牛鞭效应"。

(2) 订货批量决策。订货批量决策是指在供应链中，每个企业都会向其上游订货，一般情况下，销售商并不会来一个订单就向上级供应商订货一次，而是在考虑库存和运输费用的基础上，在一个周期或者汇总到一定数量后再向供应商订货。为了减少订货频率、降低成本和规避断货风险，销售商往往会按照最佳经济规模加量订货。同时，频繁的订货也会增加供应商的工作量和成本，供应商也往往要求销售商在一定数量或一定周期订货，此时销售商为了尽早得到货物或全额得到货物，甚至为备不时之需，往往会人为地提高订货量，这样，由于订货策略导致了"牛鞭效应"。

(3) 价格波动。价格波动是由于一些促销手段或者经济环境突变造成的，如价格折扣、数量折扣、赠票、与竞争对手的恶性竞争和供不应求、通货膨胀、自然灾害等。这种因素使许多零售商和推销人员预先采购的订货量大于实际的需求量，因为如果库存成本小于由于价格折扣所获得的利益，销售人员当然愿意预先多买，这样订货没有真实反映需求的变化，从而产生"牛鞭效应"。

(4) 短缺博弈。当需求大于供应时，理性的决策是按照订货量比例分配现有供应量。比如，总的供应量只有订货量的 40%，合理的配给办法就是按其订货的 40%供货。此时，销售商为了获得更大份额的配给量，故意夸大其订货需求是在所难免的。当需求降温时，订货又突然消失，这种由于短缺博弈导致的需求信息的扭曲最终导致"牛鞭效应"。

(5) 库存责任失衡。库存责任失衡加剧了订货需求放大。在营销操作上，通常的做法是供应商先铺货，待销售商销售完成后再结算。这种体制导致的结果是供应商需要在销售商(批发商、零售商)结算之前按照销售商的订货量负责将货物运至销售商指定的地方，而销售商并不承担货物搬运费用。在发生货物毁损或者供给过剩时，供应商还需承担调换、退货及其他相关损失，这样，库存责任自然转移到供应商，从而使销售商处于有利地位。同时在销售商资金周转不畅时，他们有大量存货可作为资产使用，会利用这些存货与其他供应商易货，或者不顾供应商的价格规定而低价出货，加速资金回笼，从而缓解资金周转的困境。再者，销售商掌握大量的库存也可以作为其与供应商进行博弈的筹码。因此，销售商普遍倾向于加大订货量，以便掌握主动权，这样也必然会导致"牛鞭效应"。

(6) 应对环境变异。应对环境变异所产生的不确定性也是促使订货需求放大加剧的现实原因。自然环境、人文环境、政策环境和社会环境的变化都会增加市场的不确定性。销售商应对这些不确定性因素影响的最主要手段之一就是保持库存，并且随着这些不确定性的增强，库存量也会随之变化。当对不确定性的预测被人为渲染，或者形成一种较普遍的认识时，为了保证应对这些不确定性的安全库存，销售商会加大订货，将不确定性风险转移给供应商，这样也会导致"牛鞭效应"。

ⓩ 任务四　配送成本控制

一、配送成本的含义

配送成本是指在配送活动中的备货、储存、分拣、配货、配装、送货、送达服务及配送加工环节所发生的各项费用的总和，是配送过程中所消耗的各种活劳动和物化劳动的货币表现。

二、配送成本的特性

(一) 配送成本的隐蔽性

日本早稻田大学的西泽修教授通过物流成本"冰山说"透彻地阐述了物流成本的难以识别性。同样，要想直接从企业的财务中完整地提取出企业发生的配送成本也是难以做到的。配送成本确实犹如一座海里的冰山，露出海面的仅是冰山一角。

(二) 配送成本削减的乘法效应

配送成本削减具有乘法效应，即配送成本的减少可以显著增加企业的效益与利润。如果配送成本占销售额的 1%，那么配送成本降低 1 元，相当于使销售额增加 100 元。可见，配送成本的下降会产生极大的效益。

(三) 配送成本的效益背反

所谓效益背反，是指同一资源的两个方面处于相互矛盾的关系之中，要达到一个目的必然要损失另一个目的，要追求一方必须要舍弃另一方的一种状态。这种状态在配送诸多活动之间也是存在的。譬如，尽量减少库存据点及库存，必然引起库存补充频繁，从而增加运输次数；同时，仓库的减少，会导致配送距离变长，运输费用进一步增加。此时，一方成本降低，另一方成本增大，产生成本效益背反状态。如果运输费的增加超过保管费的降低部分，总成本反而会增加，这样减少库存据点及库存就变得毫无意义。

(四) 配送成本与服务水平的背反

高水平的配送服务是由高的配送成本来保证的，企业很难既提高配送服务水平，又降低配送成本，除非有较大的技术进步。要想超过竞争对手，提出并维持更高的服务标准就需要有更多的投入。因此，一个企业在做出这种决定时必须经过仔细研究和对比。

(五) 配送成本的不可控性

配送成本中有许多是物流管理部门不可控制的。例如，保管费用包括由于过多进货或过多生产而造成积压的库存费用，以及紧急运输等例外发货的费用，这些费用都是物流部门不能控制的。

三、配送成本的构成

根据配送流程及配送环节，配送成本实际上包含配送运输成本、分拣成本、配装成本及流通加工成本等，其计算公式如下：

$$配送成本 = 配送运输成本 + 分拣成本 + 配装成本 + 流通加工成本$$

(一) 配送运输成本

配送运输成本是指配送车辆在完成配送货物过程中，所发生的各种车辆费用和配送间接费用。配送运输成本主要包括以下方面：

1. 车辆费用

车辆费用指从事配送运输生产而发生的各项费用，具体包括工资及职工福利费、燃料费、轮胎费、修理费、折旧费、养路费、车船税等项目。

(1) 工资及职工福利费。它是根据"工资分配汇总表"和"职工福利费计算表"中各车型分配的金额计入成本的。

(2) 燃料费。它是根据"燃料发出凭证汇总表"中各车型耗用的燃料金额计入成本的。配送车辆在本企业以外的油库加油，其领发数量不作为企业购入和发出处理的，应在发生时按照配送车辆领用数量和金额计入成本。

(3) 轮胎费。轮胎外胎采用一次摊销法的，根据"轮胎发出凭证汇总表"中各车型领用的金额计入成本；采用按行驶胎千米提取法的，根据"轮胎摊提费计算表"中各车型应负担的摊提额计入成本。发生轮胎翻新费时，根据付款凭证直接计入各车型成本或通过待摊费用分期摊销。内胎、垫带根据"材料发出凭证汇总表"中各车型成本领用金额计入成本。

(4) 修理费。辅助生产部门对配送车辆进行保养和修理的费用，根据"辅助营运费用分配表"中分配各车型的金额计入成本。

(5) 折旧费。它是根据"固定资产折旧计算表"中各车辆种类提取的折旧金额计入各分类成本。

(6) 养路费及运输管理费。配送车辆应缴纳的养路费和运输管理费，应在月终计算成本时，编制"配送营运车辆应缴纳养路费及管理费计算表"，据此计入配送成本。

(7) 车船税、行车事故损失和其他费用。如果是通过银行转账、应付票据、现金支付的，根据付款凭证等直接计入有关的车辆成本；如果是在企业仓库内领用的材料物资，根据"材料发出凭证汇总表""低值易耗品发出凭证汇总表"中各车型领用的金额计入成本。

2. 营运间接费用

营运间接费用是指营运过程中发生的不能直接计入各成本计算对象的站、队经费。包括站、队人员的工资及福利费、办公费、水电费、折旧费等内容，但不包括管理费用。

(二) 分拣成本

分拣成本是指分拣机械及人工在完成货物分拣过程中所发生的各种费用。分拣成本主要包括：

(1) 分拣人工费用。分拣人工费用指从事分拣工作的作业人员及有关人员工资、奖金、补贴等费用的总和。

(2) 分拣设备费用。分拣设备费用指分拣机械设备的折旧费用及修理费用。

(三) 配装成本

配装成本是指在完成配装货物过程中所发生的各种费用之和。配装成本主要包括：

(1) 配装材料费用。常见的配装材料有木材、纸、自然纤维和合成纤维、塑料等。这些包装材料功能不同，成本相差很大。

(2) 配装辅助费用。除装配费用外，还有一些辅助性费用，如包装标记、标志的印刷费用，拴挂物费用等。

(3) 配装人工费用。装配人工费用指从事包装工作的工人及有关人员的工资、奖金、补贴等费用的总和，即配装人工费用。

(四) 流通加工成本

流通加工成本是指在配送过程中提供的各种流通加工服务所消耗的材料费、人工费和制造费用。流通加工成本主要包括：

(1) 直接材料费用。直接材料费用指对流通加工产品加工过程中直接消耗的材料、辅助材料、包装材料以及燃料、动力等费用。

(2) 直接人工费用。直接人工费用指直接进行加工生产的生产工人的工资总额和按工资总额提取的职工福利费，包括计时工资、计件工资、奖金、津贴和补贴、加班工资、非工作时间的工资等。

(3) 制造费用。制造费用是物流中心设置的生产加工单位为组织和管理生产加工所发生的各项间接费用，包括流通加工生产中单位管理人员的工资及提取的福利费、生产加工单位房屋、建筑物、机器设备等的折旧和修理费、生产单位固定资产租赁费、机物料消耗、低值易耗品摊销、取暖费、水电费、办公费、差旅费、保险费、试验检验费、季节性停工和机器设备修理期间的停工损失以及其他制造费用。

四、配送合理化

(一) 配送合理化标志

1. 库存标志

库存是判断配送合理与否的重要标志，具体指标包括：

(1) 库存总量。库存总量是指在一个配送系统中，配送中心的库存量加上系统中各个用户的库存量的总和。经过配送优化，配送中心的库存数量与各用户在实行配送后的库存量之和应低于实行配送前各用户库存量之和，从而实现库存总量的下降。

(2) 库存周转。由于配送企业的调控作用，若要以较低的库存保持较强的供应能力，则库存周转速度一般要快于原来企业库存的周转速度。

2. 资金标志

(1) 资金总量。用于资源筹措所占用的流动资金总量，随储备总量的下降及供应方式的改变必然有一个较大的降低。

(2) 资金周转。从资金运用来说，由于整个节奏加快，资金充分发挥作用，同样数量的资金在过去需要较长时期才能满足一定的供应要求，配送之后，在较短时期内就能达到此目的。

(3) 资金投向的改变。资金分散投入还是集中投入，是资金调控能力的重要反映。实行配送后，资金必然应当从分散投入改为集中投入，以增强调控作用。

3. 成本和效益标志

总效益、宏观效益、微观效益、资源筹措成本等都是判断配送是否合理化的重要标志。对于不同的配送方式，可以有不同的判断侧重点。对于配送企业而言，在投入确定的情况下，企业利润反映配送的合理化程度。对于用户企业而言，在保证供应水平或提高供应水平(产出一定)的前提下，供应成本反映了配送的合理化程度。成本及效益对合理化的衡量，还可以具体到储存、运输的具体配送环节，可使判断更为精细。

4. 供应保证标志

配送的重点是必须提高而不是降低对用户的供应保证能力。供应保证能力可以从以下几个方面判断：

(1) 缺货次数。实行配送后，对各用户来说，该到货而未到货以致影响用户生产及经营的次数必须下降才算合理。

(2) 配送企业集中库存量。对每个用户来说，其数量所形成的保证供应能力高于配送前单个企业的保证程度才算合理。

(3) 即时配送的能力及速度。这是用户出现特殊情况的保障方式，这一能力必须高于未实行配送前用户紧急进货能力及速度才算合理。

5. 社会运力节约标志

运力使用的合理化是依靠送货运力的规划和整个配送系统的合理流程、与社会运输系统的合理衔接实现的。送货运力的规划是任何配送中心都需要投入时间、人力及资金解决的问题，而其他问题有赖于配送及物流系统的合理化，判断起来相对比较复杂。

6. 用户企业人力、物力节约标志

配送的重要观念是以配送代劳用户。因此，实行配送后，各用户的库存量、仓库面积、仓库管理人员以减少为合理；用于订货、接货和从事供应的人员也应减少才算合理。

(二) 配送不合理的表现形式

1. 资源筹措不合理

配送是利用较大批量筹措资源，通过筹措资源达到规模效益以降低资源筹措成本，使配送资源的筹措成本低于用户自己的筹措资源成本，从而取得优势。如果不是集中多个用户需要进行批量筹措资源，而仅仅是为某一两户代购代筹，那么对用户来说，不仅不能降低资源筹措费用，还要多支付一笔配送企业的代筹代办费，因而是不合理的。

2. 库存决策不合理

配送企业应使集中库存总量低于各用户分散库存总量，从而节约社会财富，同时降低用户实际平均分摊的库存负担。因此，配送企业必须依靠科学管理来实现一个低总量的库存，否则就会出现仅是库存转移，而未取得库存总量降低的效果。

3. 价格不合理

配送的价格应低于不实行配送时，用户自己进货时的产品购买价格加上自己提货、运输、进货成本的总和，这样才能使用户有利可图。有时由于配送包含有较高的服务水平，价格稍高，用户也是可以接受的，但这不是普遍的原则。如果配送价格普遍高于用户自己进货的价格，损伤了用户利益，就是一种不合理的表现。若价格定得过低，会导致配送企业处于无利或亏损状态，从而对销售者造成损害，这种情况也是不合理的。

4. 配送与直达决策不合理

一般的配送总是增加了环节，但是这个环节的增加，可降低用户的平均库存水平，以此不但抵销了增加环节的支出，还能取得剩余效益。但是如果用户使用批量大，可以直接通过社会物流系统均衡批量进货，较之通过配送中转送货则可能更节约费用，所以，在这种情况下，不直接进货而通过配送就属于不合理范畴。

5. 送货不合理

配送与用户自提比较，尤其对于多个小用户来说，若可以集中配装一车送几家用户，这比一家一户自提节省运力和运费。如果不能利用这一优势，仍然是一户一送，而车辆达不到满载，则不合理。

6. 经营观念不合理

在配送实施中，因为经营观念不合理，从而使配送优势无从发挥，这样反而损坏了配送的形象，这是开展配送时尤其需要克服的不合理问题。

(三) 配送合理化的措施

1. 专业化配送

通过采用专业设备、设施及操作程序取得较好的配送效果，并降低配送过分综合化的复杂程度与难度，从而追求配送的合理化。

2. 加工配送

通过加工和配送相结合，充分利用本来应有的中转，而不增加新的中转，以求得配送合理化。同时，加工借助于配送，使加工目的更明确、用户联系更紧密，避免了盲目性。这两者有机结合，投入不必增加太多即可追求两个优势、两个效益，这是配送合理化的重要经验。

3. 共同配送

通过共同配送可以以最近的路程、最低的配送成本完成配送，从而追求合理化。

4. 送取结合

配送企业与用户建立稳定、密切的协作关系，配送企业不仅成为用户的供应代理人，而且承担用户储存据点的作用，甚至成为产品代销人。在配送时，配送企业将用户所需的物资送到，再将该用户生产的产品用同一车运回，这种产品也成为配送企业的配送产品之一，或者作为代存代储，免去了生产企业的库存包袱。这种送取结合的方式使运力得到充分利用，也使配送企业的功能有更大的发挥，从而追求合理化。

5. 准时配送

准时配送是配送合理化的重要内容。配送只有做到了准时，用户才会对资源有把握，才可以放心地实施低库存或零库存，可以有效地安排接货的人力、物力，以追求最高效率的工作。另外，保证供应能力也取决于准时供应。准时配送系统是现在许多配送企业追求配送合理化的重要手段。

6. 即时配送

作为计划配送的应急手段，即时配送是最终解决用户企业断供之忧、大幅度提高供应保障能力的重要手段。即时配送是配送企业快速反应能力的具体化，是配送企业能力的体现。虽然即时配送的成本较高，但它是整个配送合理化的重要保证手段。

案例 4-3

巨头竞相布局，京东等无人机快递"起飞"

1. 电商快递竞相布局

2017 年 2 月 21 日，京东集团与陕西省政府在西安正式签署关于构建智慧物流体系战略合作协议，宣布与陕西省政府开展基于智慧物流体系、无人机通航物流体系、农村电商、跨境电商、互联网金融、传统物流体系升级等方面的全面战略合作。双方透露，将利用载重量数吨、飞行半径 300 千米以上的中大型无人机，合力打造全球第一个低空无人机通用航空物流网络，实现陕西省全域覆盖。

除京东以外，亚马逊、顺丰、UPS 等企业也在加大无人机快递布局。据相关媒体报道，顺丰"无人机"已进入内测阶段，该无人机由顺丰自主研发，采用八旋翼，下设载物区，飞行高度约 100 米，内置导航系统，且误差不超过 2 米，主要针对偏远地区的配送。

2. 解决"最后一公里"

随着无人机快递推广，令快递行业"最后一公里"难题有望得到解决，特别是在市场广阔、配送成本极高的农村市场大显身手。

早在 2015 年 3 月，顺丰与无人机研发公司极飞合作，在珠三角地区力推无人机快递，针对的便是山区、偏远乡村等市场。极飞科技创始人彭斌接受媒体采访时表示，无人机物流主要应用在偏远地区，或是物流站点之间的应急快件运送等特殊场景，"这一行业目前仍处于早期萌芽阶段，市场上远未迎来爆发式需求，且应用在公众市场为消费者送货并不现实，相比之下农村物流、农业、测绘等行业应用的市场空间会更大"。

除解决"最后一公里"难题，无人机快递还能大大降低物流成本。刘强东就表示："陕西过去因交通短距离运输的成本问题，导致大批优势农产品运出省外便没有价格优势，且全国性品牌难以形成。利用无人机合作机会，降低物流成本，能够让当地农民和企业增收并做成全国性品牌。"

五、配送线路优化的方法

(一) 节约里程法

节约里程法是用来解决运输车辆数目不确定的问题的最有名的启发式算法，又称节约算法或节约法。其核心思想是依次将运输问题中的两个回路合并为一个回路，每次使合并后的总运输距离减小的幅度最大，直到达到一辆车的装载限制时，再进行下一辆车的优化。优化过程分为并行方式和串行方式两种。

利用节约法确定配送路线的主要出发点是，根据配送中心的运输能力和配送中心到各个用户以及各个用户之间的距离来制订使总的车辆运输的吨·千米数最小的配送方案。

1. 节约里程法需要满足的条件

(1) 所有用户的要求。

(2) 不使任何一辆车超载。

(3) 每辆车每天的总运行时间或行驶里程不超过规定的上限。

(4) 用户到货时间要求。

2. 节约里程法具体步骤

(1) 做出最短距离矩阵。从配送网络中列出配送中心至用户及用户相互间的最短距离矩阵，需要满足所有顾客的需求和所有的约束条件(容量的限制、车辆总数的限制等)。

(2) 进行里程节约度计算。从最短矩阵中，计算用户相互间的节约里程，如图 4-9 所示。

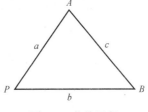

图 4-9 节约里程

假设 P 为配送中心，A 和 B 为客户接货点，各点相互间的距离分别用 a，b，c 表示。

第一种配送方案：分别向 A 和 B 两点送货。

$$运输里程\ S_1 = 2(a + b)$$

第二种配送方案：一辆车进行巡回配送。

$$运输里程 S_2 = a + b + c$$

在三角形中，任意两边之和大于第三边，即 $a + b > c$，同理 $S_1 > S_2$。所以，选择第二种配送方案。两种方案之差即为节约里程数。

$$节约里程数 = S_1 - S_2 = 2(a+b) - (a+b+c) = a + b - c$$

(3) 将节约里程数由大到小进行排序。

(4) 根据载重量约束与节约里程大小，按顺序连接各结点，形成配送路线。

重复第(3)和(4)，逐次取代，优化配送路线，得出最优方案。

例 4-10 已知配送中心 P_0 向 5 个用户配送货物，其配送路线网络、配送中心与用户的距离以及用户之间的距离如图 4-10 所示,配送中心有 3 台 2 t 卡车和 2 台 4 t 卡车可供使用。利用节约里程法制订最优的配送方案。($P_1 \sim P_5$ 为用户接货点；各边上的数字为距离，单位为 km；括号内的数字为需配送到各接货点的货物量，单位为 t。)

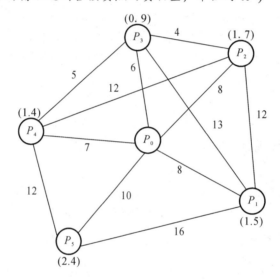

图 4-10　配送中心与用户的距离以及用户之间的距离

解　(1) 做出最短距离矩阵，如表 4-9 所示。

表 4-9　最短距离矩阵

	P_0					
P_1	8	P_1				
P_2	8	12	P_2			
P_3	6	13	4	P_3		
P_4	7	15	9	5	P_4	
P_5	10	16	18	16	12	P_5

(2) 进行里程节约度计算，如表 4-10 所示。

表 4-10 里程节约度计算

	P_0			
P_2	4	P_2		
P_3	1	10	P_3	
P_4	0	6	8	P_4
P_5	2	0	0	5

(3) 将节约里程由大到小进行排序，如表 4-11 所示。

表 4-11 节约里程排序

序 号	连接点	节约里程
1	P_2P_3	10
2	P_3P_4	8
3	P_2P_4	6
4	P_4P_5	5
5	P_1P_2	4
6	P_1P_5	2
7	P_1P_3	1
8	P_1P_4	0
9	P_2P_5	0
10	P_3P_5	0

(4) 根据载重量约束与节约里程大小，按顺序连接各节点，形成配送路线，如图 4-11 所示。

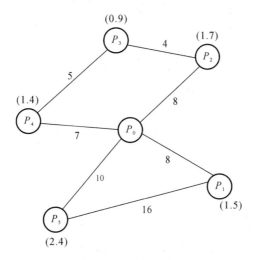

图 4-11 配送路线

所以，总配送距离 = 4 + 5 + 7 + 8 + 8 + 10 + 16 = 58 千米，需要 2 台 4 t 车辆进行配送。

(二) 供销平衡法

供销平衡运输问题的线路优化主要采用表上作业法，它是属于线性规划的一种求解方法。当某些线性规划问题采用图上作业法难以进行直观求解时，就可以将各元素列成相关表，作为初始方案，然后采用检验数来验证这个方案，否则就要采用闭合回路法、位势法等方法对相关方案进行调整，直至得到最优的运输线路。这种列表求解的方法就是表上作业法。

供销平衡模式可以用数学语言描述。设有 m 个产地 A_i (1，2，…，m)供应同一种物资，产量分别为 a_i (1，2，…，m)单位；有 n 个销地 B_j(1，2，…，n)消耗同一物资，销量分别为 b_j (1，2，…，n)单位。总产量与总销量相等。第 i 个产地运到第 j 个销地单位物资运价为 c_{ij} (1，2，…，m；1，2，…，n)。如何调运使运费最小？

1. 表上作业法基本思想

(1) 运价最便宜的优先调运。

(2) 适用于每一个供应地到每一个需求地都有路且可以直达的情况。

2. 表上作业法的具体步骤

(1) 找出初始基本可行解(初始调运方案，一般 $m + n-1$ 个数字格)，用西北角法、最小元素法。

① 西北角法：从西北角(左上角)格开始，在格内的右下角标上允许取得的最大数；然后按行(列)标下一格的数。若某行(列)的产量(销量)已满足，则把该行(列)的其他格划去。如此进行下去，直至得到一个基本可行解。

② 最小元素法：从运价最小的格开始，在格内的右下角标上允许取得的最大数；然后按运价从小到大的顺序填数。方法同西北角法。

注：应用西北角法和最小元素法，每次填完数，都只划去一行或一列，只有最后一个单元格例外(同时划去一行和一列)。当填上一个数后行、列同时饱和时，也应任意划去一行(列)，在保留的列(行)中没被划去的格内标一个"0"。

(2) 求出各非基变量的检验数，判断是否达到最优解。如果是，则停止计算，否则转入下一步，用位势法计算。

运输问题的约束条件共有 $m + n$ 个，其中 m 是产地产量的限制，n 是销地销量的限制。其对偶问题也应有 $m + n$ 个变量，据此：

$$\sigma_{ij} = c_{ij} - (u_i + v_j)$$

其中，前 m 个计为 u_i(1，2，…，m)，前 n 个计为 v_j(1，2，…，n)。

由单纯形法可知，基变量的 $\sigma_{ij} = 0$，$c_{ij} - (u_i + v_j) = 0$，因此 u_i 和 v_j 可以求出。

(3) 改进当前的基本可行解(确定换入、换出变量)，用闭合回路法调整：

$$\sigma_{ij} \geqslant 0 \,(因为目标函数要求最小化)$$

表格中有调运量的地方为基变量，空格处为非基变量。基变量的检验数 $\sigma_{ij}=0$，非基变量的检验数 $\sigma_{ij}\geqslant 0$。

第一步确定进基格。选取绝对值最大的负检验数格为进基格，标以"＊"，进基格所对应的变量就是单纯形法所对应的变量。

第二步从进基格出发作闭回路，并沿任一方向对该闭回路的顶点进行编号，但进基格必须为第一个顶点。

第三步确定调整量。求出闭回路上所有偶数顶点调运量的极小值，叫作调整量。

第四步调整方案。令此闭回路上所有奇数顶点的调运量加，所有偶数顶点的调运量减，其余调运量不变。调整后进基格由空格变为数字格，在闭回路的偶数顶点中选取一个调运量为零的顶点改为空格，如果有几个偶数顶点的调运量同时变为零，只能选取其中一个顶点改为空格，这个变为空格的偶数顶点所对应的变量，就是单纯形法所说的出基变量。

(4) 重复(2)和(3)直到找到最优解(即所有校验数为非负数)为止。

例 4-11 设有某种物质要从 A_1，A_2，A_3 三个仓库运往四个销售点 B_1，B_2，B_3，B_4，各发点(仓库)的发货量、各收点(销售点)的收货量以及 A_i 到 B_j 的单位运费 C_{ij} ($i=1$，2，3；$j=1$，2，3，4)如表 4-12 所示，如何组织运输才能使总运费最少？

表 4-12 收发货点运量运价

发货点	运量运价				发货量
	B_1	B_2	B_3	B_4	
A_1	x_{11} 9	x_{12} 18	x_{13} 1	x_{14} 10	9
A_2	x_{21} 11	x_{22} 6	x_{23} 8	x_{24} 18	10
A_3	x_{31} 14	x_{32} 12	x_{33} 2	x_{34} 16	6
收货量	4	9	7	5	25

解 (1) 初始可行解。

先从 C_{ij} 取最小值的格子开始(若有几个 C_{ij} 同时取最小值，则可取其中之一)，在本例中 $C_{13}=1$ 最小，这说明，将 A_1 的物资调给 B_3 是最便宜的，故应给 C_{13} 所对应的运量 x_{13} 以尽可能大的数值。在 x_{13} 处填上 7，由于 B_3 的需求已经得到满足(或者说 B_3 列已被满足)，故 x_{23} 和 x_{33} 应为零，在 x_{23} 和 x_{33} 处打"×"，划去 B_3 列，并将 A_1 的发货量相应地改为 2，B_3 收货量改为 0。

重复以上方法，在表中 x_{22} 处填入 9，并在 B_2 列的其他空格(即在 x_{12}，x_{32})处打"×"，划去 B_2 列，A_2 的发货量改为 1，B_2 收货量改为 0。

在 x_{11} 处填上 2，此时，A_1 的发货量已分配完毕(一般说成 A_1 行被满足)，故应在 A_1 行的其他空格处(即 x_{14})打上"×"，划去 A_1 行，A_1 的发货量改为 0，B_1 收货量改为 2。

在 x_{21} 处填上 1，在 A_2 行的其他空格处(即 x_{24})打上"×"，划去 A_2 行，A_2 的发货量改为 0，B_1 收货量改为 1。

在 x_{31} 处填上 1，在 B_1 的其他空格处(实际上已无空格)打上"×"，划去 B_1 列，A_3 的发货量改为 5，B_1 收货量改为 0。

在 x_{34} 处填上 5，在 B_4 列(或 A_3 行)的其他空格处(实际上已无空格)打上"×"，划去 B_4 列(或 A_3 行)，A_3 的发货量改为 0，B_4 收货量改为 0，初始结果如表 4-13 所示。

表 4-13　初始可行解

发货点	运　量　运　价				发 货 量
	B_1	B_2	B_3	B_4	
A_1	2　　　9	×　　　18	7　　　1	×　　　10	0
A_2	1　　　11	9　　　6	×　　　8	×　　　18	0
A_3	1　　　14	×　　　12	×　　　2	5　　　16	0
收货量	0	0	0	0	0

初始可行解最低总运价：

$$Z_{min} = 2 \times 9 + 1 \times 11 + 1 \times 14 + 9 \times 6 + 7 \times 1 + 5 \times 16 = 184$$

(2) 求出检验数。

表中已确定了运量的格子的检验数应该为零，即有 $C_{ij} = U_i + V_j$，首先令 $U_1 = 0$，则

$C_{11} = U_1 + V_1 = 9$，因为 $U_1 = 0$，所以 $V_1 = 9$；

$C_{13} = U_1 + V_3 = 1$，因为 $U_1 = 0$，所以 $V_3 = 1$；

$C_{21} = U_2 + V_1 = 11$，因为 $V_1 = 9$，所以 $U_2 = 2$；

$C_{22} = U_2 + V_2 = 6$，因为 $U_2 = 2$，所以 $V_2 = 4$；

$C_{31} = U_3 + V_1 = 14$，因为 $V_1 = 9$，所以 $U_3 = 5$；

$C_{34} = U_3 + V_4 = 16$，因为 $U_3 = 5$，所以 $V_4 = 11$。

其他没有运量的位置检验数 = $C_{ij} - U_i - V_j$，结果如表 4-14 所示。

表 4-14　检 验 数

发货点	检 验 数			
	$B_1(V_1 = 9)$	$B_2(V_2 = 4)$	$B_3(V_3 = 1)$	$B_4(V_4 = 11)$
$A_1(U_1 = 0)$	0	14	0	−1
$A_2(U_2 = 2)$	0	0	5	5
$A_3(U_3 = 5)$	0	3	−4	0

对于基本可行方案，如果所有的检验数非负，那么该方案就是最优方案。由于 $\sigma_{33} < 0$，$\sigma_{14} < 0$，所以以上方案不是最优方案，进入下一步对方案进行的改进。

(3) 改进可行解。

如表 4-14 所示，σ_{33} 是绝对值最大的负检验数，以 A_3B_3 格为空格出发的闭合回路

A_3B_3–A_1B_3–A_1B_1–A_3B_1，沿着该闭合回路奇数顶点的调运量加 1，偶数顶点的调运量减 1，如表 4-15 所示。

表4-15　改进可行解

发货点	运　量			
	B_1	B_2	B_3	B_4
A_1	3		6	
A_2	1	9		
A_3			1	5

(4) 重复第(2)和(3)步，找出最优解，如表 4-16 所示。

表4-16　最　优　解

发货点	运　量			
	B_1	B_2	B_3	B_4
A_1	3		1	5
A_2	1	9		
A_3			6	

经验证所有校验数均为非负数，该解为最优解。最低总运价：

$$Z_{min} = 3 \times 9 + 1 \times 11 + 9 \times 6 + 1 \times 1 + 6 \times 2 + 5 \times 10 = 155$$

(三) 图上作业法

图上作业法是在运输图上求解线性规划运输模型的方法，也是中国物资流通部门从实际工作中创造出来的一种物资运输规划方法。它在一张运输交通图上通过一定步骤的规划和计算来完成物资调运计划的编制工作，以便使物资运行的总吨·千米数最小，使物资运费降低，并缩短运输时间。所以，在一定条件下这样的方案称为最优方案。

所谓交通图，就是表明收点和发点间的相互位置以及连接这些点之间交通线路的简要地图。在交通图上，用圆圈"○"表示发点，将该发点的发量(单位：t)填入圆圈"○"内；用方框"□"表示收点，将该收点的收量(单位：t)填入方框"□"内；两点间的距离(单位：km)记在交通线路的旁边；用箭头"→"表示物资调运的方向，即流向，并规定流向"→"必须画在沿着线路前进方向的右侧；把运送物资的数量记在流向"→"的旁边并加括号"( )"，以区别于两点之间的距离数，如图 4-12 所示。

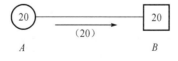

图4-12　交通图

1. 图上作业法的注意事项

在物资运输中，把某种物资从各发点调到各收点的调运方案是很多的，但目的是找出吨·千米数最小的调运方案。这就要注意在调运中不要发生对流运输和迂回运输。

(1) 对流运输。所谓对流运输就是指在一段线路上有同一种物资往返运输(同一段线路上，两个方向都有流向)，如图 4-13 所示。

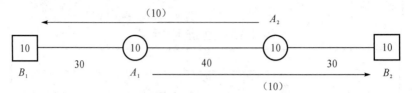

图 4-13　对流运输

A_1 向 B_2，A_2 向 B_1 分别调运 10 个单位，在 A_1A_2 段出现对流。对其进行调整后，可消除对流，如图 4-14 所示。

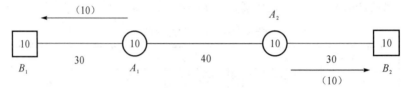

图 4-14　消除对流

(2) 迂回运输。当收点与发点之间的运输线路有两条或两条以上时(即交通图为圈)，如果运送的货物不是走最短线路，则称这种运输为迂回运输。

当交通图成圈时，如果流向图中内圈流向的总长(简称内圈长，顺时针方向为内圈)或外圈流向的总长(简称外圈长，逆时针方向为外圈)超过整个圈长的一半就称为迂回运输，如图 4-15 所示。

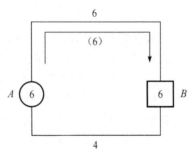

图 4-15　迂回运输

总圈长 = 6 + 4 = 10，图 4-15 中内圈长 = 6，大于总圈长的一半；图 4-16 中外圈长 = 4，小于总圈长的一半。所以，图 4-15 有迂回，图 4-16 无迂回。

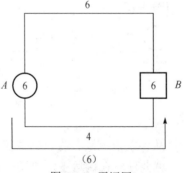

图 4-16　无迂回

一个最优的调运方案，它的流向图必是无对流且无迁回的流向图，这种流向图称为正规流向图。物资调运的图上作业法就是寻找一个无对流、无迁回的正规流向图。

2. 图上作业法步骤

(1) 作出一个无对流的初始可行方案。

(2) 检验有无迁回。

(3) 若无，结束。

(4) 否则，调整，直至找到最优方案。

注意：交通图分为无圈交通图和有圈交通图两种情况，所采用的方法也有所不同。

无圈交通图：采用各端供需归邻站方法，即先满足端点的要求，逐步向中间逼近直至收点与发点得到全部满足为止，然后再检查是否有对流和迁回。

有圈交通图：先采用破线去圈方法(去除距离最长的线)，变有圈交通图为无圈交通图，得出初始方案后，再补上去除的交通线，检查是否有对流和迁回。

例4-12　有某种物资共计 24 t，分别由 A_1，A_2，A_3 发往 B_1，B_2，B_3，交通图如图 4-17 所示，该如何调运才能使总运价最小？

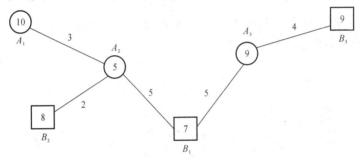

图 4-17　交通图

解　采用各端供需归邻站方法，先满足端点的要求，逐步向中间。

端点分别为 A_1，B_2，B_3。B_3 端点收货量为 9 t，必须要先满足，则 A_3 向 B_3 调运。A_1 端点的物资必须运出，运往 A_2 端点，B_2 优先满足收货量 8 t，由 A_2 向 B_2 调运；当所有端点的物资都得到满足或调出后，再向中间的收货点或发货点进行调运，所以 B_1 的 7 t 物资由 A_2 调运。得出如图 4-18 所示的初始方案。

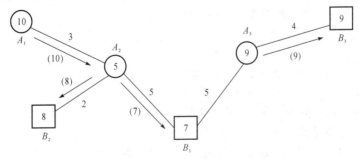

图 4-18　初始方案

检查发现没有对流和迁回，所以该方案为最优方案。最低总运价：

$$Z_{\min} = 3 \times 10 + 2 \times 8 + 5 \times 7 + 4 \times 9 = 117 \, t \cdot km$$

例4-13 某商品的供应地和需要地各3个，位于环状路网上，各供应地和需要地的距离及供应地的供应量、需要地的需要量如图4-19所示。该如何规划运输方案才能使运输的吨·千米最小？最小吨·千米为多少？

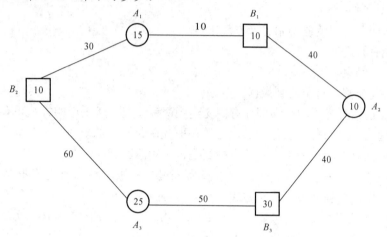

图4-19 环状路网

解 (1) 先采用破线去圈法(去除 A_3B_2，因为 A_3B_2 线路距离最长)，变有圈交通图为无圈交通图，得出初始方案，如图4-20所示。

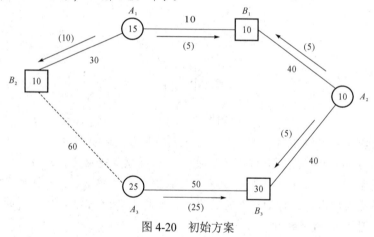

图4-20 初始方案

(2) 补上交通线，检查是否有对流和迂回。

① 无对流。

② 有迂回。

总圈长 = 60 + 50 + 40 + 40 + 10 + 30 = 230;

内圈长 = 10 + 40 = 50，小于总圈长的一半;

外圈长 = 50 + 40 + 30 = 120，大于总圈长的一半。

所以，该方案不是最优方案，需要调整。

调整方法：由于外圈长超过总圈长的一半，所以在有迂回的外圈各流量中减去一个最小调运量(A_2 向 B_1 调运的运量5 t为最小值)，在内圈(含无调运量的边)各流量上加上这一最小调运量。也就是说 A_2 不允许向 B_1 调运5 t物资，则只能向 B_3 运输，由此其他各收点和发点做相应改变，如图4-21所示。

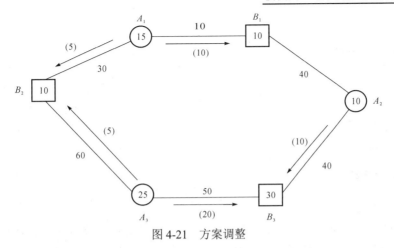

图 4-21 方案调整

(3) 再次检查是否有对流和迂回。

① 无对流。

② 无迂回。

总圈长 = 60 + 50 + 40 + 40 + 10 + 30 = 230；

内圈长 = 10 + 40 + 60 = 110，小于总圈长的一半；

外圈长 = 50 + 30 = 80，小于总圈长的一半。

所以，该方案是最优方案。最低总运价：

$$Z_{\min} = 60 \times 5 + 50 \times 20 + 40 \times 10 + 10 \times 10 + 30 \times 5 = 1950 \text{ t} \cdot \text{km}$$

图上作业法与表上作业法可以进行转换，以上一例题为例，转换成表上作业法，如表 4-17 所示。

表 4-17　图上作业法转化为表上作业法

供应地	距 离			供应量
	B_1	B_2	B_3	
A_1	10	30	90	15
A_2	40	80	40	10
A_3	100	60	50	25
需求量	10	10	30	50

解题思路和方法，参照表上作业法，在此不做赘述。

六、电子商务物流配送成本控制策略

(一) 混合策略

混合策略是指配送业务一部分由企业自身完成。这种策略的基本思想是，尽管采用纯策略(即配送活动要么全部由企业自身完成，要么完全外包给第三方物流完成)容易形成一定的规模经济，并使管理简化，但由于产品品种多变、规格不一以及销量不同等情况，采用纯策略的配送方式不仅不能取得规模效益，反而还会造成规模不够经济。而采用混合策略，合理安排企业自身完成的配送和外包给第三方物流完成的配送，能够降低配送成本。

(二) 差异化策略

差异化策略的指导思想是产品特征不同，顾客服务水平也不同。当企业拥有多种产品线时，不能对所有产品都按同一标准的顾客服务水平来配送，而应按产品的特点及销售水平来设置不同的库存、不同的运输方式以及不同的储存地点，忽视产品的差异性会增加不必要的配送成本。

(三) 合并策略

1. 配送方法上的合并

企业在安排车辆完成配送任务时，充分利用车辆的容积和载重量，做到满载满装，是降低成本的重要途径。实行合理的轻重配装及容积大小不同的货物搭配装车，不但可以在载重方面达到满载，也可以充分利用车辆的有效容积，取得最优效果。

2. 共同配送

共同配送也称集中协作配送，它是几个企业联合将小量集合为大量，共同利用同一配送设施的配送方式。共同配送的内涵是在资源共享的理念下建立的企业联盟。企业间通过沟通、交流，逐步形成共识，在互信互利的基础上，通过水平、垂直、同业、异业的整合，以策略联盟、协同组合、物流共同化等合作方式共享有限的资源，从而达到物流配送的整合，降低配送成本，提高获利能力，进而提升商品流通效率，促进商业环境现代化及整体社会资源的有效利用。

(四) 延迟策略

在传统的配送计划安排中，大多数的库存是按照对未来市场需求的预测量设置的，这样就存在着预测风险。当预测量与实际需求量不符时，就会出现库存过多或过少的情况，从而增加配送成本。延迟策略的基本思想就是将产品的外观、形状及其生产、组装、配送等尽可能推迟至接到顾客订单后再确定。一旦接到订单就要快速反应，因此采用延迟策略的一个基本前提是信息传递要非常快。

(五) 标准化策略

标准化策略就是尽量减少因品种多变而导致的附加配送成本，尽可能多地采用标准零部件和模块化产品。

案例 4-4

沃尔玛物流配送体系

1. 沃尔玛配送体系的特色

沃尔玛公司作为全美零售业年销售收入位居第一的著名企业，以精确掌握市场、快速传递商品和最好地满足客户需要而著称，这与沃尔玛拥有自己庞大的物流配送系统并实施了严格有效的物流配送管理制度有关，因为它确保了公司在效率和规模成本方面的最大竞争优势，也保证了公司顺利地扩张。沃尔玛现代化的物流配送体系，表现在以下几个方面：

(1) 设立了运作高效的配送中心。

从建立沃尔玛折扣百货公司之初，沃尔玛公司就意识到有效的商品配送是保证公司达到最大销售量和最低成本的存货周转及费用的核心。而唯一使公司获得可靠供货保证及提高效率的途径就是建立自己的配送组织，包括送货车队和仓库，配送中心的好处不仅使公司可以大量进货，而且要求供应商将商品集中送到配送中心，再由公司统一接收、检验、配货、送货。

(2) 采用先进的配送作业方式。

沃尔玛在配送运作时，大宗商品通常经铁路送达配送中心，再由公司用卡车送达商店。每店每周收到 1～3 卡车货物，60% 的卡车在返回配送中心的途中又捎回沿途从供应商处购买的商品，这样的集中配送为公司节约了大量的资金。

(3) 配送中心自动化的运行及管理。

沃尔玛配送中心的运行完全实现了自动化。每种商品都有条码，通过传送带传送商品，激光扫描器和电脑追踪每件商品的储存位置及运送情况，每天能处理 20 万箱的货物配送。

(4) 完善的配送组织结构。

沃尔玛公司为了更好地进行配送工作，非常注重从自己企业的配送组织上加以完善。其中一个重要的举措便是公司建立了自己的车队进行货物的配送，以保持灵活性和为一线商店提供最好的服务。这使沃尔玛享有极大的竞争优势，其运输成本也总是低于竞争对手。

2. 沃尔玛配送中心的运作模式

(1) 沃尔玛的集中配送中心面积很大，而且都位于一楼，原因是沃尔玛希望产品能够"滚动"，即希望产品能够从一个门进、从另一个门出，以此来实现货物能在一天内的成功转运。如果有电梯或其他物体，就会阻碍流动过程。

(2) 沃尔玛使用传送带，让这些产品能够非常有效地流动，对它的处理不需要重复进行，都是一次性的。在此基础上，运用无缝衔接形式，就可以尽可能降低成本。

(3) 沃尔玛所有的系统都是基于一个 UNIX 的配送系统，并采用传送带、极大的开放式平台、产品代码，以及自动补发系统、激光识别系统，所有的这些为沃尔玛节约了成本，提高了物流系统的效率。配送中心的职能是转运、提供增值服务、调剂商品、自动补进、订单配货。

3. 沃尔玛物流配送体系的运作

(1) 注重与第三方物流公司形成合作伙伴关系。

在美国本土，沃尔玛做自己的物流和配送，拥有自己的卡车运输车队，使用自己的后勤和物流方面的团队。但是在国际上的其他地方，沃尔玛就只能求助于专门的物流服务提供商了，飞驰公司就是其中之一。飞驰公司是一家专门提供物流服务的公司，它在世界上的其他地方为沃尔玛提供物流方面的支持。飞驰成为沃尔玛大家庭的一员，并百分之百献身于沃尔玛的事业，飞驰公司同沃尔玛是一种合作伙伴的关系，它们共同的目标就是努力做到最好。

（2）挑战"无缝点对点"物流系统。

为顾客提供快速服务。在物流方面，沃尔玛尽可能降低成本。为了做到这一点，沃尔玛为自己提出了一些挑战。其中的一个挑战就是要建立一个"无缝点对点"的物流系统，能够为商店和顾客提供最迅速的服务。这种"无缝"使整个供应链的运转非常顺畅。

（3）自动补发货系统。

沃尔玛之所以能够取得成功，还有一个很重要的原因是沃尔玛有一个自动补发货系统。每一个商店都有这样的系统，包括在中国的商店。它使得沃尔玛在任何一个时间点都可以知道目前某个商店中有多少货物，有多少货物正在运输过程中，有多少货物是在配送中心等。同时补发货系统也使沃尔玛可以了解某种货物上周卖了多少、去年卖了多少，并且可以预测将来的销售情况。

（4）零售链接系统。

任何一个供货商都可以进入这个零售链接系统中来了解他们的产品卖得怎么样，如昨天、今天、上一周、上个月和去年卖得怎么样，同时可以知道这种商品卖了多少，而且可以在 24 小时内就进行更新。供货商们可以在沃尔玛公司的每一个店当中及时了解到有关情况。

 小 结

本模块介绍了电子商务物流成本的分类、物流成本管理的作用、物流成本管理的目标和原则，以及电子商务物流成本管理的基本思路，着重介绍了物流成本预测的方法、库存成本控制的方法和配送线路优化的方法。

习 题 四

【复习思考题】

一、单选题

1. 下列不属于物流成本的是（   ）。

A. 作业消耗 　　　B. 原材料成本 　　　C. 利息支出 　　　D. 管理费用

2. 影响配送成本的因素中，与市场相关的因素为（   ）。

A. 货物的数量和重量

B. 货物的种类及作业过程

C. 外部成本

D. 时间和距离

3. 预测分析的方法一般可分为两大类，即定量分析法与（   ）。

A. 平均法 　　　B. 定性分析法 　　　C. 回归分析法 　　　D. 指数平滑法

4. 某企业每月固定成本 20 000 元，单价 20 元，计划销售产品 500 件，欲实现目标利润 1 000 元，其单位变动成本为（   ）元。

A. 12 　　　　B. 13 　　　　C. 14 　　　　D. 15

5. 影响物流成本的产品因素不包括(　　)。

A. 产品价值　　　　B. 产品密度　　　　C. 产品废品率　　　　D. 订货方式

6. 运用(　　)主要是确定优化配送线路的问题。

A. 单纯形法　　　　B. 逐次逼近法　　　　C. 节约里程法　　　　D. 表上作业法

7. 在本量利分析图中，保本点的位置取决于(　　)等因素。

A. 固定成本　　　　B. 业务量　　　　C. 单价　　　　D. 单位变动成本

8. 防止缺货、提高服务水平的库存，称为(　　)。

A. 安全库存　　　　B. 周转库存　　　　C. 运输库存　　　　D. 预期库存

9. 库存保管成本的高低，和(　　)呈正相关关系。

A. 订货批量　　　　B. 订货次数　　　　C. 缺货成本　　　　D. 订货成本

10. 经济订货批量，是指(　　)。

A. 库存保管成本最低时的订货批量

B. 订货成本最低时的订货批量

C. 缺货成本最低时的订货批量

D. 年总库存成本最低时的订货批量

11. 进行库存控制的目的，就是要(　　)。

A. 使库存经常保持在合理的水平上

B. 使库存经常保持在最低水平上

C. 彻底消灭各类物资库存

D. 尽可能限制各类物资进入库存

12. 计算节约里程法时不是必须给出的因素是(　　)。

A. 车辆类型　　　　B. 配送距离　　　　C. 各门店间距离　　　　D. 节约距离

二、简答题

1. 简述电子商务物流成本的特征。

2. 简述电子商务物流成本管理的作用。

3. 电子商务物流库存成本的构成包括哪几个部分？

4. ABC 分类的依据及管理措施是什么？

5. 简述物流成本预测的步骤。

6. 简述物流成本预测的方法。

7. 简述库存管理的作用。

8. 简述电子商务物流库存成本的控制策略。

9. 简述电子商务配送成本的构成。

10. 简述配送合理化的标志。

11. 简述电子商务物流配送成本的控制策略。

三、计算题

1. 某物流企业配送某种产品，单位变动成本 72 元，固定成本总额 120 000 元，配送量为 20 000 件。要求：目标利润为 20 000 元，计算每件产品的配送成本。

2. 某网上超市对 2022 年 12 月的商品销售情况进行统计，具体数据如表 4-18 所示，请运用 ABC 分类法对下列商品进行分类，并说明各类商品的管理策略。

表 4-18　商品销售情况

货　种	数　量	单　价
A	33	1 055
B	106	80
C	190	23
D	98	120
E	410	9
F	80	90
G	260	11
H	41	630
I	40	710
J	40	200

3. 某直销型电商企业对某原材料的年需求量为 8 000 t，每次订货费用为 2 000 元，原材料单价为 100 元/t，存储费率为 8%，求：

(1) 经济订购批量；

(2) 年订货次数；

(3) 订货时间间隔；

(4) 年订货总成本。

4. 某电商公司以单价 10 元每年购入某种产品 8 000 件。每次订货费用为 30 元，单位维持库存费按库存货物价值的 30% 计算。若每次订货的提前期为 2 周(每年按 52 周计算)，试求：

(1) 经济订购批量；

(2) 年订购次数；

(3) 订货点；

(4) 最低年总成本。

5. 某配送中心每年需要采购某种商品 30 000 箱，每批量订货费用为 2 500 元，库存保管费用率为单价的 20%，供货单位的区间价格如表 4-19 所示，求经济订货批量。

表 4-19　区间价格表

订货批量/箱	$Q \leqslant 3\,000$	$3\,000 < Q \leqslant 5\,000$	$5\,000 < Q \leqslant 7\,000$	$7\,000 < Q \leqslant 9\,000$	$9\,000 < Q$
每箱单价/元	21	19	17	15	13

6. 已知某种物资平均每月需用量 300 件，进货提前期为 8 天，若采用定量订货，试求其订货点。

7. 某仓库 A 商品订货周期 18 天，平均订货提前期 3 天，平均库存需求量为每天 120 箱，安全库存量 360 箱，另某次订货时在途到货量 600 箱，实际库存量 1 500 箱，试计算该仓库 A 商品最高库存量和该次订货时的订货批量。

8. 现有一配送网络，如图 4-22 所示，图中 P 为配送中心，其余 A～I 为各客户的接货点，假设该配送中心有最大载重量为 2 t 和 5 t 的两种货车，并限制车辆运行线路距离不超过 35 千米。请使用节约里程法制订最优的配送方案。

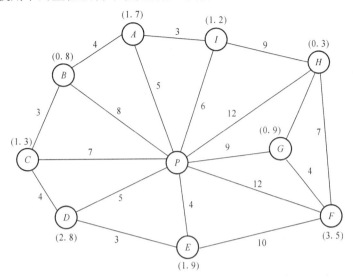

图 4-22　配送网络

9. 各供应地(A_1，A_2，A_3)和各需求地(B_1，B_2，B_3，B_4)的供应量和需求量，以及各供应地至各需求地的单位运价(C_{ij})，如表 4-20 所示，试用表上作业法求最优解。

表 4-20　供应地和需求地信息

供应地	运　价				供应量
	B_1	B_2	B_3	B_4	
A_1	9	5	6	7	30
A_2	7	2	7	6	25
A_3	8	3	4	8	45
需求量	20	20	25	35	100

10. 有某物资 7 t，由发出点 A_1，A_2，A_3 发出，发量分别为 3 t，3 t，1 t，运往收点 B_1，B_2，B_3，B_4，收量分别为 2 t，3 t，1 t，1 t，收发量平衡，交通图如图 4-23 所示，应如何调动才能使 t·km 最小？

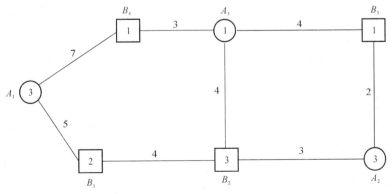

图 4-23　交通图

【实训题】

一、实训组织

对京东商城电商物流成本进行分析，并让学生结合本模块所学的内容，对电子商务物流成本进行现实应用。

二、实训要求

1. 学生以小组为单位完成。
2. 分析京东商城采购成本。
3. 分析京东商城仓储成本。
4. 分析京东商城配送成本。
5. 总结京东商城成本控制的对策。
6. 以小组为单位提交实训报告。

三、实训目的

1. 掌握电子商务物流成本控制在实践中的应用。
2. 加深学生对物流成本控制的理解。
3. 掌握电子商务物流成本控制的方法。

【案例分析题】

戴尔"零"库存管理模式

在企业生产中，库存是由于无法预测未来需求变化，而又要保持不间断的生产经营活动所必须配置的资源。但是，过量的库存会诱发企业管理中的诸多问题，例如资金周转慢、产品积压等。因此很多企业认为，如果在采购、生产、物流、销售等经营活动中能够实现零库存，企业管理中的大部分问题就会随之解决。零库存便成了生产企业管理中一个不懈追求的目标。

目前条件下，任何一个单独的企业要向市场供货都不可能实现零库存。通常所谓的"零库存"只是节点企业的零库存，而从整个供应链的角度来说，产品从供货商到制造商最终到销售商，库存并没有消失，只是由一方转移到另一方。成本和风险也没有消失，而是随库存在企业间的转移而转移。

1. 戴尔"零库存"实施过程

(1) 客户根据产品信息，预定所需产品，戴尔根据客户需求及时生产。

(2) 需求信息及时处理，分解成为零配件需求清单并传递配件供应商。

(3) 大量的零配件供应商通过互联网实现信息沟通。

2. 戴尔零库存管理模式的构建及实施

(1) 物料采购。戴尔在物料采购上采用第三方物流模式，即二级供应者管理库存(VMI)信息共享。戴尔先是和一级供应商，即零部件制造商签订合同，要求每个一级供应商都必须按照自己的生产计划，将8~10天的用量物料放在由第三方物流企业管理的VMI仓库。戴尔确认客户订单后，系统会自动编程一个采购订单传递给伯灵顿(即第三方物流企业)，伯灵顿在90分钟内迅速将零部件运送到戴尔的装配厂(戴尔称之为客户服务中心)，最后由供应商根据伯灵顿的送货单与戴尔结账。

(2) 生产制造。戴尔是定制生产，每一台计算机的规格要求不相同，组装方式弹性强，当客户订单确立后，系统在传递物料采购信息的同时，会迅速将顾客订单安排到具体的生产线上，零部件通过第三方物流企业的车厢卸到戴尔的客户服务中心之后，经过配料、组装生产、测试、包装四个步骤完成生产运作和生产物流的过程。

(3) 产品销售。由于自营物流具有分散资源、送货不经济、物流成本增加等缺陷，戴尔的销售物流也是采用外包的形式。目前在全球承担戴尔销售物流的有联邦快递、伯灵顿和敦豪等企业，这些第三方物流企业早在戴尔的客户订单确立时，就已通过网络告知货物流向要求提前制订配送计划、运输路线、车辆调度等，从而使戴尔的产品可以立即送往客户处。从整个的销售物流来看，戴尔通过第三方物流企业，省掉了产品库存环节，极大地缩短了产品送到的时间，降低了物流的库存成本。

案例讨论：

1. 戴尔库存管理模式在竞争过程中有哪些优势？
2. 如何理解"零"库存？

模块五 供应链管理

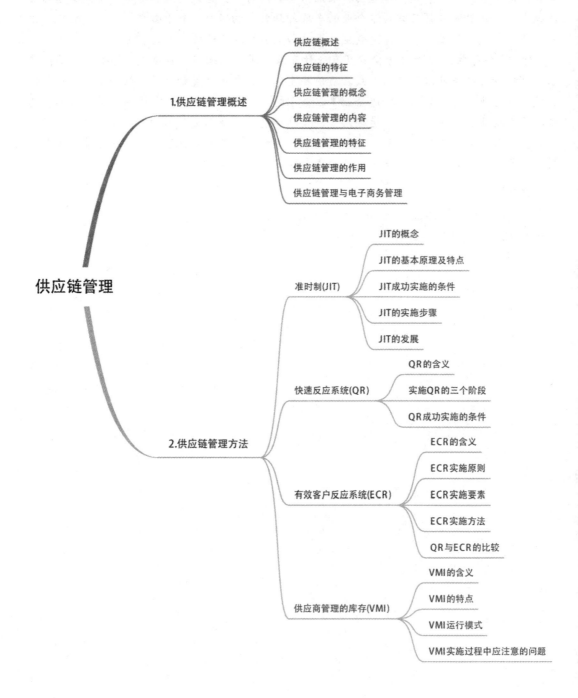

供应链管理

1.供应链管理概述
- 供应链概述
- 供应链的特征
- 供应链管理的概念
- 供应链管理的内容
- 供应链管理的特征
- 供应链管理的作用
- 供应链管理与电子商务管理

2.供应链管理方法

准时制(JIT)
- JIT的概念
- JIT的基本原理及特点
- JIT成功实施的条件
- JIT的实施步骤
- JIT的发展

快速反应系统(QR)
- QR的含义
- 实施QR的三个阶段
- QR成功实施的条件

有效客户反应系统(ECR)
- ECR的含义
- ECR实施原则
- ECR实施要素
- ECR实施方法
- QR与ECR的比较

供应商管理的库存(VMI)
- VMI的含义
- VMI的特点
- VMI运行模式
- VMI实施过程中应注意的问题

【知识目标】

(1) 了解供应链和供应链管理的基本概念。

(2) 掌握供应链管理的内容及特征。

(3) 掌握供应链管理的作用。

(4) 掌握供应链管理与电子商务管理的关系。

(5) 熟悉 JIT 系统。

(6) 熟悉 QR 和 ECR，掌握供应链管理的基本方法。

(7) 了解 VMI 运行模式。

【技能目标】

(1) 具备在供应链管理过程中结合电子商务技术的能力。

(2) 具备实施 JIT 的能力。

(3) 具备运用 QR、ECR、VMI 的能力。

(4) 具备供应链管理体系的基本运作能力。

【学习重点】

(1) 供应链管理的内容及特征。

(2) 掌握供应链管理与电子商务管理的关系。

(3) 掌握供应链管理的方法。

【学习难点】

(1) 掌握供应链管理与电子商务管理的关系，并将电子商务技术应用到供应链管理中。

(2) 掌握供应链管理的方法。

【案例导入】

小米供应链的强势崛起

2021 年 12 月 28 日，小米集团发布年度高端旗舰小米 12、小米 12 Pro，以及一款准旗舰小米 12X，发售伊始便登上各大热搜的榜首。继当年 8 月宣布"三年拿下全球第一"的新目标后，此次小米首次一大一小两款高端旗舰机同时发售，全面对标苹果、三星，继续向全球高端市场发起冲击。在小米 12 发售之际，小米集团创始人、董事长兼 CEO 雷军更是在微博上放出豪言："小米高端手机正式开始对标苹果，向苹果学习。""对标苹果"的背后，是"小米供应链"(简称"米链")的强势崛起，而这正是小米赋能国内供应链企业的直接成果。

(1) 反哺国产供应链"米链"强势崛起。

环顾 2021 年全球手机市场格局，苹果在中国市占率创历史之最，而以小米为代表的国产手机品牌则在全球市场更受欢迎，合力拿下 34%的全球市场份额。

当年苹果公司在中国市场获取巨额利润的同时，国内"果链"供应商的日子却过得不太好。

据央视财经报道，苹果公司 2021 年 5 月公布了最新的供应链厂商名单，34 家中国供应商惨遭剔除。不少企业在被踢出后随即经历利润暴跌、股价狂跌的窘境。这引得国内"果链"企业一时人人自危，所有企业都在寻找新的出路。而小米向高端市场进军无疑给了国内产业链企业更好的选择。

在智能制造领域，小米则通过与蓝思科技成立联合研发中心的方式，将亦庄智能工厂的新材料、新工艺、先进制造技术等输出给对方，以助力其打造全球领先的消费电子智能工厂。

除了与供应链厂商技术合作外，小米还走出了产业投资布局的赋能新模式，以产业投资的方式支持创新技术的导入，赋能先进制造业，实现产业协同发展与良性循环。

通过产业投资合作的方式，小米在产业上下游聚合了先进技术，客观推动了中国智造的高质量发展。仅以小米 10 系列为例，它一经发布，迅速带火了氮化镓充电器、石墨烯导热膜、Wi-Fi 6 芯片三个未来产业及相关企业。

(2) 千亿研发带动国产供应链高质量崛起。

目前市场普遍认为，"小米供应链"带动国产供应链企业共同成长只是刚刚开始。小米持续性的大额研发经费投入在培育国内供应链企业的同时，将进一步增强公司在与三星、苹果等巨头在高端市场竞争的底气和资本。

数据显示，小米仅 2021 年的研发投入就达到 130 亿元，公司还通过百万美元技术大奖、青年工程师激励计划、技术专家与新十年创业者计划，累计授予约 1.9 亿股小米股票，用于聚集全球最顶尖的技术人才。

在近期的新品发布会上，雷军表示，未来五年小米的研发投入将提高到 1 000 亿元，以用于死磕硬核科技。这一数字，比原计划翻了一倍，也超过了小米过去 11 年的利润总和。

在自研芯片方面，此次小米 12 搭载的自研的充电芯片澎湃 P1 看似"貌不惊人"。但很多人可能并不知晓，华为从 K3V1 到麒麟 990，用了 10 年方才走完市场化，小米则实现了 4 年三款芯片，快速实现在 SoC、影像、充电等多个芯片细分领域的体系化能力搭建。

(3) 赋能国内供应链掌握核心技术才能突破重围。

过去数年的惨痛经历已经告诉国内本土科技巨头：如果没有掌握核心技术，没有属于国内自己的供应链，任何所谓高端化和破局都将无从谈起。

事实上，小米集团创始人、董事长兼 CEO 雷军在近年来的多次小米新品发布会上强调，乐见于中国优秀的制造企业能够通过创新联动的方式百花齐放。

虽然在外界对于小米确立全球第一的目标和正面挑战 iPhone 的质疑之声从未停止，但回顾小米过往的 12 年发展历程，小米几乎每一次都能用漂亮的成绩回击质疑。相信崛起中的"小米供应链"也将带动国产供应链企业的成长，在未来帮助公司与三星、苹果等巨头在全球高端市场一争高下。

任务一 供应链管理概述

一、供应链概述

供应链是指生产及流通过程中，围绕核心企业的核心产品或服务，由所涉及的原材料供应商、制造商、分销商、零售商直到最终用户等形成的网链结构。网链中的各个实体称为节点。

供应链围绕核心企业，从配套零件开始，制成中间产品以及最终产品，最后由销售网络把产品送到消费者手中，将供应商、制造商、分销商直到最终用户连成一个整体的功能网链结构。供应链管理的经营理念是从消费者的角度，通过企业间的协作，谋求供应链整体最佳化。成功的供应链管理能够协调并整合供应链中所有的活动，最终成为无缝连接的一体化过程。

二、供应链的特征

供应链是一个网链结构，由围绕核心企业的供应商、供应商的供应商和客户、客户的客户组成。一个企业是一个节点，节点企业和节点企业之间是一种需求与供应关系。供应链主要具有以下特征。

(一) 供应链的增值性

供应链的设计必须是增值的和有利可图的，否则就没有意义。所有的生产经营系统都是将一些资源进行转换和组合，增加适当的价值，然后把产品"分送"到顾客手中。制造业的增值包括物理形式的转变，如生产有形产品，物流商在分送过程中通过流通加工增加物品的附加值，分销商也会通过各种形式增加产品或服务的价值。总之，供应链的各个中间节点都会通过自己的创造来增加产品或服务的价值，从而获得利润。

(二) 供应链的交叉性

对于产品而言，每种产品往往由多个链条组成。对于企业而言，供应链节点企业既可以是这个供应链的成员，同时又可以是另一个供应链的成员。众多的链条形成交叉结构，无形中增加了协调管理的难度。

(三) 供应链的动态性

由于市场时刻处于不断变化中，而现代供应链的出现就是因为节点企业为了适应市场变化的需要，所以，无论是供应链结构还是其中的节点企业，都需要动态地更新和不断重构，这就使得供应链具有明显的动态性。

(四) 供应链的供求性

供应链涉及众多产品或服务的供应商，如原材料供应商、产品供应商、物流供应商、信息供应商、资金供应商等，这些供应商的供应构成了供应链存在的基本条件。但供应链要做到有机高效地运转，必须面对市场需求，顾客需求的拉动才是供应链健康运转的不竭动力。

三、供应链管理的概念

供应链管理(Supply Chain Management，SCM)是指从供应链整体目标出发，对供应链中采购、生产、销售各环节的商流、物流、信息流及资金流进行统一计划、组织、协调与控制的活动和过程。供应链管理通过协调企业内外资源来共同满足消费者的需求，当我们把供应链上各环节的企业看作一个虚拟企业同盟，而把任一个企业看作这个虚拟企业同盟中的一个部门，同盟的内部管理就是供应链管理。只不过同盟的组成是动态的，是根据市场需要随时在发生变化的。

供应链管理是一种新型管理模式。在管理过程中各节点企业之间有主次之分，核心企业在与其他渠道伙伴协作时居于主动地位，承担更多的责任。它把供应商、制造商、批发商、零售商、物流商等在一条供应链上的所有节点联系起来进行优化，使生产资料以最快的速度，通过生产、分销环节变成增值的产品，最终送到消费者手中。这不仅可以降低成本，减少社会库存和浪费，而且使社会资源得到优化配置。

供应链管理是一种集成的管理方法。它执行供应链中从供应商到最终用户的物流的计划与控制等职能。供应链管理的范围包括从最初的原材料采购直到最终产品送到顾客手中的全过程，管理对象是在此过程中所有与物品流动及信息流动有关的活动和相互之间的关系。

供应链管理是一种管理策略。它主张把不同企业集成起来以增加供应链的效率，注重节点企业之间的合作，它把供应链上的各个节点企业作为一个不可分割的整体，使其分担采购、分销和销售职能，并使之成为一个协调发展的有机体。

供应链管理的基本要求：

(1) 信息资源共享。信息是现代竞争的主要后盾。供应链管理采用现代科技方法，以最优流通渠道使信息迅速、准确地传递，在供应链商的各企业间实现资源共享。

(2) 提高服务质量，扩大客户需求。在供应链管理中，围绕"以客户为中心"的理念运作。消费者大多要求提供产品和服务的前置时间越短越好，为此供应链管理通过生产企业内部、外部及流程企业的整体协作，大大缩短产品的流通周期，加快物流配送的速度，从而使客户个性化的需求在最短的时间内得到满足。

(3) 实现双赢。供应链管理把供应链的供应商、分销商、零售商等联系在一起，并对之优化，使各个相关企业形成一个贯通的网络整体，在这个网络中，各企业仍保持着个体特性，但它们为整体利益的最大化共同合作，最终实现"双赢"的结果。

随着供应链管理的发展，未来的生产和流通不再只是企业之间的竞争，而是整个供应链之间的协作。未来的供应链将更加紧密地联合起来，形成一个庞大的生态系统，企业之间不再是单独的存在，而是协作关系的一部分。预计未来越来越多的企业将选择通过建立联合体和协同平台等方式来实现生产和流通的供应链化，以此来实现更为高效的运营和管理，提升整个供应链的效率和竞争力。

四、供应链管理的内容

供应链管理的内容可以从信息管理、客户管理、库存管理、关系管理、风险管理五个方面来体现。

(1) 在供应链中，信息是供应链各方的沟通载体，供应链中各个阶段的企业就是通过信息这条纽带集成起来的。可靠、准确的信息是企业决策的有力支持和依据，能有效降低企业运作中的不确定性，提高供应链的反应速度。供应链管理的主线是信息管理，信息管理的基础是构建信息平台，实现信息共享，将供求信息及时、准确地传达至供应链上的各个企业，在此基础上进一步实现供应链的管理。

(2) 客户管理是供应链管理的起点，供应链源于客户需求，也终于客户需求，因此供应链管理是以满足客户需求为核心运作的。由于客户需求千变万化，而且存在个性差异，因此真实、准确的客户需求是企业供应链管理的重中之重。

(3) 如果能够实时掌握客户需求变化的信息，做到在客户需要时再组织生产，就不需要持有库存，即以信息代替了库存，实现库存的"虚拟化"。供应链管理的一个重要目标是利用先进的信息技术，收集供应链各方以及市场需求方面的信息，用实时、准确的信息取代实物库存，减小需求预测的误差，从而降低库存的持有风险。

(4) 从供应链管理的关系管理层面讲，现代供应链管理理论提供了提高竞争优势、降低交易成本的有效途径。这种途径通过协调供应链各成员之间的关系，加强与合作伙伴的联系，在协调的合作关系的基础上进行交易，为供应链的全局最优化而努力，从而有效地降低了供应链整体的交易成本，使供应链各方的利益同步增加。

(5) 供应链上企业之间的合作，会因为信息不对称、信息扭曲、市场不确定性，以及其他政治、经济、法律等因素的变化，存在各种风险。为了使供应链上的企业能从合作中获得满意结果，必须采取一定的措施规避供应链运行中的风险。例如，提高信息透明度和共享性、优化合同模式、建立监督控制机制等，尤其是必须在企业合作的各个阶段通过采用各种手段实施激励，使供应链企业之间的合作更加有效。

从上述五个供应链管理的内容来看，可以将供应链管理的基本内涵归纳为以下几点：

(1) 强调核心竞争力。要清楚地界定企业的核心业务，狠抓核心资源，以提高核心竞争力。

(2) 强调资源外用。非核心业务可采取外包的方式分散给业务伙伴，与业务伙伴结成战略联盟关系。

(3) 强调合作性竞争。与竞争对手相互结盟，共同开发新技术，共享成果；将过去由本企业生产的非核心零部件外包给供应商，双方合作共同参与竞争。

(4) 强调以顾客满意度为目标的服务化管理。对下游企业来讲，供应链上游企业的功能不是简单地提供物料，而是要用最低的成本提供最好的服务。

(5) 强调物流、信息流、资金流等的集成。只有实现跨企业流程的集成化，才能实现供应链企业协调运作的目标。

(6) 强调借助信息技术实现管理目标。这是信息流管理的先决条件。

(7) 强调更加关注物流企业的参与。物流的作用特别重要，因为缩短物流周期比缩短制造周期更加关键。

五、供应链管理的特征

(一) 供应链管理目标的最终客户满意度

供应链的构建、运作和更新都是基于最终用户需求而发生的，让最终顾客更满意是供应链全体成员的共同目标。顾客满意的实质是顾客获得超出他们承担的产品价格以上的那部分"价值"，供应链可以使得这部分"价值"升值。比如，由于供应链中供应商与制造商、制造商与销售商彼此之间已经建立了战略合作伙伴关系，因此供应商可以将原料或配件直接送给制造商，制造商可直接将产品运送给销售商，企业间无须再进行原本意义上的采购和销售，这两项成本就大大削减了；同时，包装和管理等成本也随物流环节的减少而降低，因此供应链完全可以以更低的价格向客户提供优质产品；此外，供应链还可以通过改善产品质量、提高服务水平、增加服务承诺等措施来增大顾客所期待的那部分"价值"，从而提升顾客的满意度。

(二) 供应链管理过程中节点之间的竞合性

供应链是由多个节点企业组成的虚拟组织，这些具有独立经济利益的单个企业是供应链运作的主体。由于独立经济利益的驱动，虚拟组织中的各企业间充满着竞争性。但是，在由各节点企业组成的供应链上，任何企业要实现利润最大化，必须以整条供应链的价值增值为基础，这又要求各节点企业之间必须合作。因此，供应链管理是对供应链全面协调性的合作模式管理，它不仅要考虑核心企业内部的管理，而且更注重供应链中各环节、各企业之间资源的利用与合作，使各企业之间进行合作博弈，最终达到"共赢"。早期的单纯的竞争观念完全站在企业个体的立场上，企业以自己的产品销售观在现有的市场上争夺产品销售渠道，不利于市场空间的扩大和经济的共同繁荣、进步。供应链管理的合作竞争理念是把供应链视为一个完整的系统，将每一个成员企业视为子系统，组成动态联盟，彼此信任，互相合作，共同开拓市场，追求系统效益的最大化，最终分享节约的成本和创造的收益所带来的利润。

(三) 供应链管理的信息技术性

供应链管理的信息技术性是指通过各种信息技术手段来支持和优化供应链管理活动的能力和方法。信息技术在供应链管理中的应用可以帮助企业实现高效的物流运作、精确的库存管理、有序的生产计划以及准确的需求预测，从而提高供应链的可见性、灵活性和响应速度。供应链管理的信息技术性通过各种信息技术手段实现供应链管理过程的自动化、集成化和优化，提供实时可见性和追踪功能，支持多方协同和共享，同时推动线上线下融合的供应链模式的发展。该特征可以帮助企业实现供应链的高效运作、准确决策和灵活调整，提高企业在市场竞争中的竞争力和适应能力。

(四) 供应链管理的协调性

供应链管理，更加强调各个节点企业之间的合作与协调，提倡在各节点企业之间建立战略伙伴关系，变过去企业之间的敌对关系为紧密合作的伙伴关系。这种伙伴关系主要体现在共同解决问题、共同制订决策和信息共享等方面。供应链管理模式强调和依赖战略管理，最终是对整个供应链进行战略决策。它遵循的原则是个体利益服从集体利益，即供应链中所有参与者的首要目标是整个供应链的总成本最小、效益最高、以使最终客户满意为己任。这也是所有参与者制订决策的首要标准。

(五) 供应链管理的交易费用最小性

供应链管理要求上下游企业之间从过去那种对抗竞争型的你输我赢关系，转变为"双赢"的战略合作伙伴关系，以供应链整体能够给客户带来的价值来评价企业的经营绩效。这就要求供应链当中的合作伙伴能够信息共享、利益共享、风险共担，建立分工协作体制，充分发挥各伙伴成员的专业化优势。供应链中企业的联合是一种跨越组织边界、资产边界、职能边界、业务边界、经营边界的目的性很强，以某一订单或合同为合作依据的动态性自适应组织，因而才能产生来自企业却高于企业的供应链价值。供应链这种企业组织的制度安排，可使成员企业通过交易获得利益。每个成员企业通过在供应链中进行交易，至少可以获取边际收益，使企业能够生存，效率高的企业甚至可以获得高于边际收益的利润，进而获得发展空间。与此同时，还需特别指出的是，由于供应链在其内部消除了信息不对称现象，因此可以大大降低成员企业之间的交易成本。

六、供应链管理的作用

供应链管理的作用主要体现在以下几个方面：

(1) 供应链管理能有效降低成本。

通过实施供应链管理，企业可以有效地减少供应链节点企业之间的重复工作，剔除流程中的多余步骤，从而使供应链流程简单化、高效化、低成本。同时，通过建立共享的数据交换系统，可以有效地减少因信息交换不充分所带来的重复与浪费，有效消除"需求放大"效应。此外，供应链成员企业之间实现了全流程的无缝作业，可以大大提高接口工作效率，减少失误与浪费。从成本方面看，供应链管理是通过注重产品最终成本来优化供应链的，这里提到的最终成本是指实际发生的到达客户时的总成本，包括采购时的价格及送货成本、存货成本等。

(2) 供应链管理能增加时间效用。

供应链通过在全球范围内优化选择链上的成员企业，既可以实现相互间的优势互补，更重要的是能实现对客户需求的快速有效反应，大幅度缩短从订货到完成交货的周期。此外，供应链管理将 Internet 和 Intranet 作为技术支撑，使其成员企业能够实时获取并处理外部信息及链上信息，从而提高整个供应链对客户需求快速有效反应的能力，实现供应链各环节即时出售、即时制造、即时供应。也就是说，通过供应链各节点企业的优化组合，可使需求信息获取与随后做出的反应尽量接近最终客户，将客户需求的提前期减少到最低限度，从而获取市场竞争的时间优势，增加时间效用。

(3) 供应链管理更新了物流理念。

供应链管理加速了物流一体化发展。物流一体化是指不同职能部门之间或不同企业之间通过物流合作，达到提高物流效率、降低物流成本的目的。供应链管理通过实现物流一体化，改变了供应链节点企业之间利益对立的传统理念，在整个供应链范围内建立起了利益共享的协作伙伴关系。供应链管理把从供应商开始到最终消费者的物流活动作为一个整体进行统一管理，始终从整体和全局上把握物流的各项活动，使整个供应链的库存水平最低，最终实现供应链整体物流最优化。

(4) 供应链管理能发挥整体优势。

当今的国际市场竞争是全方位的竞争，很多企业已经感到单靠自己的努力在日益激烈的市场竞争中力不从心，有必要集合多个企业结成有机整体共同参与竞争，而联盟的对象首先是与本企业业务内容相关的上下游企业。实施供应链管理使原来客观存在的供应链有机连接起来，使"链"上的各个企业都受益。供应链管理与传统意义上所讲的渠道成员之间的"纵向一体化"联合是不同的，通常所说的纵向联合是指上游供应商与下游客户之间在所有权上的纵向合并，以前人们认为这是一种理想的渠道战略，但现在企业更加注重发挥核心业务的优势，纵向合并就失去了"魅力"。因此"资源外购"或"业务外包"成为当今企业发挥自己专业优势的一种策略。它是指除了自己的核心业务外，其他所需要的产品或服务一律从其他企业采购。

七、供应链管理与电子商务管理

电子商务的出现进一步促进了供应链管理的发展和完善。电子商务条件为供应链管理提供了更高级的信息技术支持，使之能在更广阔的舞台上进行更高效的整体化运作。供应链管理的思路和模式也给电子商务活动带来了战略优势和管理创新。电子商务和供应链管理密切联系，相互促进，推动了管理向更高水平发展。

(一) 电子商务优化供应链管理

供应链管理作为对供应链中发生的物流、信息流、资金流以及贸易伙伴关系等要素进行统一组织、规划、协调和控制的一种现代企业管理战略，需要充分的相关企业信息和市场信息。但是，要获得供应链较为完全的信息，依靠人工方式的成本是非常高昂的，电子商务模式的出现可以为企业实施供应链管理提供有力的信息技术支持，特别是 B2B 电子商务不仅使得供应链上各节点企业之间的信息容易共享、联系更加紧密，而且还使供应链的整体运作更为高效。电子商务的现代化技术和手段的应用，优化了供应链管理的功能。

1. 提供技术支持

电子商务是电子化的商务活动，具备当代先进的信息技术和手段，为供应链管理向高水平发展提供了支持平台。电子商务条件下供应链管理具有的根本优势就在于通过网络技术可以方便、迅捷地收集和处理大量的供应链信息。有了这些信息资源，供应商、制造商和分销商就可以制订切实可行的需求、生产和供货计划，使信息沿着整个供应链顺畅地流动，有助于整个产业的协调发展，从而使供应链的竞争力提高了。

2. 提高供应链管理的效果

电子商务的应用技术可以帮助供应链对大量的信息资源进行有效的管理，提高整个供应链的运作效率。电子商务化的供应链管理可以提供信息自动处理、客户订单执行、采购管理、存货控制以及物流配送等服务，以提高货物和服务在供应链中的流动效率。如果有一套适用于整个供应链的电子商务解决方案，能够运作于整个商务活动过程的集成系统中，包括优化实施框架、业务流程、技术标准、通信技术软硬件设备等，则供应链管理的效果将使企业立足于世界强手之林。

电子商务中的 EDI 也是集成化供应链管理的重要工具，特别是在国际贸易合作和从事跨国经营中，需要大量关于运输和产品的文件时，利用 EDI 可使企业快速获得信息并更好地为客户提供优质服务。

3. 帮助企业建立各种新型关系

电子商务可以帮助企业建立各种新型关系，获得竞争优势。成功的企业应用电子商务来支持经营战略并选择其经营业务。这些方面的创新有利于企业利用信息技术提高供应链运作的效率，提高整个供应链的经营决策能力。例如，通过应用信息技术构筑快速反应系统，不仅使本企业获得了商业利益和相对于竞争对手的竞争优势，也改变了整个行业的经营方式，供应链管理者可以通过在客户、供应商之间构筑信息流和以虚拟方式来共享资源，建立新型客户关系，加强合作与联盟；通过电子商务提供的大量有效信息，使供应链具有及时决策和模拟结果的能力；电子商务的"一对一"形式的联系，还使供应链具有大规模定制的能力，可以根据客户需要，提供个性化的产品和服务，这种直接联系也降低了交易成本。

电子商务对于供应链的影响是多方面的，极大地推动了供应链管理水平的提高。

(二) 供应链管理对于电子商务的影响

供应链管理中包含的基本观点成为电子商务活动的核心思想和战略决策依据，这些观点对于电子商务的影响颇大。

1. 系统观念

供应链是一种系统化的管理模式，对电子商务活动的核心指导思想是不再孤立地看待各个企业及各个部门，而是考虑所有相关的内外联系体(供应商、制造商、销售商等构成供应链的整体)，通过信息流的连接作用，把全部活动甚至虚拟组织等都看成一个有机联系的整体，形成无限的市场空间，提高整个网络的竞争能力。

2. 共同目标指引业务活动

供应链的共同目标是创造客户价值，产品与服务的最终客户对成本、质量、服务等要求应该成为供应链中的所有参与者共同的绩效目标，从而使整体价值最大化。

3. 建立新型的伙伴关系

供应链采取了"多赢"战略，各个参与方相互之间的利益是共同的，业务伙伴关系得到了强化，通过仔细地选择业务伙伴，变过去企业与企业之间的非此即彼的冲突竞争关系为紧密合作的同盟关系。这种新型关系主要体现在共同解决问题、使整条供应链价值最大化和信息共享等方面。电子商务活动中建立的正是这样的新型关系。

4. 增强核心竞争能力

典型的供应链上有一个起核心作用的企业，核心企业是供应链上信息流和物流的协调中心。它的下游是从销售商一直到客户，上游是供应商和供应商的供应商。核心企业起到信息中心和物流协调的作用，获得上、下游各方的供给与需求信息，把成员的资源优势组合起来，通过共享信息和借助于其他成员的优势资源，用互补方式维持和提升自己的核心竞争力，同时也强化了供应链业务伙伴关系。只有企业的竞争力提高，才会真正起到核心作用，合作伙伴关系才能持久。

信息流和物流在电子商务下的运作也要服从供应链管理的优势互补原则，必须有机地协调运作，才能实现供应链管理的整体效益。电子商务面对网上市场，活动在虚拟空间，在这个空间中，无论是企业对企业形式的沟通，还是企业对客户的联系，都可以用来建立稳定和长久的关系，实现资源共享，从而形成企业自身的优势。例如，一个物流企业，可以通过网上联系，四通八达地建立长期的供求关系，甚至远距离的交往也可以在极短的时间内完成，利用一切可利用的资源来增强自己的实力。

实践证明，供应链管理在降低成本、改善客户服务、加快资金周转、增加市场占有率等方面的明显效益给电子商务活动提供了管理思路和模式；而在实施供应链管理中运用电子商务的技术平台，能够使信息和物流的协调性提高。信息可以及时、准确地传递到合作企业，这就降低了运行过程中的损失。在信息资源共享的情况下，物流各节点上的企业，不论大小都有可能为供应链的增值作出贡献，从而成为受欢迎的业务伙伴，这也增加了企业自身的生存机会。

(三) 电子商务环境下供应链管理的发展趋势

20 世纪末以来，随着电子商务的推广和发展，供应链管理正在向着更高水平的集成化方向发展。

1. 形成集成化供应链管理系统的内在协调机制

由于电子商务环境下市场经济活动的多变性和复杂性，促使供应链必须防止由动态因素导致的传统供应链实际运作进程、结果与计划、理想状态发生偏差。在某些情况下，这些问题可在某个供应链节点或某个供应链功能范围之内，通过局部改进和纠正得到解决，例如改进某条运输线路，增加某些商品，采用某种评价指标等；而在另一些比较重大的问题上，例如市场重新定位，产品线的重组，建立新的战略联盟等，则需要跨链节、跨组织、跨职能来进行整体协调。因此，供应链管理系统必须发展出具有跨越供应链多个链节或功能来协调计划的内在机制。具有这种内在机制的供应链就是电子商务下供应链的研究重点——集成供应链管理系统。

为了能及时和快速地适应环境变化，准确地协调、管理人与系统的行为，供应链在战术和战略上需要不断提高系统协调的敏捷性和灵活性，这正是集成供应链系统的重要功能特征，有无这种优势，将直接关系到供应链的环境适应性，即关系到其竞争能力和存在价值，关系到供应链上各个成员的利益。因此，集成化供应链管理必须着力解决这个极其重要的问题。

集成化供应链管理的目标是进一步优化供应链管理系统的功能，使供应链的各链节、各功能做到最优配合与完美的协调，共同保证供应链整体效益的最大化。

2. 集成化供应链管理的基础——内部供应链集成

实现集成化供应链管理的基础是企业内部供应链集成，这也是集成化供应链管理系统发展的初级阶段。在这一阶段要实现企业直接控制范围内业务的集成，即形成内部集成化供应链。集成的输出是集成化计划和控制系统。为了支持企业内部集成化供应链管理，主要采用供应链计划(Supply Chain Planning，SCP)和ERP系统来实施集成化计划和控制。这两种技术的实质都是基于客户(服务)体系在企业内部的应用，为实现企业内部供应链与外部供应商、客户管理部分的集成和对接。SCP集成了企业所有的主要计划和决策职能，包括需求预测、库存计划、资源配置、设备管理、优化路径、生产计划和作业计划、物料和能源计划、采购计划等。ERP系统集成了企业业务流程中主要的执行职能，包括订单管理、财务管理、库存管理、生产制造管理、采购等职能。

初级阶段的核心问题是内部集成化供应链管理的效率，重点是如何在优化资源、能力的基础上，以最低成本和最快的速度生产最好的产品，快速满足客户的需求，以提高企业反应能力和服务效率。

3. 外部供应链集成

内部供应链集成进一步发展和延伸就产生了外部供应链集成。集成化供应链管理的高水平发展必然导致将企业内部供应链与外部的供应商、客户集成起来，形成一个真正的集成化供应链网络。建立与主要供应商、客户良好的合作伙伴关系，即所谓的供应链合作关系，使外部供应链集成化，是供应链管理必须要解决的重点和难点问题。

在外部供应链集成过程中，战略关系管理具有相当的地位。管理的要点从面向产品转为面向供应商和客户，增加与主要供应商、客户的联系，追求在产品、业务、组织、企业文化等多方面的稳定关系，相互之间保持一定的一致性，实现信息和利益共享等。企业通过为客户提供与竞争者不同的产品、服务、增值信息而获利，如提供给供应商管理库存、共同计划预测与库存补充等的应用，就是这方面的典型例子。通过建立良好的合作伙伴关系，企业就可以很好地与客户、供应商和服务提供商实现集成和合作，共同在需求预测、产品、物流计划和竞争策略等方面控制整个供应链的运作，以获取最大的共同利益。企业一般是建立客户管理的专职部门，能更有针对性地为客户提供个性化服务。

为了达到与外部供应链的集成，必须采用适当的信息技术，使企业内部的集成系统与外部供应链节点企业有很好的接口，达到信息共享和互动，形成相互操作的一致性。外部供应链集成了客户订购数据和合作开发计划、动态供应计划、生产计划等功能，以保证整个供应链成员同步化地进行供应链管理。

4. 动态的集成化供应链联盟

供应链的成长是动态变化的，是始终追随环境的变化而变化的。企业内、外供应链集成之后构成的供应链共同体，为了具有更强势的市场地位，应发展成为一个动态可变的网链结构以适应市场的变化速度、柔性管理等需要。供应链共同体是适者生存的组织，不适应供应链需求的企业将从这一网链中被淘汰。供应链成为一个能快速重构的动态结构，即动态集成化供应链联盟。同时，企业通过 Internet 商务软件等将不同功能集成在一起以满足客户的需求，一旦客户的需求消失，它也将随之解体。而当新的需求出现时，这样的一个组织结构又由新的企业成员动态地重新组成。在这样的一个环境中求生存，企业必须成为一个能及时、快捷满足客户需求的供应商，找到自己生存的条件。

动态的集成化供应链联盟是建立在市场需求之上，根据共同的目标而组成的，通过实时信息的共享来实现集成，也是进一步扩展了的供应链模式。基于 Internet 的一个同步化的、扩展的供应链计划和控制系统将获得高度的重视，这是供应链管理发展的一种必然趋势。

任务二　供应链管理方法

一、准时制(JIT)

(一) JIT 的概念

JIT 是指严格按照客户的订单进行生产，以较高的生产率生产出高质量的产品，同时以降低成本、消除浪费为目标的一种管理方法。换句话说，就是将需要的产品，按照客户的需求在需要的时间内，送至需要的地点，形成上下游的无缝连接。

作为一种准时制(或无库存)技术在供应链中的应用，JIT 始创于 20 世纪 50 年代，是由日本丰田公司提出的一种高质量、无库存的新型生产体系。它以改进产品质量、降低成本为目标，使其市场竞争力不断增强。随着这一模式的不断完善，许多国家开始运用这一生产新方式，对传统的生产管理运行制度进行改革，以实现企业资源优化配置。

JIT 是一种以市场需求为核心的管理体制，它改变企业传统的生产观念，形成生产系统中以需求方为主的模式，从而组织采购、运输、流通加工、配送等活动。这种"拉式"的生产方式，将有效地控制库存量，提高工作效率，实现生产的准时化。

(二) JIT 的基本原理及特点

1. JIT 的基本原理

JIT 是一种现代管理方式，它以市场需求的品种、数量、时间、地点来组织各环节生产，最大程度地满足消费者需求，实现企业利润的最大化。在企业的生产线中，后一道工序决定前一道生产程序的内容，是一种拉动式的生产方式。这样，把所需的原材料加工成零件，装配成组件后，随即被装配成制成品进行销售。整个流通环节快速、高效，同时保证产品的质量。这种做法，改变了以往需求方要被动接收货物的方式，企业受益匪浅：其一，根据客户需求进行生产，保证了数量的准确性，消除积压浪费，降低成本；其二，运用先进的技术，对产品生产各环节进行合理规划，保证按时供应；其三，提高产品的质量，杜绝残次品的供应。

2. JIT 的特点

JIT 的特点主要包括以下四个方面：

(1) JIT 能够降低成本，消除生产经营过程中的浪费。在残酷的市场竞争环境下，企业要通过降低成本来获取更多的利润。JIT 就是通过有效的方式降低存货，以减少资金的占用，从而提高企业的竞争力。

(2) JIT 强调质量取胜。企业要根据顾客需求进行柔性化生产，缩短生产周期以适应不断变化的顾客需求。JIT 具有小批量的特性，既能保证产品的质量，也能减少浪费。

(3) JIT 能够适应市场的快速变化，提高生产效率。在生产过程中，大批量的生产往往不能抓住市场需求的变化，影响整个时期的生产效率。而 JIT 能够充分把握市场变化，根据市场动态随时调整自己的生产经营方向。

(4) JIT 采取"以人为本"的管理思想，并且以销售带动生产，能够减少损失，保证企业的利益。在员工中树立"零存货"的思想，在生产中追求不出残次品，也不过量生产，这就要求员工具有较高的素质，从而保证生产的正常进行。

(三) JIT 成功实施的条件

(1) 顺畅的供销体系是实施 JIT 的基础。

JIT 的实质是以市场需求为核心，通过供应商、企业、销售商进行经济活动的整合，实行供销一体化。从采购方面看，实行 JIT 的企业需要选择一个稳定的供应商，供货方式是高频次和小批量的，这样要求供应商能够及时地提供适当的物料来源，并且保证物料质量的可靠性。若能与其建立稳定而又良好的合作关系，则企业可给予适当的价格优惠，从而保证物料来源的稳定性，为以后各个方面浪费的减少提供了可能性，为成功实行无库存经营方式、提高顾客的满意程度打下了坚实的基础。从销售方面看，为了不断满足消费者的需求，提高供应链的效率，销售商要更快地对供应问题做出反应。在供销体系中，应始终保持稳定化、标准化、同步化，使整个供应链畅通无阻，最终形成一个团结合作的整体，充分利用各种资源，以最小的投入获得最大的产出，从而达到整体优化。

(2) 顾客的需求信息是实施 JIT 的支撑点。

能够准确及时地提供顾客所需产品是 JIT 的特点，而这就需要信息传递准确、及时。欲使上下游之间形成无缝连接，真正做到供需双方快速而又充分地进行信息交换，需要企业通过准确的统计预测，把握下游的需求变化，为生产部门提供精确的信息，从而在第一时间组织物料来源进行生产、销售，满足市场需求，尤其是企业可以借助电子商务来完成信息互换，节约流通时间。所以，快速而又准确地把握市场的脉搏是实现 JIT 强而有力的支撑点。

(3) 完善的物流体系是实施 JIT 的有力保证。

JIT 物流的核心是"适时交货"，即企业在掌握物料的基础上，通过专业的物流组织，实现及时供货这一目标。物流组织在保证交货的及时、准确性等方面具有无可比拟的优越性，它利用专业的网络、设施等，可以更好地完成企业的要求，并降低供应链的费用支出，真正做到采购、运输、库存、生产、销售以及供应商、用户之间的一体化，为 JIT 的成功运行提供保证。例如，运输配送直接影响交货速度，是 JIT 中至关重要的环节，因此，需要结合用户的需求以及竞争对手所能提供的服务水平来制订运输计划，以达到目标市场和顾客的需求。而且，针对 JIT 需要小批量、频繁运送的特点，物流组织要积极寻找集装的机会，将来自多个供应商的小批量货物集中到一起，作为一个单位进行运送，在减少费用的同时保证 JIT 能够及时交货。

(4) 加强人力资源的培养和利用。

实施 JIT 要求员工和管理人员在提升企业经济效益方面付出大量的心血和努力。如果员工不能够增加生产过程中的价值，则视之为一种浪费，所以 JIT 员工具有柔性，他们需要掌握多种技能，成为多面手，要为产品的质量和产出负责。同时，要求他们具有团队精神，能够共同合作解决问题。JIT 的环境需要每个人都有足够的责任心，共同参与做出有利于企业的决策。

(四) JIT 的实施步骤

在全球经济环境下，采用 JIT 系统的企业将利用最先进的计算机技术，合理规划供应、生产和销售过程，以降低成本、改进产品质量、提高市场竞争力。实施 JIT 的步骤包括：

(1) 实行全面质量管理。从供应商的选择到销售阶段，JIT 系统的每一个环节都需要在全面质量管理的条件下保持协调。在原材料的选购上，重视其质量保证；在生产过程中，对质量进行有效控制和管理，严格按订单生产；在销售产品时，保证运送渠道的畅通，真正实现"零库存"；在对待员工时，要培养其对待工作的责任感。

(2) 改造传统的生产方式。为获得某种经济批量的效益而采用大批量的生产方式，会造成产品积压、库存成本居高不下、服务质量下降等问题，同时使管理的难度加大，费用增加，削弱市场竞争能力。因此，就要求调整管理方式，节省原材料、在制品和产成品，显著缩短生产时间并减少生产所需的空间，以降低产品成本，提高生产率。看板是一个简单而又有效的辅助 JIT 运作的控制系统，也是一种需求拉动型管理方式，它可以逆生产程序逐级发出指令，形成紧密的生产和销售链，从而减少在制品的库存量。

(3) 建立信息共享机制。企业可以公开内部信息，根据长期合作、质量保证等条件选择原材料供应商、销售商，并实现整个系统优化，提高企业的需求能力，使企业在复杂的市场环境下立于不败之地。JIT 的供应链管理的核心在于创造价值，消除浪费，使供应链上的每一环节得到增值。JIT 在供应链中的运用，以降低物流成本、缩短物流周期为原则，从而对整个供应链进行控制。同时供应链各部门可以迅速交换信息，以最快的速度抢占市场，满足需求。

(4) 企业全员参与管理。为适应不断变化的市场环境、提高产品质量和生产效率，企业需要建立一支训练有素、掌握多方面技能的员工队伍。员工应对本部门原材料、产品质量和设备维修负责，融入企业中。同时鼓励企业中所有的人员积极探索和发现生产过程中存在的问题，提出解决方案，营造一种创新的工作氛围，调动所有人员的工作积极性。这是实行 JIT 必不可少的阶段。

(5) 不断改善 JIT 系统。JIT 适时适量的生产系统已在全世界普及，给现代制造工业带来前所未有的生机和活力。随着社会的不断发展，JIT 也需要不断改进和完善，真正实现"彻底地杜绝浪费，消除无效劳动，生产向零库存挑战"的目标，把在制品控制在最低限度，减少资金占用。这样在面对市场多元化的格局时，JIT 才能成为环境适应能力最强的一种生产管理系统，不断地根据市场变化、顾客需求进行生产。

(五) JIT 的发展

JIT 是实现精细生产的一种重要形式，具有远大的发展前景。

(1) 因特网环境下的企业面临的是变幻莫测的市场需求，为了抓住机遇、响应市场，应制订总体规划，参与或组建虚拟企业来赢得竞争。稳定的订货渠道以及低成本库存，为互联网环境下实施 JIT 打下了坚实的基础。这样就改变了传统 JIT 缺少宏观规划、在市场中不具竞争力的局面。同时，传统的看板被电子看板所取代，电子看板与因特网相连接，能够快速、准确地传递信息，更好地满足消费者的需求。

(2) 创新是一个企业的灵魂。现代企业通过创新不断整合内部管理和机制，尤其是技术、管理等都需要应用现代的方法和手段来提升企业的综合素质，使企业高效、协调运作。JIT 是现代企业先进生产方式的重要标志，能对实时生产系统进行必要的调整，加强市场调研、产品设计、柔性制造、经营管理的地位，将它们作为独立的环节融入实时生产系统，提高企业的运作效率和管理水平，使企业迈向现代化管理的道路。

(3) 在市场经济日趋完善的条件下，JIT 要以快速、应变的方式最大限度地满足消费者的需求，提供"无缺陷"的服务产品，把企业的生产流程和市场的商业流程有机地结合在一起，促进企业内部的生产市场化。同时，建立一种供应网络，消除不产生价值的步骤，重组产生价值的步骤，提高企业作业的连续性，缩短生产周期，使企业利润最大化。

二、快速反应系统(QR)

(一) QR 的含义

QR 是指在供应链管理中，为了实现共同的目标，零售商和制造商之间建立战略伙伴关系，利用 EDI 等信息技术，进行销售时点的信息交换以及订货补充等其他经营信息的交换，用多频率、小数量的配送方式连续补充商品，以实现缩短交纳周期、减少库存、提高客户服务水平和企业竞争力的供应链管理方法。该方法的重点是对客户需求做出快速反应，具体策略有商品即时出售、自动物料搬运等。

(二) 实施 QR 的三个阶段

QR 方法的实施一般包括三部分：零售商通过商品条码的扫描从 POS 系统得到及时准确的销售数据；经由 EDI 传送给制造商每周或每日共享库存单元一级的销售与库存数据；针对预定的库存目标水准，制造商受委托进行自动或近于自动的补充供应活动。

实施 QR 可分为三个阶段：

1. QR 的初期阶段

使所有的商品单元条码化，即对商品消费单元用 EAN/UPC 条码标识，对商品贸易单元用 ITF-14 条码标识，而对物流单元则用 UCC/EAN-128 条码标识。利用 EDI 传输订购单报文和发票报文。

2. QR 的发展阶段

此阶段是在第一阶段的基础上增加与内部业务处理有关的策略，如自动补库与商品即时出售等，并采用 EDI 传输更多的报文(发货通知报文、收货通知报文等)。下面以美国沃尔玛公司为例加以说明。

为了促进行业内电子化商务的发展,沃尔玛公司与行业内的其他商家一起成立了 VICS 委员会来协商确定行业统一的 EDI 标准和商品识别标准。VICS 委员会制订了行业统一的 EDI 标准并确定商品识别标准采用 UPC 商品识别码。沃尔玛公司基于行业统一标准设计出 POS 数据的输送格式，通过 EDI 系统向供应方传送 POS 数据。供应方根据沃尔玛公司传送来的 POS 信息，可及时了解沃尔玛公司的商品销售状况、把握商品的需求动向，并及时调整生产计划和材料采购计划。供应方利用 EDI 系统在发货之前向沃尔玛公司传送预先发货清单。如此一来，沃尔玛公司就可以事前做好进货准备工作，同时可以省去货物数据的输入作业，使商品检验作业效率化。沃尔玛公司在接收货物时，用扫描读取机器读取包装箱上的物流条码,把扫描读取机器读取的信息与预先储存在计算机内的进货清单 ASN 进行核对，判断到货和发货清单是否一致，从而简化了检验作业。在此基础上，它还利用电子支付系统 EFT 向供应方支付货款。此外，只要把 ASN 数据和 POS 数据进行比较，就能迅速知道商品库存的信息。这样做的结果使沃尔玛公司不仅节约了大量事务性作业成本，而且压缩了库存，提高了商品周转率。在此阶段，沃尔玛公司开始把 QR 的应用范围扩大至其他商品和供应商。

3. QR 的成熟阶段

在此阶段，与贸易伙伴密切合作，采用更高级的 QR 策略，以对客户的需求做出快速反应。一般说来，企业内部业务的优化相对来说较为容易，但在贸易伙伴之间进行合作时往往会遇到诸多障碍，在 QR 的成熟阶段，每个企业必须把自己当成集成供应链系统的一个组成部分，以保证整个供应链的整体效益。例如，沃尔玛公司把零售店商品的进货和库存管理的职能转移给供应商(生产厂家)，由生产厂家对沃尔玛公司的流通库存进行管理和控制，即采用供应商管理的库存方式(VMI)。沃尔玛公司让供应方与之共同管理营运沃尔玛公司的流通中心，在流通中心保管的商品所有权属于供应方。供应方对 POS 信息和 ASN 信息进行分析，把握商品的销售和沃尔玛公司的库存动向，并在此基础上，决定什么时间把什么类型的商品以什么方式向什么店铺发货。发货的信息预先以 ASN 形式传送给沃尔玛公司，以多频率、小数量的方式进行连续库存补充，即采用连续补充库存方式(CRP)。由于采用 VMI 和 CRP，供应方不仅能减少本企业的库存，还能减少沃尔玛公司的库存，实现整个供应链的库存水平最小化。另外，对沃尔玛公司来说，省去了商品进货的业务，节约了成本，并且能集中精力于销售活动。同时，能事先得知供应方的商品促销计划和商品生产计划，以较低的价格进货。这些活动为沃尔玛公司进行价格竞争提供了条件。

(三) QR 成功实施的条件

1. 改变传统经营模式

QR 要实施成功，必须改变传统的经营方式，革新企业的经营意识和组织，具体表现在以下五个方面：

(1) 企业不能局限于依靠本企业的力量来提高经营效率的传统意识，要树立通过与供应链各方建立合作伙伴关系、努力利用各方资源来提高经营效率的现代经营意识。

(2) 零售商在垂直型 QR 系统中起主导作用，零售店铺是垂直型 QR 系统的起始点。

(3) 在垂直型 QR 系统内部，通过 POS 数据等销售信息和成本信息的相互公开和交换来提高各个企业的经营效率。

(4) 明确垂直型 QR 系统内各个企业之间的分工协作范围和形式，消除重复作业，建立有效的分工协作框架。

(5) 必须改变传统的事务作业的方式，通过利用信息技术实现事务作业的无纸化和自动化。

2. 开发和应用现代信息处理技术

信息技术有商品条码技术、物流条码技术、电子订货系统(EOS)、POS 数据读取系统、EDI 系统、预先发货清单技术(ASN)、电子支付系统(EFT)、生产厂家管理的库存方式(VMI)、连续补充库存方式(CRP)等。

3. 与供应链各方建立(战略)伙伴关系

一是积极寻找和发现战略合作伙伴；二是在合作伙伴之间建立分工和协作关系。合作的目标为削减库存、避免缺货现象的发生、降低商品风险、避免大幅度降价现象发生、减少作业人员和简化事务性作业等。

4. 改变传统做法

应改变传统对企业商业信息保密的做法，实现销售信息、库存信息、生产信息、成本信息等与合作伙伴的交流分享，并在此基础上要求各方共同发现问题、分析问题和解决问题。

5. 缩短生产周期，降低商品库存

具体来说，供应商必须做到缩短商品的生产周期；进行多品种小批量和多频率小数量配送，降低零售商的库存量，提高客户服务水平；在商品实际需要发生时采用 JIT 生产方式组织生产，减少供应商自身的库存量。

三、有效客户反应系统(ECR)

(一) ECR 的含义

ECR 是指以满足顾客要求和最大限度降低物流过程中的费用为原则，能及时做出准确反应，使提供的物品供应或服务流程最佳化的一种供应链管理策略。其优势在于供应链各方为提高客户满意这一共同的目标进行合作，分享信息和决策，是一种把以往处于分散状态的供应链节点有机联系在一起以满足客户需要的工具。

(二) ECR 实施原则

要实施 ECR，首先应联合整个供应链所涉及的供应商、分销商以及零售商，改善供应链中的业务流程，使其最合理有效；再以较低的成本，使这些业务流程自动化，以进一步降低供应链的成本和时间。总而言之，即满足客户对产品和信息的需求，为客户提供最优质的产品和适时准确的信息。ECR 的实施原则包括以下五个方面：

(1) 以较少的成本，不断致力于向供应链客户提供更优的产品、更高的质量、更好的库存服务以及更多的便利服务。

(2) ECR 必须由相关的商业带头人启动。该商业带头人应当带头组建代表共同利益的商业联盟，取代传统的贸易关系，以达到获利的目的。

(3) 必须利用准确、适时的信息以支持有效的市场、生产及后勤决策。这些信息应以 EDI 的方式在贸易伙伴间自由流动，从而影响计算机化的系统信息的有效利用。

(4) 产品必须随其不断增值的过程，从生产到包装，直到流动到最终客户的购物篮中，以确保客户能随时获得所需产品。

(5) 必须建立共同的成果评价体系。该体系注重整个系统的有效性(即通过降低成本、库存以及更好的资产利用，实现最优价值)，清晰地标识出潜在的回报(即增加的总值和利润)，促进对回报的公平分享。

(三) ECR 实施要素

ECR 概念的提出者认为 ECR 活动是一个过程，这个过程主要由贯穿供应链各方的四个核心过程组成。因此，ECR 的战略主要集中在以下四个领域：

(1) 有效的店内布局，即通过合理安排店铺空间以最大限度地提高商品的获利能力。

(2) 有限商品补充，即通过 POS、电子订货、动态配送等手段，使补货系统的时间和成本最佳化。

(3) 有效促销，即通过简单化贸易关系将经营重点从采购转移到销售，使交易和促销系统效率最大化。

(4) 有效新产品导入，即通过零售商和厂商的密切合作使新产品的导入和发展效果最大化。

(四) ECR 实施方法

1. 为变革创造氛围

对大多数组织来说，改变对供应商或客户的内部认知过程，即从敌对态度转变为将其视为同盟的过程,但这将比实施 ECR 的其他相关步骤更困难,花费的时间更长。创造 ECR 的最佳氛围首先需要进行内部教育以及通信技术、设施的改善,其次需要采取新的工作措施和回报系统,但企业或组织必须首先具备强有力的高层领导组织。

2. 选择初期 ECR 同盟伙伴

对于大多数刚刚实施 ECR 的组织来说,建议成立 2～4 个初期同盟。每个同盟都应首先召开一次会议,请来自各个职能区域的高级同盟代表对 ECR 及其怎样启动进行讨论。成立 2～3 个联合任务组专门致力于证明可取得巨大效益的项目,如提高货车的装卸效率、减少损毁、由卖方控制连续补货等。

3. 开发信息技术投资项目

虽然在信息技术投资不大的情况下就可获得 ECR 的许多利益,但是具有很强信息技术能力的公司要比其他公司更具竞争优势。ECR 先导的公司认为连接他们及其业务伙伴之间的将是一个无纸的、完全整合的商业信息系统。该系统将具有许多补充功能,既可降低成本,又可使人们专注于其他管理以及加强产品、服务和系统的创造性开发。

(五) QR 与 ECR 的比较

1. QR 与 ECR 的差异

(1) 侧重点不同。QR 侧重于缩短交货提前期,快速响应客户需求;ECR 侧重于减少和消除供应链的浪费,提高供应链运行的有效性。

(2) 管理方法的差别。QR 主要借助信息技术实现快速补发,通过联合产品开发缩短产品上市时间;ECR 除快速有效引入新产品外,还实行有效的商品管理。

(3) 适用的行业不同。QR 适用于单位价值高、季节性强、可替代性差、购买频率低的行业;ECR 适用于产品单位价值低、库存周转率高、毛利少、可替代性强、购买频率高的行业。

(4) 改革的重点不同。QR 改革的重点是补货和订货的速度,目的是最大程度地消除缺货,并且只在商品有需求时才去采购;ECR 改革的重点是效率和成本。

2. QR 与 ECR 的共同点

主要表现为超越企业之间的界限,通过合作追求物流效率化。具体表现在以下三个方面:

(1) 贸易伙伴间商业信息的共享。

(2) 商品供应方进一步涉足零售业,提供高质量的物流服务。

(3) 企业间订货、发货业务全部通过 EDI 来进行,实现订货数据或出货数据的传送无纸化。

四、供应商管理的库存(VMI)

(一) VMI 的含义

供应商管理的库存(VMI)是指按照双方达成的协议,由供应链的上游企业根据下游企业的物料需求计划、销售信息和库存量，主动对下游企业的库存进行管理和控制的供应链库存管理方式。它以用户和供应商双方都获得最低成本为目的，在一个共同的协议下由供应商管理库存，并不断监督协议执行情况和修正协议内容，使库存管理得到持续改进的合作性策略。这种库存管理策略打破了传统的各自为政的库存管理模式，体现了供应链的集成化管理思想，适应了市场变化的要求，是一种新的、有代表性的库存管理思想。

VMI 管理模式是从 QR 和 ECR 的基础上发展而来的，其核心思想是供应商通过共享用户企业的当前库存和实际耗用数据，按照实际的消耗模型、消耗趋势和补货策略进行有实际根据的补货。由此，交易双方都变革了传统的独立预测模式，尽最大可能地减少由于独立预测的不确定性导致的商流、物流和信息流的浪费，降低了供应链的总成本。

(二) VMI 的特点

1. 信息共享

零售商帮助供应商更有效地做出计划，供应商从零售商处获得销售点数据并使用该数据来协调其生产、库存活动以及零售商的实际销售活动。

2. 供应商拥有管理库存

供应商完全管理和拥有库存，直到零售商将其售出为止，但是零售商对库存有看管义务，并对库存物品的损伤或损坏负责。实施 VMI 有很多优点，首先，供应商拥有库存，对于零售商来说，可以省去多余的订货部门，使人工任务自动化，可以从过程中去除不必要的控制步骤，使库存成本更低、服务水平更高；其次，供应商拥有库存，供应商会对库存考虑更多，并尽可能进行更为有效的管理，通过协调对多个零售生产与配送来进一步降低总成本。

3. 需求准确预测

供应商能按照销售时点的数据对需求做出预测，能更准确地确定订货批量，减少预测的不确定性，从而减少安全库存量，并使存储与供货成本更小；同时，供应商能更快速地响应用户需求，提高服务水平，使得用户的库存水平也得以降低。

(三) VMI 运行模式

在 VMI 系统中，核心企业既可以在供应链的上游，也可以在供应链的下游，而当在下游时它又既可以是供应链的中间环节，也可以在供应链的末端。显然，在不同情况下，VMI 的运作模式都是不相同的，主要有以下三种模式。

1. 供应商-制造商 VMI 运作模式

在这种运作模式中，除了要以制造商为核心企业以外，一般还有如下特点：

(1) 生产规模比较大。制造商的生产一般比较稳定，即每天对零配件或原材料的需求量变化不是很大。

(2) 要求供应商每次供货数量比较小，一般满足 1 天的零配件，有的甚至是几个小时；供货频率要求较高，有时甚至要求一天有 2～3 次的供货频率。

(3) 为了保持连续的生产，一般不允许发生缺货现象，即服务水平要求达到 99% 上。

由于这种模式中的制造商必定有几十家甚至上百家的供应商为其供应零配件或原材料，如果让每一个供应商都要在制造商的附近建立仓库，显然是不经济的。因此，可以在制造商的附近建立一个 VMI HUB，建立 VMI HUB 具有以下作用：

(1) 缓冲作用。由于一个客户要对应 N 个供应商，假如客户对供货频率要求较高，那么可能会出现多个供应商同时将货物送达的情况，由于事先没有安排势必会出现混乱的卸货场面，严重影响生产秩序，给企业的正常工作带来不便。有了 VMI HUB，可以以专业的配送方式避免以上现象，起到缓冲作用。

(2) 增加深层次的服务。在没有 VMI HUB 时，供应商彼此都是独立的，送达的货物都是彼此分开的；当有了 VMI HUB 后，它会在发货之前先提供拣货的服务，VMI HUB 会按照生产企业的要求把零配件按照成品的比例配置好，然后再发送给生产商，这样就提高了生产商的生产效率。

VMI 在正常实施的时候，不仅仅要求供应商与 VMI HUB 之间交换库存信息，还包括生产计划、需求计划、采购计划、历史消耗、补货计划、运输计划、库存情况等信息。生产商与 VMI HUB 之间的信息交换是完全的、实时的、自动的。

当发生需求突然变化时，比如由于生产商的销售突增，VMI HUB 中的库存不能及时满足生产商的需求时，这时 VMI 的实施结构就会做出相应的改变。VMI HUB 直接把补货计划发给供应商的信息系统，这时供应商直接向生产商进行补货，从而节约了时间与成本。我们把供应商这种不经过 VMI HUB 而直接向生产商进行补货的行为称为越库直拨。

2. 供应商-零售商 VMI 运作模式

当零售商把销售等相关信息通过 EDI 传输给供应商后(通常是一个补货周期的数据，如 3 天，甚至 1 天)，供应商根据接收到的信息进行对需求的预测，然后将预测的信息输入物料需求计划系统(MRP)，并根据现有的企业内的库存量和零售商仓库的库存量生产补货订单，安排生产计划，并进行生产。生产出的成品经过仓储、分拣、包装，运送给零售商。

供应商-零售商 VMI 运行模式与供应商-制造商运作模式的区别如下：

(1) 在面对比较大的零售商时，当"接收货物"后，就产生了应付账款。通常大的零售商要求只有当供应商的货物真正被销售以后才向供应商付款，否则不产生"应付账款"。

(2) 这种模式一般不需要建造 VMI HUB 这个中枢环节。因为对零售商来说，两个供应商所供应的产品是相互独立的，在同一段时间内它们不是同时需要的，不像生产商需要零部件或原材料那样对生成一个产品来说是必须同时获得的。

3. 核心企业-分销商模式

这种模式由核心企业充当 VMI 中的供应商角色，它的运作模式与前两种大致相同，由核心企业收集各个分销商的销售信息并进行预测，然后按照预测结果对分销商的库存统一管理与配送。由于这种模式下的供应商只有一个，所以不存在要在分销商附近建立仓库的问题。核心企业可以根据与各个分销商之间的实际情况统一安排对各个分销商的配送问题，并且可以保证每批次都是以经济批量的方式发货，每次配送的路线都可以调整为最佳配送路线。

(四) VMI 实施过程中应注意的问题

1. 双方企业合作模式的发展方向问题

双方企业管理高层应该进一步加强企业之间的合作和信任。供应商管理库存原本由供应链管理模式——QR、ECR 等供应链管理策略发展而来，由于买方企业相对供应商来说是产品的需求方，所以在整个 VMI 策略实施中占主导地位，但随着双方企业合作越来越紧密，双方企业谁也离不开谁，所以随着时间的推移，双方企业相互之间的地位也会趋于均衡。在这种情况下，供应商管理库存也应当做出适当调整，一种新的供应商管理模式——联合计划预测补充(CPFR)很可能是 VMI 的发展方向，它和供应商管理库存主要的区别在于：它所涉及的双方企业的涵盖面更加宽广，不像供应商管理库存那样只涉及双方企业的销售、库存等系统，而且双方企业的地位更加均衡，可以说它是买方企业和供应商在长期实施供应链策略的选择方向。

2. 产品采购数量和采购价格的调整问题

在实施供应商管理库存的初期阶段，由于客观市场环境的影响，终端市场产品的需求可能不会因为实施供应商管理库存后而发生比较大的影响，加上买方企业不会在刚刚实施供应商管理库存后就对供应商的采购价格做出上升调整，所以初期阶段实施供应商管理库存所带来的利益大部分被买方企业所攫取了。而在长期全面供应商管理库存后，买方企业会因为自己成本的下降，利用自己的核心竞争力——市场营销能力来调整自己的产品销售价格以获得更多市场份额和更多的消费者，这样的话，双方企业的采购价格和数量就会做出调整，调整的方式主要通过双方企业事先签署的协议来达成。但在长期实施 VMI 过程中，调整的频率可能会比较大，所以双方企业都应该对采购的数量价格频繁变化做好充分的准备，以免在签署协议时产生矛盾和不信任。

3. 长期利益分配问题

长期实施供应商管理库存后，双方企业的利润相对于实施供应商管理库存之前，都会得到提高，但买方企业和供应商获得利益的上升却"不平等"。从整个供应商管理库存实施的过程来看，供应商承担了大部分的工作，虽然双方企业在实施前达成协议对实施供应商管理库存所需要的投资共同分担，但大部分的好处仍然被买方企业据为己有，这主要是因为买方企业相对于供应商来说是产品的需求方，在整个供应链中它属于上游企业，在整个供应链管理中占主导地位。在长期全面实施供应商管理库存的过程中，双方企业应该对整个利润在责权对等的基础上进行分配。分配可以通过签署协议，根据双方企业的会计财务系统基于双方企业成本的大小按比例来进行，分配的方式多种多样，可以通过实物(如投资设备)的分配、人员培训的分配或者直接现金的分配等方式。

4. 实际工作的不断调整问题

因为供应商管理库存所带来的效益并非一朝一夕就能显现出来(买方企业可能除外)，一旦实施，必将是一个长期的过程，因此，在长期实施供应商管理库存时，双方企业应该通过不断地调整实际工作来适应整个供应商管理库存的实施，这主要表现为以下几点：

(1) 产品管理应该向标准化、一致化发展。比如产品的包装、规格及质量体系应该统一口径，这样不但可以减少双方企业之间的误会，同时对产品的售后也能够有据可依。

(2) 员工交流和培训。因为本身供应商管理库存就是一个企业之间通过协议合作的模式，人员的交流和培训是必不可少的，双方企业可以定期互派员工到对方企业中参观和学习，进一步熟悉自己的合作伙伴，也可以通过员工之间的联谊来交流企业文化，以便更好地增进双方企业之间的信任感。

(3) 库存系统的进一步融合，真正做到 JIT 化的库存管理。如检查周期、库存维持水平、订货点水平、订单的处理和传送等等一系列关于库存管理的内容，应该根据双方企业信息系统提供的准确信息不断调整。

(4) 仓储和运输配送系统。刚开始实施时，仓储和运输配送可以通过第三方物流形式来执行，也可以通过自己原有仓储和配送资源来执行，但双方企业考虑长期实施供应商管理库存的话，可以考虑通过自己原有的资源来执行仓储和运输配送，因为这样和第三方物流的服务相比，双方企业的管理层能更好地整合自己所有的资源，充分利用资源，减少资源的浪费并改变低效率的情况。

案例 5-1

京东 "618" 以 "有责任的供应链" 开启供应链价值元年

在京东 "618" 的启动发布会上，京东提出要用 "有责任的供应链" 全力守护人间烟火气。在这个注定是不同以往的京东 "618"，随着消费市场和产业的持续回暖，更多人对于京东 "有责任的供应链" 的作用与价值有了更加深刻的体会。

京东 "618" 已经不仅仅是一次消费需求的集中释放，更是整个社会对于供应链价值的一次刷新和重新认识。从更广阔的社会经济层面上看，京东作为一家新型实体企业，供应链能力一直在服务于产业，充分发挥新型实体企业增长效能，助力实体经济高质量发展。

(1) 稳定铸就信赖，为品牌商家护航。

京东从诞生之初就一直在扎扎实实地打造供应链。京东在抗疫中的表现，其背后就是有责任的供应链的力量。通过充分发挥自身的供应链优势，京东在面对疫情、灾情等特殊情形时，可以发挥出更大的价值。作为始终坚持扎根实体、服务实体的新型实体企业，京东针对受疫情冲击地区的商家和中小企业出台了一揽子纾困帮扶举措，助力复工复产。

在助力乡村振兴方面，京东联合阳山水蜜桃协会宣布共同修订《阳山水蜜桃团体标准》，该标准从阳山水蜜桃品种、线上销售规格、等级划分、外观货损界定以及产品特定包装多个维度制订规则，全面把控产品品质，借助京东在供应链方面的优势，搭建了原产地直采合作模式，实现产业降本增效，实现高质量农产品和农村消费升级的正循环，助力乡村振兴。京东超市还对国家颁布的地标产品的品牌进行保护，并对产业带商品完成溯源追溯，助推当地水蜜桃产业实现电商化升级和数字化转型。京东超市发挥平台和资源优势，强势打通供应链上下游及销售渠道，建设产地协同仓提高运输时效，促进上游产品品质提升，帮助下游拓宽销路，实现"好产品，卖出好价格"的产业振兴正循环。

随着数字化在服装行业的持续深化，数字化业务占比持续提升，转型的效率成为企业数字化战略的关键。作为京东集团面向企业、政府等机构的技术服务品牌，京东云融合了人工智能、大数据、物联网等前沿科技，通过覆盖售前、售中、售后全链路的数智技术应用，为用户打造更多样化、贴心的服务体验，也面向产业输出数智供应链技术与服务。今年，京东云与都市丽人开展战略合作，为都市丽人提供数字化转型技术支持，帮助都市丽人打造"从产到销"的全链条数字化经营模式。未来，京东云还将与都市丽人成立联合创新实验室，围绕"用户与会员运营"数字化、"渠道与运营"数字化、"供应链"数字化、"产品与生产"数字化、"基础设施"数字化等展开合作，帮助都市丽人持续提升竞争力。

(2) 夯实基础设施，助力实体企业发展。

人间烟火气，最抚凡人心。更快、更便捷，全品类小时达，是"618"京东小时购、京东到家带给消费者的升级体验。通过线上线下打通共振，数字技术与实体产业深度融合，超过15万家全品类实体门店在京东"618"同城好物节迎来消费热潮。即时零售已全面开花，已成为众多实体零售商和品牌获得全渠道增长的重要阵地。

京东"618"期间，越来越多的消费者在家门口就能逛京东，京东电器在芜湖、柳州、扬州、常州、南京、亳州、曲靖、自贡、信阳、宝鸡、万州、涪陵12个城市新开了12家京东城市旗舰店。京东"618"期间，全国50余家京东电器城市旗舰店累计客流量同比增长210%。此外，西安京东MALL、京东电器超级体验店合肥店、京东电器超级体验店重庆店，也在"618"期间迎来客流高峰，到店客流量环比增长120%。

京东的供应链能力，就是为了让这份烟火气保持温度，让消费者能够安心、放心地享受到丰富且高质量的商品和服务。日常经营中，很多企业对供应链能力的诉求更多在于提升效率、降低成本。但在疫情等因素的极端压力下，扎实的、多地域布局的基础设施至关重要，它是保障供应链稳定运营的基础；柔性灵活、随需应变的数智化供应链技术体系也不可或缺，它能让供应链在特殊时期依然精准、高效地运转。

供应链更稳定、更可信赖，就能更好地服务消费者，就能更好地支持产业，就能在助力中国经济发展的过程中贡献更大的力量。根据第三方机构的调研数据，在经历过疫情这样特殊节点的考验后，京东不仅成为更多消费者的信赖首选，大量企业在选择物流合作伙伴时的标准也都有所改变，对稳定、可靠的供应链更加重视，京东也成了更多企业的供应链合作伙伴首选。

小　结

本模块介绍了供应链管理的内容、特征、作用，以及供应链管理方法，着重介绍了快速反应系统和有效客户反应系统，并对二者进行了比较分析。

习　题　五

【复习思考题】

一、单选题

1. 供应链是(　　)结构。

A. 直链　　　　　　　B. 支链　　　　　　　C. 网链　　　　　　　D. 环状

2. 供应链节点企业之间是一种(　　)关系。

A. 需求与供应　　　B. 支配　　　　　　　C. 平等　　　　　　　D. 利益

3. 供应链管理因企业战略和适应市场需求变化的需要，链上节点企业需要动态地更新，这就使得供应链具有明显的(　　)。

A. 复杂性　　　　　B. 动态性　　　　　　C. 交叉性　　　　　　D. 灵活性

4. (　　)是生产及流通过程中，为了将产品或服务交付给最终用户，由上游与下游企业共同建立的网链状组织。

A. 供应链　　　　　　　　　　　　　B. 合作伙伴

C. 联盟组织　　　　　　　　　　　　D. 供应链管理

5. 供应链管理的目的是(　　)。

A. 既提高服务水平，又降低物流总成本　　　B. 提高服务水平

C. 降低物流总成本　　　　　　　　　　　　D. 以上答案都不是

6. 供应链特征中不包含的因素有(　　)。

A. 动态性　　　　　　　　　　　　　B. 面向用户需求

C. 静态性　　　　　　　　　　　　　D. 交叉性

7. 供应链不仅是一条连接供应商到用户的物料链、信息链、资金链，而且是一条(　　)。

A. 加工链　　　　　　　　　　　　　B. 运输链

C. 分销链　　　　　　　　　　　　　D. 增值链

8. 供应链是一个网链结构，由围绕(　　)的供应商、供应商的供应商和用户、用户的用户组成。

A. 主要　　　　　　　　　　　　　　B. 最终用户

C. 一级　　　　　　　　　　　　　　D. 核心企业

9. 下列不是供应链合作关系特征的是(　　)。

A. 供应商数目多 　　　　　　　　B. 信息共享

C. 供应商选择多标准 　　　　　　D. 长期合同并具有开放性

10. 供应链管理的英文简写为(　　)。

A. SST 　　　　　　B. SC 　　　　　　C. SCM 　　　　　　D. CIMS

二、简答题

1. 简述供应链的特征。

2. 简述供应链管理的特征。

3. 简述供应链管理的作用。

4. 简述有效客户反应系统的实施方法。

5. 简述 QR 与 ECR 的异同。

6. 简述供应商管理库存的实施过程中应注意的问题。

【实训题】

一、实训组织

选择一家电子商务企业销售的一种商品,绘制该商品的供应链,并让学生结合本模块所学的内容,对供应链管理的内容进行现实应用。

二、实训要求

1. 分析该供应链上的核心企业。

2. 分析该供应链的类型。

3. 设计供应链推拉的边界。

4. 分析最适合采用的供应链管理方法。

5. 以小组为单位撰写实训报告。

三、实训目的

1. 掌握供应链管理在实践中的应用。

2. 加深学生对供应链管理的理解。

3. 分析电子商务企业的供应链设计并确认供应链管理方法。

【案例分析题】

全球供应链危机

肯德基因为鸡肉紧缺而"无鸡可炸",超市货架上没有商品,加油站里汽油紧俏,数百艘船泊在港口,数万个集装箱在码头上堆积如山……这些不是电影中的景象,而是在部分国家和地区上演的现实。牵一发而动全身。在供应链的另一头,另一种景象正在上演。

出口集装箱"一箱难求",海运价格暴涨,产成品库存大量积压,货出不去、款回不来,生产商辛苦一年却白干了……多重因素作用下,供应链问题让全球陷入了混乱。

表象之下,究其实质,是供应链原有平衡被打破。上中下游无法协调动作,上游原材料缺货、中游在制品积压、下游产成品因缺乏运力而无法离岸。

在这场席卷全球的供应链危机中,即使是苹果、特斯拉等巨头也未能幸免。随着全球企业面临更大的利润压力，消费者或许不得不迎来"涨价潮"，这是极其危险的信号。

在产能充沛的当代，很少有人经历过超市无货可卖的情况。然而，在市场经济高度发达的英、美等国，近期民众的日子却很不好过，空荡荡的货架让人绝望。尤其是圣诞节即将到来，消费者却面临着无礼可买的尴尬局面。

据英媒报道，因商品短缺，有英国超市用硬纸板打印出"蔬菜""水果"和其他商品，为空货架"遮羞"。还有报道称，由于海运困难以及英国境内卡车司机短缺等问题，宜家在全英售卖的约 9 000 条产品线产品中，有 1 000 条产品线处于缺货状态。

处境尴尬的不单单是处于"供应链对面"的消费者，位于供应链顶端的苹果等公司也饱受"断链"之困。

2021 年 10 月，市场上就有消息传出，由于芯片等元器件短缺，苹果将对新款 iPhone 13 的供货量削减 1 000 万台。苹果公司在三季报中警告称，供应链中断正在阻碍 iPhone 和其他产品的生产。苹果 CEO 库克表示，这主要是由于供应限制大于预期，所造成的负面影响预计高达 60 亿美元。

目前，已经有多个消息来源称，苹果已经大幅削减了 iPad 的产量，而将更多零部件分配给 iPhone 13 系列。

特斯拉也无法克服供应链危机带来的负面影响。特斯拉 CEO 埃隆·马斯克称，全球范围内芯片和船只供应短缺的双重打击，是特斯拉维持超过 50%销售增长的唯一阻碍。马斯克称："我们在第三季度面临的最大挑战之一是能否获得足够的船只""船舶严重短缺"。马斯克表示，供应链中的"巨大成本压力"，迫使特斯拉暂时性地提高了汽车价格。

同样的供应链问题，对小公司而言可能更为致命。

据 CBS Baltimore 报道，UPG 是一家位于美国布鲁克林的礼品公司，在其产品中，名人的手指木偶是受欢迎的礼物之一。由于其 65%的原材料由海外供应，在供应链危机下，该公司面临无货可卖的境地。UPG 销售总监特鲁迪巴托称："哪儿都缺司机，把集装箱运离港口非常棘手""货物会在港口停留很长时间"。

在供应链压力之下，商家的涨价欲望也愈发强烈，消费者不得不为此买单。

10 月 28 日，据报道，美国麦当劳表示，将上调美国餐厅的菜单价格以跟上成本快速上升的步伐。宝洁表示，由于供应链成本高于此前预期，将启动新一轮提价。宝洁首席财务官 Andre Schulten 表示，公司已宣布将其在美国的 10 个产品类别中的 9 个产品提价，大部分产品的价格涨幅在 5%左右。联合利华则在第三季度将价格上调了 4.1%，并表示 2021 年最后三个月将再次以至少同样的幅度提价，2022 年可能会进一步提价。

全球家电巨头惠而浦将钢铁、树脂和其他材料价格上涨归咎于"整个供应链的低效率"，称这将使公司当年的成本增加近 10 亿美元，惠而浦部分电器涨价幅度达到两位数。

案例讨论：

面对全球供应链的危机，企业该如何应对？

参 考 文 献

[1] 刘丹，郑宇婷. 电子商务物流[M]. 武汉：华中科技大学出版社，2022.

[2] 邵贵平. 电子商务物流管理[M]. 北京：人民邮电出版社，2018.

[3] 汪永华. 电子商务物流管理[M]. 北京：机械工业出版社，2013.

[4] 李菁，曾德华，陆玉馨. 电子商务物流管理[M]. 上海：华东理工大学出版社，2019.

[5] 屈冠银. 电子商务物流管理[M]. 北京：机械工业出版社，2018.

[6] 王先庆. 物流基础[M]. 哈尔滨：哈尔滨工业大学出版社，2017.

[7] 陈文汉. 电子商务物流[M]. 北京：机械工业出版社，2012.

[8] 顾明. 电子商务物流[M]. 北京：机械工业出版社，2022.

[9] 许应楠，林美顺，叶贤. 电子商务物流[M]. 北京：人民邮电出版社，2020.

[10] 魏修建. 电子商务物流管理[M]. 重庆：重庆大学出版社，2014.

[11] 周长青. 电子商务物流[M]. 重庆：重庆大学出版社，2017.

[12] 刘晓燕. 物流成本管理[M]. 青岛：中国石油大学出版社，2015.

[13] 赵钢，周凌云. 物流成本分析与控制[M]. 北京：清华大学出版社，2014.

[14] 朱占峰. 供应链管理[M]. 北京：高等教育出版社，2014.

[15] 王桂花，王志凤，高文华. 供应链管理[M]. 北京：中国人民大学出版社，2019.

[16] 陈修齐. 电子商务物流管理[M]. 北京：电子工业出版社，2018.

[17] 刘常宝. 电子商务物流[M]. 北京：机械工业出版社，2018.

[18] 马宁. 电子商务物流管理[M]. 北京：人民邮电出版社，2017.

[19] 王友丽. 电子商务物流[M]. 上海：复旦大学出版社，2016.

[20] 张军玲. 电子商务物流管理[M]. 北京：电子工业出版社，2017.

[21] 毕娅，原惠群. 电子商务物流[M]. 北京：机械工业出版社，2020.

[22] 朱美虹. 电子商务与现代物流[M]. 北京：中国人民大学出版社，2019.

[23] 张铎. 电子商务物流管理[M]. 北京：高等教育出版社，2019.